初中数学实验课程研究

CHUZHONG
SHUXUE
SHIYAN KECHENG
YANJIU

陈丽英 著

甘肃科学技术出版社
甘肃·兰州

图书在版编目（CIP）数据

初中数学实验课程研究 / 陈丽英著. -- 兰州 : 甘肃科学技术出版社, 2024. 9. -- ISBN 978-7-5424-3248-3

Ⅰ. G633.602

中国国家版本馆CIP数据核字第202466FV53号

初中数学实验课程研究

陈丽英　著

责任编辑　杨丽丽
装帧设计　雷们起

出　版　甘肃科学技术出版社
社　址　兰州市城关区曹家巷1号　730030
电　话　0931-2131576（编辑部）　0931-8773237（发行部）

发　行　甘肃科学技术出版社　　印　刷　兰州人民印刷厂
开　本　787毫米×1092毫米　1/16　印　张　10　插　页　1　字　数　200千
版　次　2024年9月第1版
印　次　2024年9月第1次印刷
印　数　1~2 000
书　号　ISBN 978-7-5424-3248-3　　定　价：68.00元

前　言

走进本书，将带你了解几何学中的一颗璀璨明珠——勾股定理；感受书中如何用现代技术展现古代数学家们探索、证明定理的思路与方法；如何用简单实验破解鸡兔同笼问题的技巧；带你走进数学黑洞之中解开其中的奥秘，让你用自己的程序设计计算，在数学王国里做自己的王。“负负得正”究竟是为什么呢，这本书让你真正理解有理数乘法法则，提高思维的深刻性；更为重要的是让你在探究中来学习数学知识，积累观察、猜想、类比、归纳、证明等许多数学方法，从而提高你思维的广度与深度，启发你用数学模型来解决实际生活中的问题的灵感！

2022 版数学新课标首次明确提出了数学核心素养的概念，并将其作为课程目标的核心导向。核心素养包括“会用数学的眼光观察现实世界，会用数学的思维思考现实世界，会用数学的语言表达现实世界”。新课标不仅关注学生的数学知识和技能掌握情况，还注重培养学生的理性思维、科学精神和创新能力，关注学生的全面发展。初中数学，作为培养学生逻辑思维、抽象思维及问题解决能力的关键阶段，其教学方法的革新显得尤为重要。著名数学家 G. 波利亚曾指出：“数学像是一门系统的演绎科学；另一方面创新过程中的数学，看起来却像是一门试验性的归纳科学。”正是基于这样的背景，《初中数学实验课程研究》应运而生。

这本专著是作者二十多年对初中数学实验课程的研究、探索和实践的成果。本书应用实验器材、实物、计算器、几何画板、信息技术等平台媒介，整合了初中数学动手操作实验、多媒体实验、综合实践活动，形成了一套比较完整的数学实验方法和系统，在所带班级中取得较好的反响和成绩。通过数学实验课的实施，能够进行探究式的学习，这对数学课堂具有非凡的意义。通过数学实验课探索一种更加生动、直观、实践性强的教学模式，以激发学生的学习兴趣，优化他们的思维品质，从而更好地帮助学生提升数学素养。写这本书就是想让数学实验真正落实到初中数学课堂，让更多的学生受益。

这本书在内容上分为上、中、下三篇。上篇是关于初中数学实验的整体设计，从实验方式、实验类型、实验内容、实验报告、实验的策略、实验效果的评价，整体上对初中数学实验进行了研究与阐述；中篇是关于初中数学实验的教学案例，分别是数与代数、图形与几何、统计与概率、综合与实践四个部分的典型案例，这些案例是作者将教学内容和数学实验相结合以后，创造性地进行了整合，在知识的学习中渗透了常用的数学思想与数学方法，很多案例中都有作者独到的教学方法与策略；下篇是关于数学实验的价值，阐述了用数学实验展示中国卓越的数学历史文化，用数学实验改变学生的学习方式，用数学实验渗透数学数形结合的思想方法，用数学实验提升教师原创命题的能力。

实验课不仅能够帮助学生将抽象的数学概念具体化、形象化，还能在动手操作的过程中培养他们的观察力、思考力和创造力。因此，本书的研究不仅是对传统教学模式的一种补充和完善，更是对未来数学教育发展方向的一种积极探索。

此外，本书还特别关注了实验课在促进学生全面发展方面的作用，包括激发学生的学习数学兴趣、增强学习的自信心、培养团队合作精神以及创新能力等。能够充分发挥学生主体作用、改变学生的学习方式，促进教师专业化成长，强化学生运用数学的意识、提高学生应用数学的能力。

本书由兰州市第五十四中学陈丽英老师独立完成，共计20万字。衷心希望通过本书的研究与分享，能激发更多教育工作者对数学实验课的关注与探索，为培养更多具有创新精神和实践能力的未来人才贡献我们的力量！

陈丽英

2024年7月

目　　录

上篇　初中数学实验课程的设计研究

第一章　总　　论……………………………………………………………… 002

一、初中数学实验简介 ………………………………………………… 002

二、实验的理论依据 …………………………………………………… 002

三、实验的意义 ………………………………………………………… 003

四、实验的目的 ………………………………………………………… 004

第二章　实验方式……………………………………………………………… 004

一、动手操作实验 ……………………………………………………… 004

二、多媒体实验 ………………………………………………………… 008

三、项目式实验 ………………………………………………………… 014

第三章　实验类型……………………………………………………………… 022

一、层次一 ……………………………………………………………… 022

二、层次二 ……………………………………………………………… 032

三、层次三 ……………………………………………………………… 040

第四章　实验内容……………………………………………………………… 046

一、七年级实验课内容 ………………………………………………… 046

二、八年级实验课内容 ………………………………………………… 047

三、九年级实验课内容 ………………………………………………… 048

第五章　实验活动报告………………………………………………………… 048

一、实验报告的设计 …………………………………………………… 048

二、实验活动学生报告范例 …………………………………………… 050

第六章　有效开展初中数学实验课的策略研究…………051
一、创造性地使用教材…………051
二、精心设计活动的教学环节…………051
三、调动学生学习的主动性…………051
四、活动要学生人人参与…………051
五、给学生自学探究的机会…………052
六、重视消化巩固环节…………052

第七章　实验效果的评价…………052

中篇　初中数学实验课程教学案例

第八章　数与代数实验课教学案例…………056
一、有理数的乘法(第 1 课时)…………056
二、应用二元一次方程组——鸡兔同笼…………059
三、正比例函数的图象与性质…………063
四、反比例函数的图象与性质(第 2 课时)…………066
五、二次函数的图象与性质(第 3 课时)…………071

第九章　图形与几何实验课教学案例…………075
一、探索轴对称的性质…………075
二、探索勾股定理(第 2 课时)…………078
三、三角形内角和定理…………085
四、角平分线(第 1 课时)…………089
五、多边形的内角和与外角和(第 1 课时)…………095
六、图形的位似(第 1 课时)…………098
七、特殊平行四边形——中点四边形…………102
八、圆周角和圆心角的关系(第 1 课时)…………106

第十章　统计与概率实验课教学案例…………110
一、频率的稳定性(第 2 课时)…………110
二、中位数与众数…………114

第十一章　综合实践教学案例 …… 118
一、有趣的七巧板 …… 118
二、探究神秘的黑洞数 …… 121
三、哪一款手机资费套餐更合适 …… 125

下篇　初中数学实验的价值

第十二章　初中数学实验的价值 …… 130
一、用数学实验展示中国卓越的数学历史文化 …… 130
二、用数学实验改变学生的学习方式 …… 133
三、用数学实验渗透数形结合的思想方法 …… 136
四、用实验提升教师原创命题的能力 …… 139

上 篇

初中数学实验课程的设计研究

第一章　总　　论

一、初中数学实验简介

数学实验指是指以数学问题为载体，为获得某种数学理论、检验某个数学猜想、解决某类数学问题，实验者运用一定的物质手段，在数学思维活动的参与下，在特定的实验环境下进行的探索研究活动。

随着社会的发展以及新课程标准提出了更高一级的要求，传统的教学模式已不能完全适应新的教学，为进一步发展学生动手、动脑能力，提高探究问题、解决问题的能力，在初中数学课程中创设实验课，通过动手操作实验、多媒体软件给数学课提供一个探究的平台，使学生由“听数学”变为“做数学”，同时也将数学知识和现实生活中的问题紧密联系，用数学知识解决实际问题，初步建立数学建模思想，另外，也通过一些课外实践活动，提高学生的数学应用能力以及数学素养。

数学实验作为近年来教学改革中的一门新型课程，诞生的时间并不长，却引起十分广泛的兴趣和关注。大约在20世纪80年代末，数字实验出现在美国一些大学，被称为“数学实验室”，重点是通过一系列的结合使用计算机的实验引导学生进入数学世界。我国高校在20世纪90年代中期开始设置数学实验课，发展极为迅速，目前许多学校已经或准备开设这门课程。现在国外小学还开设了数学实验室或实验角，准备了各种各样的教具、操作用具，许多用发现法教学的课就设在教学实验室中进行。

从上可以看到，教学实验数学是国际数学教育改革的趋势之一，又是实施新课改的教学方式，对推动新课程改革以及培养学生的数学素养等都具有非常重要的现实意义，新课改期待着数学实验教学。

二、实验的理论依据

（1）心理学家皮亚杰指出：“活动是认识的基础，智慧从动作开始。”国际学习科学研究领域有这样三句名言：If you hear, you maybe forget（听来的会忘）；If you see, you maybe remember（看过的记得住）；If you do, you can understand（做过的能理解）。重视动手操作，是发展学生思维，培养学生数学能力的有效途径，新的课程标准更重视“从学生已有的生活经验出发，使学生获得对数学知识的理解”。学生通过动手可以提高学习效率，激发创新意识，增强求知欲望。数学知识来源于生活，又服务于生活，这些都是人类在动手操作过程中的沉淀和积累。如何在初中数学教学中培养学生的动手操作能力这一问题，是我们每位初中数学教师必须重视的问题。

（2）实验教学根据教学思想的发展脉络，创设问题情境，充分利用实验手段，设计系列问题，增加辅助环节，从直观、想象到发现、猜想，然后给出验证及理论证明，从而使学生亲历数学建构过程，逐步掌握认识事物、发现真理的方式、方法，培养创造能力，提高数学素养。数学实验和物理、化学实验一样，学生不仅需要动手，而且需要动脑，思考量大是数学实验的基本特征。数学实验教学使学生在创设的问题情境中探索，在操作、观察、讨论、交流、归纳、猜想、分析和整理的过程中理解数学问题的提出，数学概念的形成，数学结论的获得与验证，以及数学知识的应用，为学生参与实践、自主探索、合作交流等积极主动地学习创造了条件。数学实验正以其独特的教育功能，受到广大教育工作者的关注。

三、实验的意义

著名数学家G·波利亚曾指出“数学像是一门系统的演绎科学；另一方面创新过程中的数学，看起来却像是一门试验性的归纳科学”。著名数学家弗顿登塔尔也曾指出：“要实现真正的数学教育，必须从根本上以不同方式组织教学，否则是不可能的。在传统的课堂里，再创造方法不可能得到自由的发展。它要求有个实验室，学生可以在那里个别活动或是小组活动。”

（一）创设初中数学实验课是知识建构的需要

知识建构过程首先是收到外部事件或内部经验刺激，其次是有意识控制，是比较精致地转换和建构观念和映象，因此开展数学实验课体现了皮亚杰许多认知心理学家把认知看作是对信息的加工。奈瑟（Neisser）认为：“认知是指转换、简约、加工、贮存、提取和使用感觉输入的所有过程。”知识的“建构主义”的现代教育思想和理念，符合数学教学的特点和规律，丰富了数学学习的内容和形式。

（二）创设初中数学实验课是实施新数学课程的需要

新数学课程标准指出：“学生的数学学习内容应当是现实的、有意义的、富有挑战性的，这些内容要利于学生主动地进行观察、实验、猜测、验证、推理与交流等数学活动，有效的数学学习活动不能单纯依赖模仿记忆，动手实践、自主探索与合作交流是学生学习数学的重要方式。”还指出应该把现代信息技术作为学生学习数学和解决问题的强有力工具，致力于改变学生的学习方式，使学生乐意并有更多精力投入到现实的、探索性的数学活动中去。因此开展数学实验课体现了素质教育要求，同时也促进教学方式的改革。

（三）激发学生学习数学的兴趣，充分发挥学生主体作用

传统初中数学教学中，由于数学理念、教学方法、教学条件等限制，学生的学习方式大多是简单地接受，以及枯燥的逻辑思维证明。利用数学实验室引导学生动手操作演示，并借助多媒体创造一个猜想，验证的探索过程可以激发学生学习兴趣，从而提高学习效率。

（四）数学实验课改变学生的学习方式，教师的教学方式

数学实验课使学生从以前“听”数学的学习方式，改变为“探索数学”的方式。学生通过

实验、观察、猜想、验证、证明、总结等活动培养了动手、动脑的习惯,体验了知识获取的过程,同时提高了认识能力、分析能力、理解能力以及解决问题的能力。另外,学生学习方法的改变,也推动教师教学方式的改变,从而优化教学。

(五)强化学生运用数学的意识,提高学生应用数学的能力

数学教学的根本目的和任务,就是提高学生数学应用能力,数学应用能力是一种综合能力,包括思维能力、运算能力、空间想象能力、推理能力等,但它主要侧重于从实际问题中提出并表达数学问题的能力,运用并构建模式的能力,对数学结果进行检验、评价和处理的能力,等等。而在传统的课堂教学中,这种能力的培养往往不被重视,因此开设数学实验课可以弥补传统教学方式和形式上的不足,从而学以致用,提高学生应用数学的能力。

四、实验的目的

(1)提高学生的学习兴趣和学习动力。

(2)提高学生数学理解、探究、想象能力以及动手实践、自主探究与合作交流能力。

(3)通过数学实验课,架起数学与生活的桥梁,并初步学会运用数学知识解决实际生活中的问题。

(4)改变教师的教学模式,改变学生学习模式,建立“数学实验室”。

(5)在学生数学素质成长的同时,提高教师自身现代数学教学理念和信息使用技术辅助教学的水平。

第二章　实验方式

结合初中数学教材内容和学生的认知水平,本书根据实验目的、实验工具及实验方法将初中数学实验类型分为三种:①动手操作实验;②多媒体实验:包括几何画板实验、MATLAB 实验、希沃白板等;③项目式实验。

一、动手操作实验

所谓动手操作实验,就是利用一些简单的工具和数学教具进行实践操作来验证或者探索一些数学结论的实验方式。

实验 1:探究几何体截面形状

实验目的:通过动手操作,直观了解常见几何体的截面形状。

实验工具:豆腐块,黄瓜,胡萝卜,火龙果,小刀等。

实验过程:

（1）让学生用一个平面去截生活中一些常见实物，并观察截面形状。

①分小组活动；

②小组派代表向全班同学展示本组结果，如图 2-1；

③总结圆柱、球、圆锥的截面图形。

图 2-1

（2）探究正方体的截面图形状。

①猜想截一个正方体，它的截面形状有哪些可能；

②学生回答：三角形、长方形。能不能用我们手中的实物来演示一下呢？小组派代表给全班同学展示组内结果，如图 2-2；

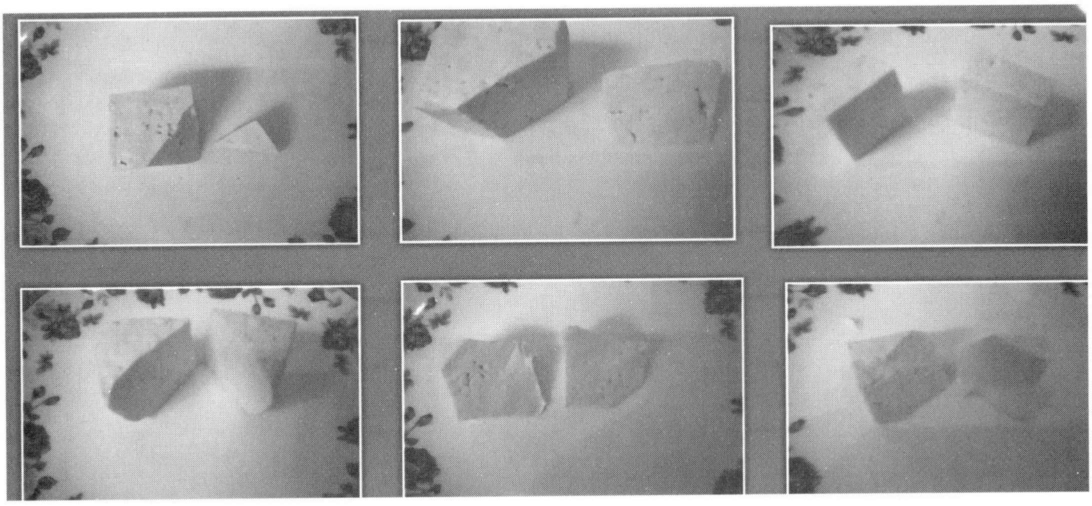

图 2-2

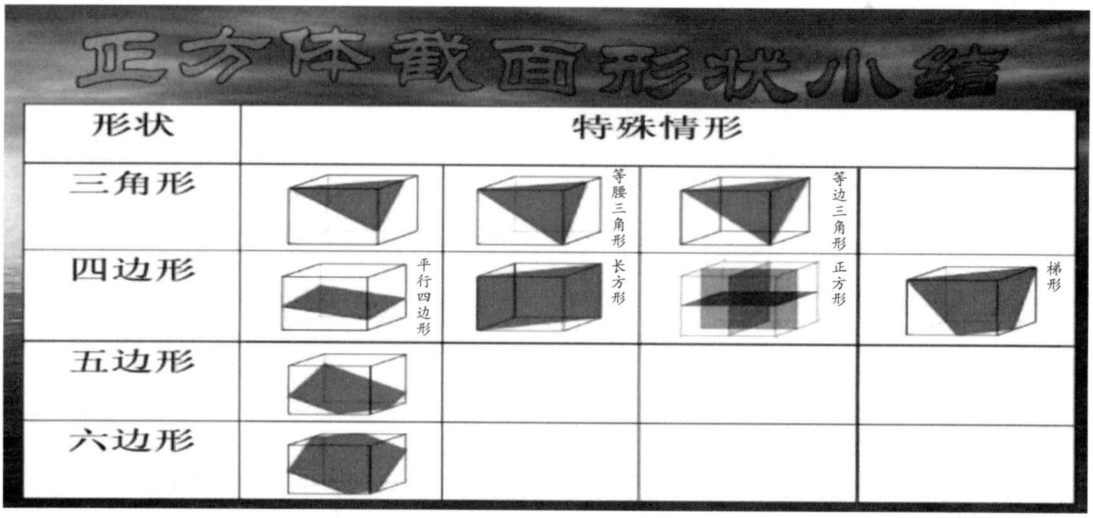

图 2-3

③用幻灯片汇总正方体截面图实验结果，如图 2-3。

实验反思：

凭空判断一个立方体的截面形状要求学生有一定的空间想象能力，对于七年级学生来说有一定的困难，学生都是在被动接受，不能达到真正意义上的理解。只有通过动手操作、观察总结，学生才能有直观感受，才能理解和掌握。

实验 2：探索三角形全等的条件

实验目的：由简到繁以问题串的形式引导学生逐步深入地探究三角形全等的条件。

实验工具：若干彩色卡纸，小棒，量角器等。

实验过程：

（1）探究：只给一个条件（一条边或一个角）时，能否判定两个三角形全等？

①分小组活动，大家画一画，剪下来比一比；

②小组派代表给全班展示结果，如图 2-4；

③结论：一个条件相等不能判定两个三角形全等。

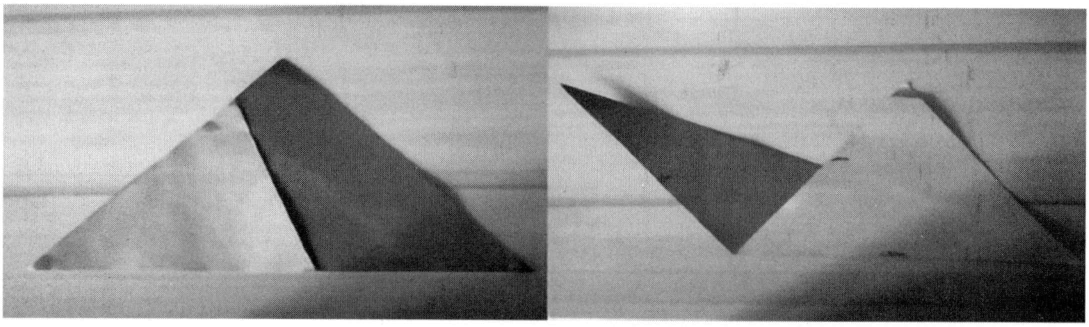

图 2-4

(2)探究:给出两个条件能否判定两个三角形全等?

①大家分小组画一画、比一比;

a. 三角形的一个内角为 30°,一条边为 3 厘米;

b. 三角形的两个内角分别为 30° 和 50°;

c. 三角形的两条边分别为 4 厘米、6 厘米。

②小组派代表给全班同学展示结果,如图 2-5;

③结论:两个条件相等不能判定两个三角形全等。

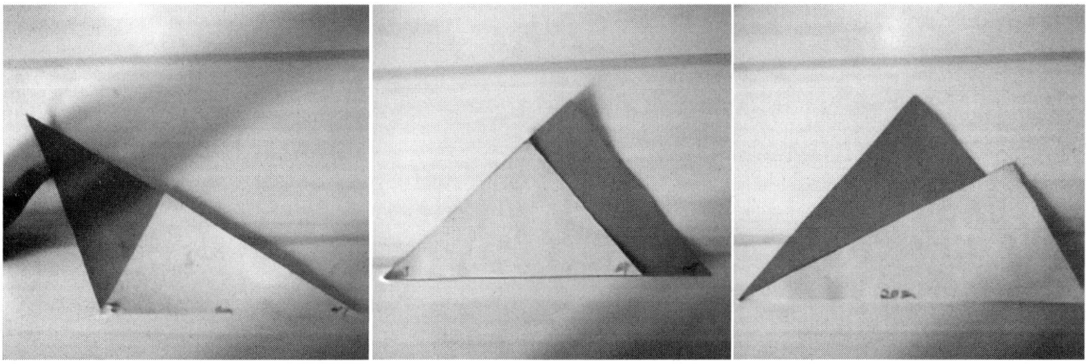

图 2-5

(3)探究三个条件能否判定两个三角形全等?

①议一议:如果给出三个条件画三角形,你能说出有哪几种可能的情况?

②做一做;

a. 已知一个三角形的三个内角分别相等时,这两个三角形全等吗?

b. 已知一个三角形的三条边分别为 4 厘米、5 厘米和 7 厘米,你能拼出这个三角形吗?把你的三角形与同伴的进行比较,它们一定全等吗?

③对于 a,同学们很容易得出否定结论;对于 b,小组派代表给全班同学展示结果,如图 2-6 所示:

④结论:三边分别相等的两个三角全等。

实验反思:通过此活动,培养了学生的动手能力,在实践操作中探究三角形全等的条件,

图 2-6

同时在实际操作中培养学生善于观察、乐于探索的学习品质及与他人合作交流的意识。

二、多媒体实验

多媒体实验是指教师和学生借助一些数学软件探索数学问题的实验。这样的实验给学生提供了一个探究的平台，通过实验、观察、猜想、证明这样的过程，使学生由“听数学”变为“做数学”。在初中数学实验课中，对于一些动态演示的问题，用几何画板、希沃白板等软件来探究演示，对于概率统计方面的问题用 MATLAB 软件、EXCEL 等更适合一些。

（一）几何画板实验

实验 3：探究二次函数的系数 a、b、c 的几何意义

实验目的：观察并进一步理解二次函数系数 a、b、c 的几何意义。

实验工具：安装几何画板软件的计算机。

实验过程：

（1）如图 2-7，教师提前在几何画板中构造二次函数的图象，将系数 a、b、c 构造为变量，学生分别拖动点 A、B、C 改变其纵坐标 a、b、c 的大小，可以看到相应的二次函数图象开口大小，开口方向，在坐标系中的位置以及与 y 轴交点都发生了改变。

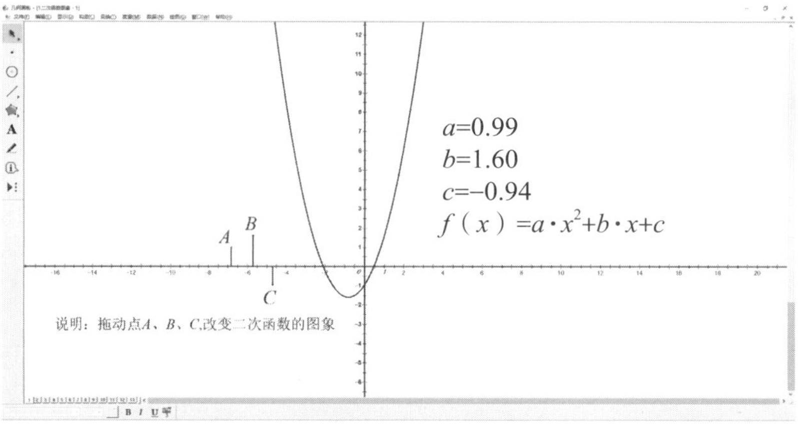

图 2-7

图 2-8

（2）如图 2–8，学生动手操作，进一步体会二次函数系数的几何意义。

（3）学生讨论并总结二次函数系数的几何意义。

① a 决定抛物线的开口大小和开口方向。a 为正数时，抛物线开口向上；当 a 为负数时，抛物线开口向下；当 a 的绝对值越大时，抛物线开口越小，变化趋势越陡峭；

② c 决定抛物线与 y 轴的交点坐标。c 为正数时，抛物线与 y 轴交于正半轴；c 为负数时，抛物线与 y 轴交于负半轴；c 为 0 时，抛物线过原点；

③ a 和 b 一起决定抛物线对称轴。当 a 和 b 符号相同时，抛物线的对称轴在 y 轴的左侧；当 a 和 b 的符号相反时，抛物线的对称轴在 y 轴的右侧。

实验反思：

"几何中'数'与'形'的关系是几何学习中的重要内容，几何图形的许多计算往往离不开特定的'形'，而图形之间又通过'数'建立起特定的'形'……"几何画板是一块动态的黑板，它能够在动态的情况下实时保持几何元素的位置关系或数量关系，准确地体现几何元素的"数"与"形"的关系。在学习二次函数时，学生从学习数、式、方程等常量的计算问题，到函数研究变量的变化规律，是认识上的一次重大飞跃。二次函数的解析式，对称轴方程，顶点坐标及图象的开口方向、形状的变化与各常量之间的相互关系，学生不易把握，学习起来往往达不到很好的效果。通过几何画板所绘制的函数图象，加上利用测算所显示的数量关系，动画观察图象随着数值的变化而变化，使学生能得到具体、生动、直观的感性认识，更好地理解函数图象的开口、形状、对称轴、顶点与函数解析式中系数 a、b、c 的关系，通过这样的演示，给学生创造一个探究的平台，将抽象的函数性质和图形，数据很好地结合起来，从而帮助学生更好的理解函数性质，并提高学生学习数学的能力，同时在教学中也进一步渗透了数形结合的思想。

实验 4：探索位似图形性质的实验

实验目的：探索位似图形的相似比与位比之间的关系。

实验工具：安装几何画板软件的计算机。

实验过程：

（1）如图 2–9，教师利用几何画板画出两个位似三角形，并用表格表示相应的长度及比值。

（2）如图 2–10，当学生拖动三角形的任意一个顶点时，两个三角形的形状都发生了变化，但是两个三角形仍然保持位似的关系，引导学生观察两个表格中的度量数据。

（3）发现规律：两个三角形的边长发生了变化，但是对应边的比却保持不变；任意一对对应点与位似中心的距离的比等于相似比。

实验结果：两个位似图形，任意一对对应点与位似中心的距离的比等于相似比。

实验反思：学生在学习数学的过程中，对于一些太过抽象的知识，只记住了生硬的文字、符号、公式，而对文字背后蕴含的具体事实及事物的本质特征并没有完全的感知，显然理性与感性之间脱节，在几何教学中尤其明显。因此，对于一些常见的几何图形的变形与识别，我们

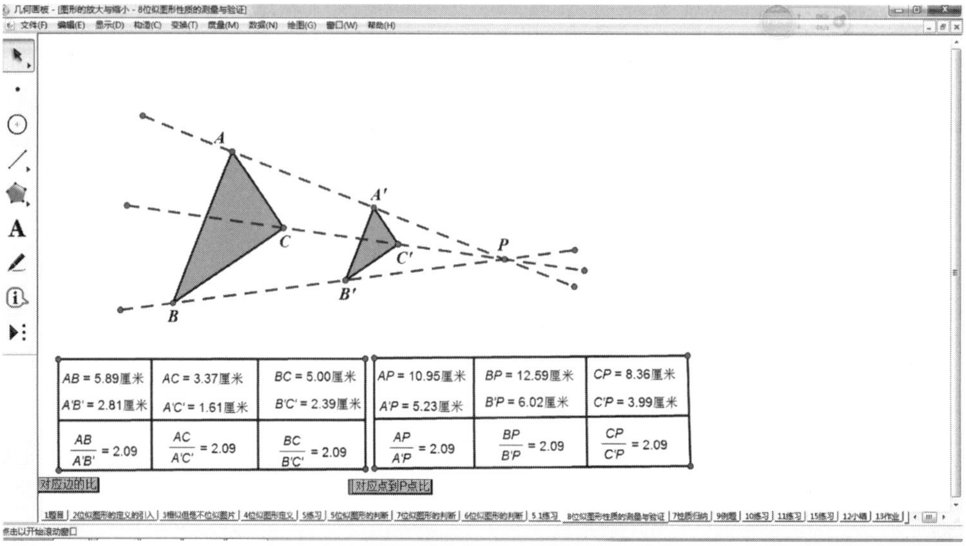

图 2-9

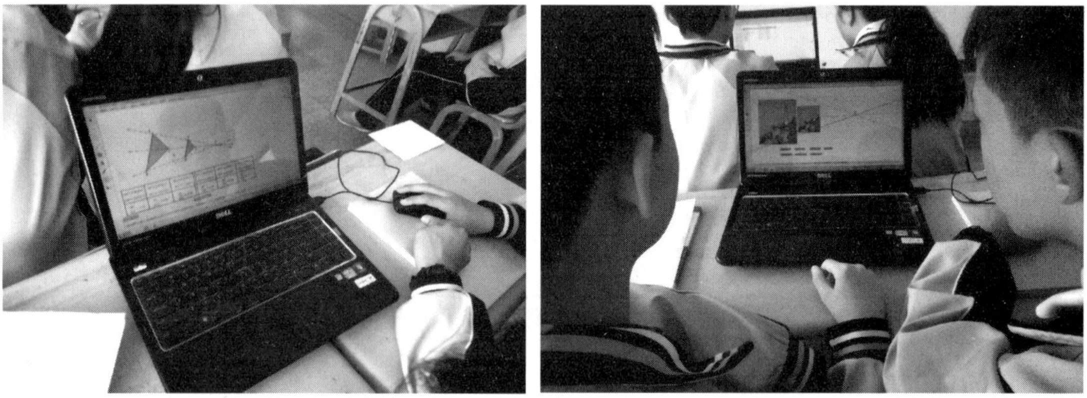

图 2-10

可以通过相应的动画,使学生得到充分感受。

(二)MATLAB 实验

实验 5:频率的稳定性

实验目的:通过大数据的模拟实验,引导学生进一步理解频率的稳定性。

实验工具:硬币,安装 matlab 软件的计算机。

实验过程:

(1)问题:抛掷一枚均匀的硬币,硬币落下后,会出现正面朝上、正面朝下两种情况,你认为正面朝上和正面朝下的可能性相同吗?两人一组,各组分工合作,分别累计进行到 20、40、60、80、100、120、140、160、180、200 次正面朝上的次数,并完成表 2-1。

表 2-1

试验总次数	20	40	60	80	100	120	140	160	180	200
正面朝上的次数										
正面朝上的频率										
正面朝下的次数										
正面朝下的频率										

（2）教师课前利用 matlab 软件编写如下程序：该程序可以模拟几次、几十次，甚至几万次的随机实验，补充手工实验的不足。注：该模拟实验中，实验总次数表示抛出硬币的次数，点落在黄色区相当于硬币正面朝上，点落在绿色区相当于硬币反面朝上。

```
alpha1=-pi/2: pi/20: pi/2; %          角度 [-pi/2, pi/2]
R=10;                                 % 半径
x1=R*cos（alpha1）;
y1=R*sin（alpha1）;
plot（x1, y1, '-'）;
axis equal
fill（x1, y1, 'g'）;                   % 用绿色填充
hold on
alpha2=pi/2: pi/20: 3*pi/2;           % 角度 [pi/2, 3*pi/2]
R=10;                                 % 半径
x2=R*cos（alpha2）;
y2=R*sin（alpha2）;
fill（x2, y2, 'y'）;                   % 用黄色填充
count1=0;
count2=0;
for i=1: 10000                        % 产生 10000 个随机数
randdata =2*rand（1）-1;
if randdata<0
alpha1=（2*rand（1）-1）*pi+pi/2;
R=10*randdata;
a=R*cos（alpha1）;
b=R*sin（alpha1）;
```

```
hold on
plot（a，b，'+'）;                    % 标记出绿盒中的随机数
count1=count1+1;                     % 统计绿盒中的数量
else
alpha2=（2*rand（1）-1）*pi+pi/2;
R=10*randdata;
c=R*cos（alpha2）;
d=R*sin（alpha2）;
hold on
plot（c，d，'+'）;                    % 标记出黄盒中的随机数
set（gca，'xtick'，[]，'xticklabel'，[]）;
set（gca，'ytick'，[]，'yticklabel'，[]）;
count2=count2+1; % 统计黄盒中的数量
end
end
title（'统计 10000 个随机分布在绿色区域和黄色区域点的个数'）
text（-9.5，-8，'黄色区域'，'color'，'r'）;
text（-8.5，-9，num2str（count1），'color'，'r'）;
text（7，-8，'绿色区域'，'color'，'r'）;
text（8，-9，num2str（count2），'color'，'r'）;
```

（3）当改变程序第 15 行的实验次数后，让程序运行完毕，此时点随机分布到圆盘的黄色区域和绿色区域，引导学生观察图形和变化的数据；图 2-11 是运行 10 次的结果，图 2-12 是运行 100 次的结果，图 2-13 是运行 1000 次的结果，图 2-14 是运行 10000 次的结果。

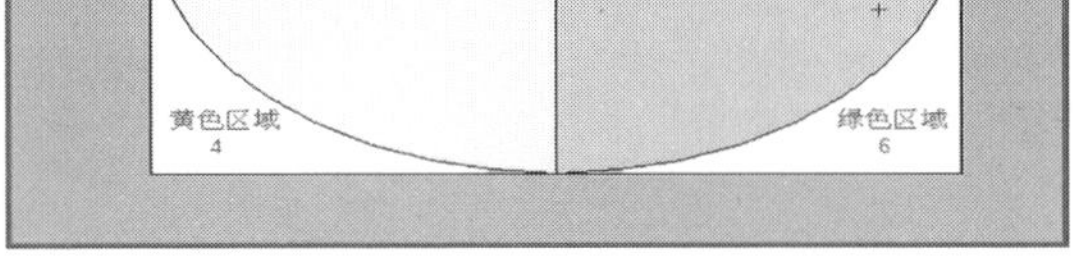

图 2-11

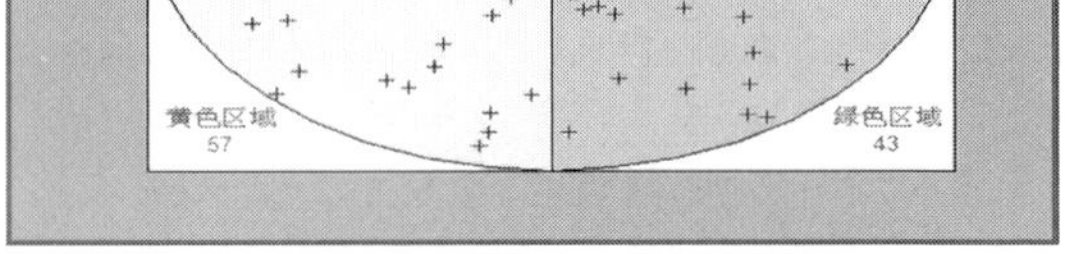

图 2-12

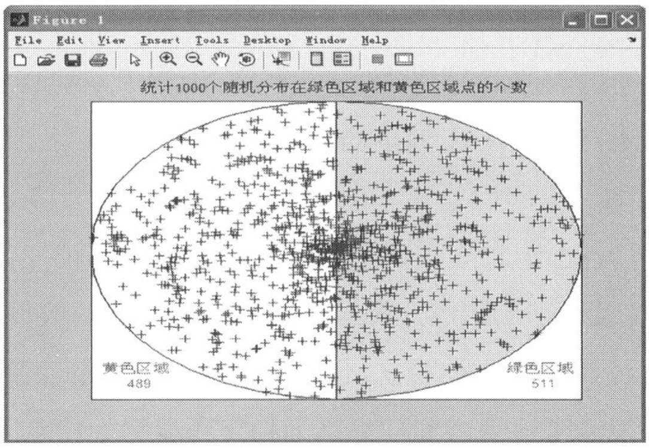

图 2-13

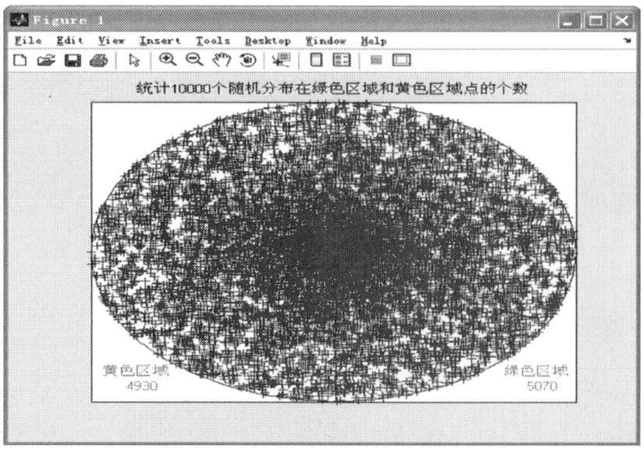

图 2-14

（4）将上述结果用折线统计图表示，如图 2-15 所示。

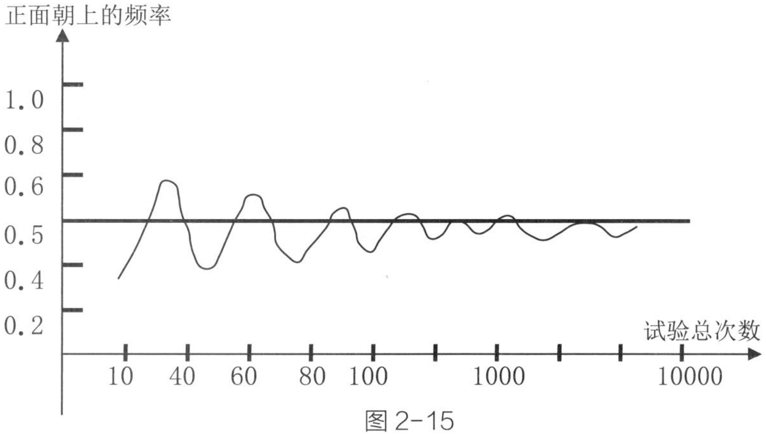

图 2-15

（5）表 2-2 列出了一些历史上的数学家所做的掷硬币试验的数据。

表 2-2

试验者	投掷次数 n	正面出现次数 m	正面出现的频率 m/n
布丰	4040	2048	0.5069
德·摩根	4092	2048	0.5005
费勒	10000	4979	0,4979
皮尔逊	12000	6019	0.5016
皮尔逊	24000	12012	0.5005
维尼	30000	14994	0.4998
罗曼诺夫斯基	80640	39699	0.4923

表中的数据支持你发现的规律吗？

（6）实验结论。

① 在实验次数很大时事件发生的频率，都会在一个常数附近摆动，这个性质称为：频率的

稳定性；

② 我们把这个刻画事件 A 发生的可能性大小的数值，称为事件 A 的概率，记为 P（A）；

③ 一般来说，大量重复的实验中，我们常用不确定事件 A 发生的频率来估计事件 A 发生的概率。

实验反思：学生在单独一个小组进行实验时，各小组之间正面朝上的频率数据差距较大，与猜测产生矛盾，学生对产生的矛盾进行了讨论，最终得出造成这种结果的原因是实验的次数不够，接下来把全班的实验的结果都统计出来，虽然频率逐渐稳定，但还是不够明显，此时用 matlab 软件可探究成千上万次的实验，学生可以很清晰地观察到频率逐渐稳定到概率的特点。学生经过这一环节对等可能性事件发生的可能性的发现过程有了全面的认识，通过实验进一步使学生理解事件发生的可能性，领会数学是来源于生活，进一步了解不确定事件的特点，发展随机观念；在丰富的问题情境中认识到概率是刻画不确定现象的数学模型。

三、项目式实验

2022 新课标提出：初中阶段综合与实践领域，可采用项目式学习的方式，以问题解决为导向，整合数学与其他学科的知识和思想方法，让学生从数学的角度观察与分析、思考与表达、解决与阐释社会生活以及科学技术中遇到的现实问题，感受数学与科学、技术、经济、金融、地理、艺术等学科领域的融合，积累数学活动经验，体会数学的科学价值，提高发现与提出问题、分析与解决问题的能力，发展应用意识，创新意识和实践能力。

项目式实验是指从实际生活的实例中抽象出数学模型并加以解决的实验，从学生已有的经验出发，让学生亲身经历将实际问题抽象成数学模型并进行解析与应用的过程，进而使学生获得对数学理解的同时，在思维能力、情感态度与价值观等方面得到进步和发展，提高学生的数学建模能力，不仅能更好地掌握数学基础知识，学会数学的基本思想和方法，也能增强学生应用数学的意识，提高分析问题、解决实际问题的能力。

实验 6：利用三角形相似测量旗杆的高度

实验目的：通过测量旗杆的高度，使学生运用所学知识解决问题，以课后分组合作活动的方法进行实践以及进行全班交流，进一步积累数学活动经验。

实验工具：皮尺，标杆，小镜子等。

实验步骤：

（1）利用阳光下的影子来测量旗杆的高度。

①测量原理及方法，如图 2-16：

AB 表示人，CD 表示旗杆，AE、CB 表示太阳光线，

$\because$ 太阳的光线是平行的，

$\therefore$ $AE \parallel CB$，

$\therefore \angle AEB = \angle CBD$.

$\because$ 人与旗杆是垂直于地面的，

$\therefore \angle ABE = \angle CDB$.

$\therefore \triangle ABE \backsim \triangle CDB$.

$\therefore \dfrac{AB}{CD}=\dfrac{BE}{BD}$　即 $CD=\dfrac{AB \cdot BD}{BE}$.

因此，只要测量出人的影长 BE，旗杆的影长 DB，再知道人的身高 AB，就可以求出旗杆 CD 的高度了。

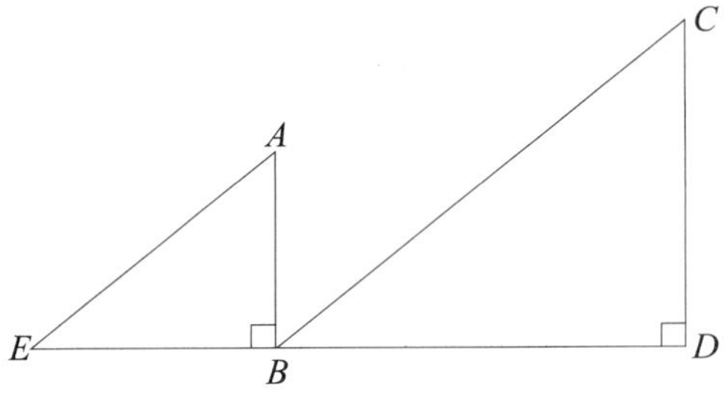

图 2-16

图 2-17

②实际测量：如图 2-17，小组分工合作，分别测量出旗杆的影长，某位同学的身高和影长；

③根据测量数据进行计算。

（2）利用标杆测量旗杆的高度。

①测量原理及方法，如图 2-18：

如图 AB 表示人，EF 表示标杆，CD 表示旗杆，过点 A 作 $AN \perp DC$ 于 N，交 EF 于 M.

$\because$ 人、标杆和旗杆都垂直于地面，

$\therefore \angle ABF = \angle EFD = \angle CDH = 90°$.

$\therefore$ 人、标杆和旗杆是互相平行的 .

$\because EF \parallel CN$，$\therefore \angle 1 = \angle 2$，

$\because \angle 3 = \angle 3$，$\triangle AME \backsim \triangle ANC$，

$\therefore \dfrac{AM}{AN}=\dfrac{EM}{CN}$.

$\therefore CN=\dfrac{AN \cdot EM}{AM}$.

$\because \angle ABF = \angle CDF = \angle AND = 90°$，

$\therefore$ 四边形 $ABDN$ 为矩形 .

$\therefore DN = AB$.

$\therefore\ CD=CN+DN$

即 $CD=\dfrac{AN\cdot EM}{AM}+AB$.

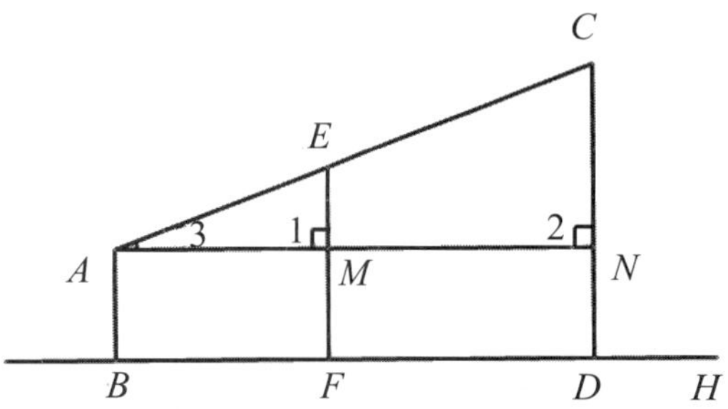

图 2–18

图 2–19

②实际测量：如图 2–19，选一名学生为观测者，在他和篮球架之间的地面上直立一根高度已知的标杆，观测者前后调整自己的位置，使篮球架顶部、标杆顶部与眼睛恰好在同一直线上时，分别测出他的脚与篮球架底部，以及标杆底部的距离即可求出篮球架的高度。

③根据测量数据进行计算。

（3）利用镜子的反射。

①测量原理及方法，如图 2–20：

$\because$ 入射角 = 反射角，

$\therefore\ \angle AEB=\angle CED.$

$\because$ 人、旗杆都垂直于地面，

$\therefore\ \angle ABE=\angle CDE.$

$\therefore\ \triangle AEB\backsim\triangle CED.$

$\therefore\ \dfrac{AB}{CD}=\dfrac{BE}{DE}$.

$\therefore\ CD=\dfrac{AB\cdot DE}{BE}$.

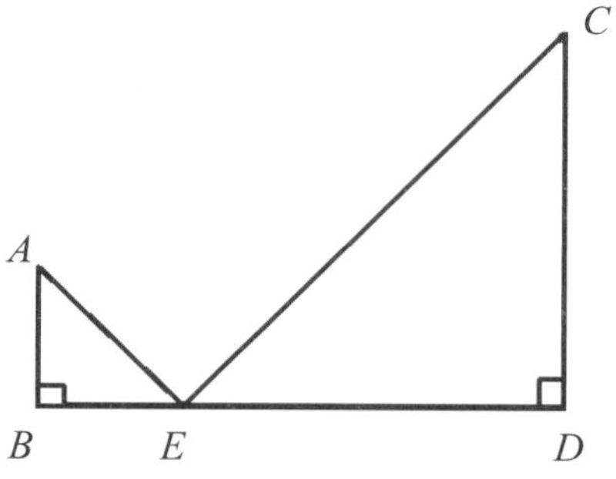

图 2–20

因此，测量出人与镜子的距离 BE，篮球架与镜子的距离 DE，再知道人的身高 AB，就可以求出篮球架 CD 的高度。

②实际测量：如图 2–21，选一名学生作为观测者，在他与篮球架之间的地

图 2–21

面上平放一面镜子，固定镜子的位置，观测者看着镜子来回调整自己的位置，使自己能够通过镜子看到篮球架顶端，测出此时他的脚与镜子的距离、篮球架底部与镜子的距离就能求出篮球架的高度。

③根据测量数据进行计算。

④小组汇报总结，应引导学生比较各种方法的优点和缺点，寻求最优化意识。

实验反思：

反思这堂课，成功之处应当在于课题目标具体，准备时间充分，可操作性强，学生们都可以动起来，课本知识点掌握牢固。通过对教学内容的拓展，让学生深切地体会到数学在现实生活中的重要作用，从置身于大自然很自然地过渡到置身于数学与解决实际问题的乐趣中，并能自觉地参与到解决问题的行列之中，提高了他们的应用意识。并且，主动参与实践操作的学习方式，有利于提高对数学学习的兴趣，培养同学之间互相交流、相互提问、相互帮助的学习氛围，培养遇到困难团结友爱、共同克服的团队精神及敢于探索和实践的优良学风；也有利于培养学生理论联系实际的能力，拓展学生的思维，培养学生的创新能力。

实验7：池塘里有多少条鱼

实验目的：

（1）进一步体会频率估计概率及用样本估计总体的思想与方法。

（2）初步感受统计推断的合理性。

（3）初步认识数学和人类生活的密切联系，体会解决问题基本策略的多样性，体验数学应用充满着探索与创造，提高数学的应用意识。

实验工具：不透明纸盒一个，黄色、白色乒乓球若干个。

实验过程：

（1）生活中的数学。

①教师提出问题：李大爷承包了村里的池塘，辛苦了一年李大爷家今年的收成如何？你能帮助李大爷估计池塘中有多少条鱼吗？

②学生认为，把池塘里的鱼全部捞出，就可以知道了；也有学生反对，因为如果全部捞出鱼会死，再说也不知道池塘里的鱼是否全部捞出。

③教师接着提问：能不能不把池塘里的鱼全部捞出就可以估计李大爷的池塘中有多少条鱼呢？

（2）模拟实验。

方案一：

①一个口袋中有8个黄球和若干个白球，如果不许将球倒出来数，那么你能估计其中的白球数吗？

②如图2-22：从口袋中随机摸出一球，记下其颜色，再把它放回口袋中，不断重复上述过

程，我共摸了 20 次，其中有 6 次摸到黄球。假设口袋中有 x 个白球，通过多次试验，可以得出摸出黄球的频率，因此，我们可以估计出从口袋中摸出一个球，它为黄球的概率，列方程得：

图 2-22

$$\frac{8}{8+x}=\frac{6}{20}\text{，解得：}x\approx 19.$$

因此估计口袋中约有 19 个黄球。

③在学生提出这一个方案后，教师可以提问："为什么要把球再放回口袋中，如果不放回可以吗？"引起学生对问题中细节的关注。

方案二：

①一个口袋中有 8 个蓝球和若干个白球，如果不许将球倒出来数，那么你能估计其中的白球数吗？

②如图 2-23，利用抽样调查的方法，从口袋中一次摸出 10 个球，求出其中蓝球数与 10 的比值，再把球放回口袋中。不断重复上述过程。我总共摸了 20 次，黑球数与 10 的比值的平均数为 0.25，假设口袋中有 x 个白球，通过多次抽样调查，求出样本中蓝球数与总球数比值的"平均水平"，这个"平均水平"应近似等于口袋中蓝球的概率，得：

$$\frac{8}{8+x}=0.25\text{，解得：}x\approx 24.$$

因此估计口袋中大约有 24 个白球。

（3）在学生得到上述两种方案后，引导学生讨论：

①这两种方案合理吗？两种方案的依据有什么不同？

第一种方案是利用频率估计概率，第二种方案是利用样本估计总体。

②这两种方案计算的结果一样吗？（两种方案的计算结果都是近似值，都有误差。）

图 2-23

③怎样才能获得较为精确的估计值呢?(保证摸球的随机性,使实验次数尽可能多,进而求“平均值”,是减小误差的有效方法。当总数较小时,用第一种方法比较精确;当总数较大时,用第二种方法具有现实意义。)

(4)类比解决实际问题。

通过“摸球”的探讨,将学生引回上课之初的“鱼塘”问题,请同学帮助李大爷设计一个方案,估算李大爷的鱼塘里有多少条鱼?

此时,通过类比和引导,学生会得到如下方案:

可以先捞出若干条鱼将它们做上标记,然后再放回鱼塘。经过一段时间后,再随机捕捞出若干条鱼,并以其中有标记的鱼的比例作为整个有标记的鱼的比例,据此估计整个鱼塘的鱼的数量。

例 1. 小亮想知道自家鱼塘中鱼的数量,她先从鱼塘中捞出 100 条鱼分别作上记号,再放回鱼塘,等鱼完全混合后,第一次捞出 100 条鱼,其中有 4 条带标记的鱼,放回会后,第二次又捞出 100 条鱼,其中有 6 条带标记的鱼,请你帮她估计鱼塘中鱼的数量是多少。

分析:引导学生利用样本估计总体的思想解决实际问题,同时加深对第二种方案的理解。

解:设鱼塘中鱼的数量有 x 条,依题意得:

$$\frac{100}{x}=\frac{4+6}{100+100},\quad 解得\ x=2000.$$

所以,估计鱼塘中鱼的数量大约有 2000 条。

例 2. 一个口袋中有 10 个红球和若干个白球,请通过以下试验估计口袋中白球的个数:从口袋中随机摸出一球,记下颜色,再把它放回口袋中搅匀,不断重复上述过程,试验中共摸了 200 次,其中 50 次摸到红球。求口袋中有多少个白球?

分析:引导学生利用频率估计概率解决实际问题,同时加深对第一种方案的理解。

解:设口袋中有白球 x 个,则有:

$$\frac{10}{10+x}=\frac{50}{200},解得:x=30.$$

所以,口袋中大约有白球 30 个。

(5)拓展延伸。

①某地区为估计该地区黄羊的只数,先捕捉 20 只黄羊给它们分别作上记号然后放还,带有标记的黄羊完全混合于黄羊群后,第二次捕捉 40 只黄羊,发现其中有 2 只有标记,从而估计这个地区有黄羊_____只。

②李大爷的鱼塘今年放养鱼苗 10 万条,根据这几年的统计分析,鱼苗成活率约为 95%,现准备打捞出售,第一网捞出 40 条,称得平均每条鱼重 2.5 千克;第二网捞出 25 条,称得平均每条鱼重 2.2 千克;第三网捞出 35 条,称得平均每条鱼重 2.8 千克;请你帮助李大爷估算今年

鱼塘中鱼的总重量。如果每千克售价为 4 元，那么，李大爷今年的收入如何？

解：李大爷的鱼塘有鱼 ≈100000×95%=95000（条）

李大爷的鱼塘鱼的总重量 ≈[（40×2.5+25×2.2+35×2.8）÷（40+25+35）]×95000=240350（千克）

李大爷今年的收入≈ 240350×4=961400（元）

答：李大爷估算今年鱼塘中鱼的总重量估计有 240350 千克，如果每千克售价为 4 元，李大爷大约今年的收入有 961400 元。

实验反思：教学中，构建了“实际问题——实验探究——构建模型——解决问题——感悟收获”的教学模式，能激发学生的学习积极性，变学生被动接受知识为带着问题自主探究新知识，同时也要给学生足够的自由空间、足够的活动机会。在这样的氛围下，拓展了学生的思维空间。教师的教学设计，一是教师的教学设计，不仅要激发学习强烈的学习需要和兴趣，在内容上能够切入并丰富学生经验；二是要相信学生的学习能力，给学生充足的时间去培养学生独立解决问题的能力，教师不要怕耽误时间而急于给出答案；三是积极引导学生发表自己的观点，参与问题的讨论，还要创设矛盾性的问题，启发学生思维的严密性和灵活性。

实验 8：交通类模型：调查设定红绿灯时间的因素

实验目的：从生活中的交通规则中抽象出数学问题，并尝试能够用数学知识来解释，同时引导学生理解遵守交通规则的重要性，并对生活中的一些交通问题能够提出一些建设性意见。

实验步骤：

（1）上网查阅国内外红绿灯设定时间的规则。

（2）如表 2–3，以小组为单位，调查学校附近的十字路口的红绿灯时间及其车流量和人流量，并进行统计。

表 2–3　兰州市红绿灯时间调查表

时间：　　　　地址：　　　　十字方向：　　　　调查人：

时间	绿灯时间	红灯时间	车流量	人流量
早上				
中午				
晚上				

（3）观察分析以上数据，得出影响红绿灯时间的因素；并在小组内交流讨论哪些路口的设置比较合理，哪些不够合理，怎样才能更合理。

（4）你周围的哪些行人穿行的地方没有设置红绿灯，需要设置吗？如果设定红绿灯，那么时间怎么确定。

（5）观察统计的数据，提出一些建设性意见。

交通类模型在生活中到处存在：如手机导航与汽车导航仪的使用方法及其工作原理，再比如在野外如何利用手表或其他物体来辨别方向等。

实验 9：（家庭类模型）以家庭为单位调查每天的生活垃圾的来源

实验目的：通过调查生活中垃圾的多少与来源，引导学生认识到环境保护要从自我作起，并提出一些建设性意见。

实验步骤：

（1）引导学生查阅资料，了解生活垃圾的主要来源和分类方法。

（2）如表 2-4，每个同学统计自己家里每天的垃圾来源并对垃圾进行分类统计重量。

表 2-4　家庭生活垃圾调查表

调查时间：________年________月________日至________年________月________日

调查人：____________________

时间	可回收垃圾（如纸、塑料、铁、橡胶等）	厨房垃圾（如剩菜、剩饭、动物骨头、废弃食用油等）	有害垃圾（如废旧电池、过期药品、过期化妆品等）	其他垃圾（如烟头、一次性餐具等）
星期一				
星期二				
星期三				
星期四				
星期五				
星期六				
星期日				
累计				

（3）以小组为单位，对统计数据进行分析，如何更好地处理生活中的这些垃圾，提出相应的对策。

环境模型在我们的生活中很多，如调查环境污染的原因、调查家庭用水量等，通过这些调查，不但加强了学生在实际生活中对数学知识的应用，也引导学生建立节约资源，维护地球环境的意识。

实验 10：（营销类模型）打折销售问题

实验目的：调查商场的打折方式并判断哪种方式商场合算，哪种购买方式顾客合算。

实验步骤：

（1）在商场活动期间，以小组为单位统计附近几个商场的打折方式。

（2）判断几种打折方式哪种方式销售商场合算？

（3）判断几种打折方式哪种购买方式顾客合算？

（4）观察统计的数据，对商家和顾客提出一些建设性意见。

实验 11：（体育类模型）如何在我们学校的操场上画出 400 米的标准跑道

实验目的：能从生活中发现数学问题，并提出一些建设性的意见。

实验步骤：

（1）上网查阅国内 400 米跑道的规则与标准。

（2）以小组为单位，测量学校的操场的一些数据，并通过计算在稿纸上设计出画图方案。

（3）小组合作，在操场上画出 400 米跑道。

在学生的校园生活中，有很多体育活动都可以建立数学模型，这样的实验既增长了知识，也培养了学生的综合实践能力。

通过项目式实验，提高学生的数学建模能力，能增强学生应用数学的意识，同时也提高分析问题、解决实际问题的能力。

第三章　实验类型

本课题结合初中数学课程的内容以及实验的作用和目的将初中实验的类型分为三个层次研究：层次一：①统计型，②演示型，③验证型，④探索型；层次二：①应用型，②综合型，③设计型；层次三：①研究型，②创新型。

一、层次一

（一）统计型实验

所谓统计型实验就是通过对所提出的问题调查统计得出一定的结论，这一类实验有些不需要工具，也有一些需要一些简单的工具，关键是要设计合理的调查方式。

实验 12：统计 50 个人的班集体生日相同的概率

实验目的：估计 50 人当中至少有两人生日相同的概率。

实验步骤：

（1）猜想实验结果。

（2）师生共同在全班进行调查统计，观察结果。

（3）教师展示以往班级或其他班级的调查结果。

（4）小组交流如何计算这个概率。

$$1-\frac{365^{50}}{365\times364\times363\times\cdots\times316}\approx97\%$$

实验结果：50 个人当中至少有两人生日相同的概率大约是 97%。

（二）直观演示型实验

美国教育家布鲁纳说过："学习的最好动力是对学习材料的兴趣"。如何与学生进行很好的沟通，让课堂变得开放生动，如何引导学生主动参与，让学生乐学、好学，这是摆在我们教师面前最紧迫的问题，而解决上述问题的关键在于如何激发学生的学习兴趣。学生只有对几何感兴趣，才能够更好地学好几何。然而兴趣并不是天生的，而是通过外界事物的新颖性、独特性来满足学生探究心理的需要而引起的。借助几何画板的动态感知可以激发学生浓厚的学习兴趣和强烈的求知欲，使学生积极主动地参与学习。

实验 13：探究正方体截面图

实验目的：通过几何画板这种先进的教学软件直观演示正方体截面直观图。

实验工具：安装几何画板软件的计算机。

实验步骤：

（1）学生阅读思考正方体截面图。

（2）如图 3-1 所示，教师利用几何画板制作的"正方体截面图演示课件"，可以建构一个图形情境，将正方体截面图的各种情况在学生的猜测、怀疑、讨论中进行模拟演示，促进学生对知识的主动建构和空间想象能力的发展。

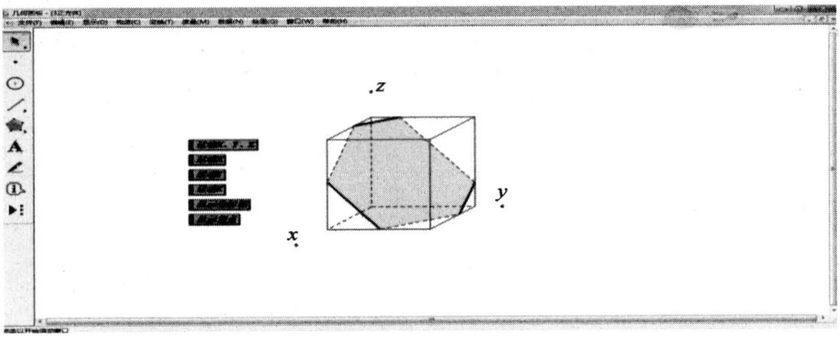

图 3-1

实验结果：通过几何画板的动态演示，学生理解了正方体截面图可能出现的结果。

实验 14："拉面" 模仿实验

实验目的：创设有效问题情境，引导学生进一步理解乘方的实际意义。

实验工具：一根松紧带。

实验过程：

（1）介绍拉面的制作：一团和好的面，揉搓成一根长条后，手握两端用力拉长，然后将长条对折，再拉长，再对折，每次对折为一扣。

（2）分组实验：两人一组，一个同学用一根松紧带模仿拉面，另一同学认真观察，记录每次拉扣后“面条”的根数，如表 3–1：

表 3–1

扣数	1	2	3	4	5	6
根数						

（3）观察数据，根据结果，教师引入有理数乘方的定义。

实验反思：对于有理数的乘方，简单机械地给出乘方定义，再进行练习，学生也会做题，但这种做法忽视了概念的生成过程，只停留在概念的表面。借助模仿实验，可以帮助教师从数学概念体系的发展过程或解决实际问题的需要引入概念。问题情境，它不只是一个“问题”，在问题的背后，还有一种内在的需求，一种学生主动探究的愿望。通过本次模仿实验，学生很容易得到每一次拉扣后的根数都是若干个因数 2 的积。可是当因数个数非常多时表示起来就很吃力，学生就会思考，如何创造一种简洁的方法来表示。

实验 15：探索直线平行的条件：同位角相等两直线平行

实验目的：通过自制教具理解同位角和两直线平行的关系。

实验工具：自制教具。

实验步骤：

（1）提出问题：

如图 3–2，纸条 a 和纸条 b 都与纸条 c 相交，图中的 $\angle 2$ 满足什么条件时，才能使得纸条 a 与纸条 b 平行？

（2）实验探究：

做一做：如图 3–2，固定纸条 b、c，转动纸条 a，在操作的过程中让学生观察 $\angle 2$ 的变化以及它与 $\angle 1$ 的关系，并思考纸条 a 何时与纸条 b 平行？改变图中 $\angle 1$ 的大小再试一试，与同学交流你的发现。引导学生发现，当图中的 $\angle 2$ 满足与 $\angle 1$ 相等时，纸条 a 与纸条 b 平行。

（3）形成概念：

由 $\angle 1$ 与 $\angle 2$ 的位置关系引出对“三线八角”的认识和同位角的概念。如图 3–3，直线 AB，直线 CD 被直线 l 所截，构成了八个角，具有 $\angle 1$ 与 $\angle 2$ 这样位置关系的角，可以看作是在被截直线的同一侧，在截线的同一旁，相对位置是相同的，我们把这样的角称为同位

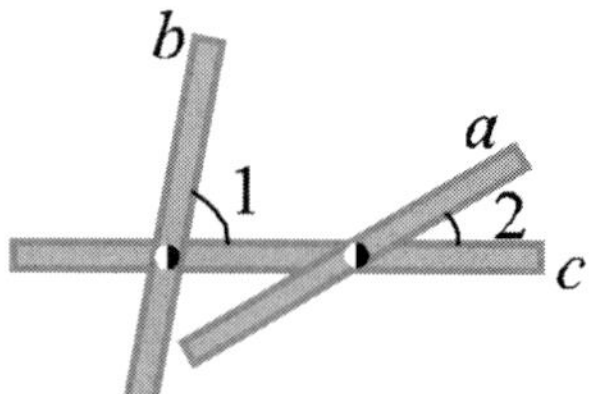

3–2

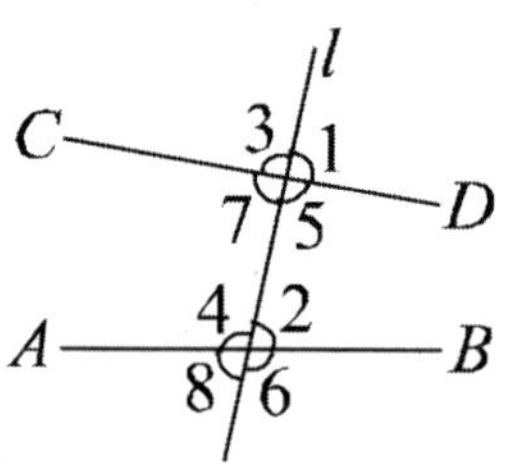

3–3

角。

（4）得出结论：同位角相等，两直线平行。

实验反思：首先设置“转动纸条”的活动，让学生亲自动手操作，目的是让学生通过观察、想象，直观地认识“同位角相等，两直线平行”的结论。再次引导学生将转动纸条的实际问题抽象为数学问题，画出“三线八角”的基本图形，并直观地认识同位角的概念，使概念的学习成为解决问题的需要，而没有孤立地处理这部分内容，这样处理能使知识自然纳入学生的学习需求，符合可接受性原则。这样由浅入深，充分地让学生经历了解决问题的过程，较好地突出了重点，突破了难点。

（三）验证型实验

实验16：验证任意三角形三条线（中线、角平分线、高）是否都交于一点。

实验目的：通过实验验证三角形的三条线交于一点。

实验步骤：

（1）如图3-4所示，先在几何画板上任取三个点，然后用线段把它们连起来得到三角形。

（2）拉动其中的一个点，同时图形的形状就会发生变化，但仍然保持是三角形。

（3）分别构造出三角形的三条中线、三条高、三条角平分线。这时再拉动其中任一点时，三角形的形状同样会发生变化，但三条中线、高、角平分线的基本性质却保持不变。

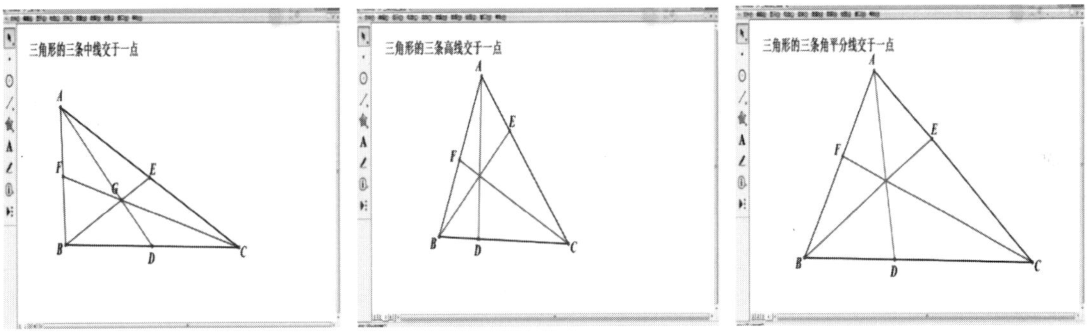

三条中线交于一点　　三条高线交于一点　　三条角平分线交于一点

图3-4

实验结果：任意三角形的三条中线交于一点，三条角平分线也交于一点，三条高线所在直线交于一点。

实验反思：几乎所有人都知道物理、化学、生物需要实验，但很少有人了解数学也需要进行实验的。著名数学教育家G·波利亚指出：“数学有两个侧面，一方面它是欧几里得式的严谨科学，从这方面看，数学像是一门系统的演绎科学；另一方面，创造过程中的数学，看起来却像试验性的归纳科学。在数学研究的过程中，数学家需要不断反复地实验才能发现其规律，然后再进行严格的逻辑推理证明。在学习数学的过程中一个重要环节就是了解数学背景、获得数学经验。

实验 17：勾股定理的验证

实验目的：验证勾股定理。

实验工具：剪刀，刻度尺，彩色卡纸，安装“几何画板”软件的计算机。

实验过程：

探索一：

第一种类型：等面积、两算法

方法一：毕达哥拉斯的证明

（1）问题背景

相传毕达哥拉斯去朋友家里作客，发现朋友家的地砖是等腰直角三角形，以等腰直角三角形的三条边向外作了三个正方形后发现：以直角边为边的两个正方形的面积的和等于以斜边为边的正方形的面积。由此，他大胆猜想：任意一个直角三角形，两条直角边的平方和都等于斜边的平方。

（2）探究思路与方法（几何画板实验动态演示）

如图 3-5，用几何画板实验动态探究毕达哥拉斯证明勾股定理的思路与方法。

结论：给两个小正方形和最大的正方形分别添加四个直角三角形后，面积相等。

（3）动手操作实验

如图 3-6，学生小组合作，用彩色卡纸拼出毕达哥拉斯证明方法的图形，进一步感受定理的探究过程。

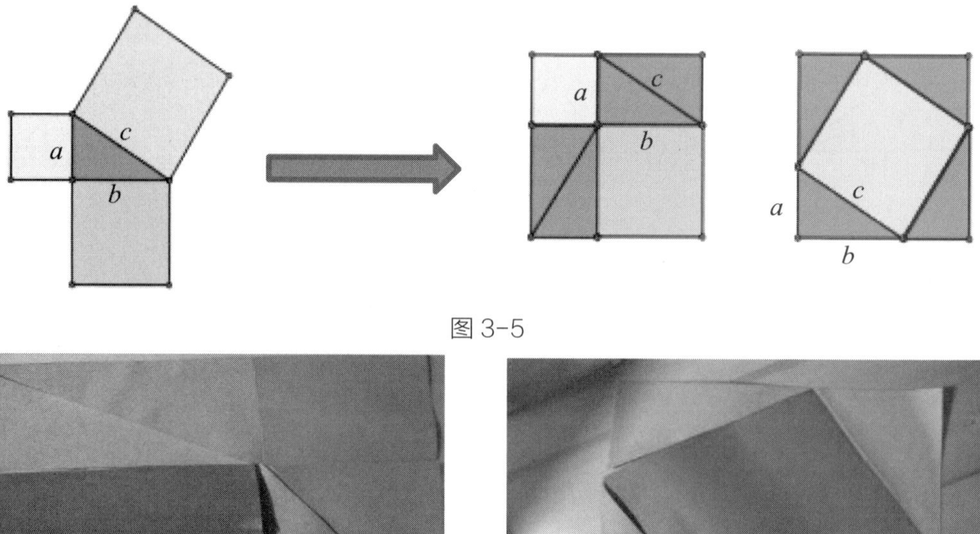

图 3-5

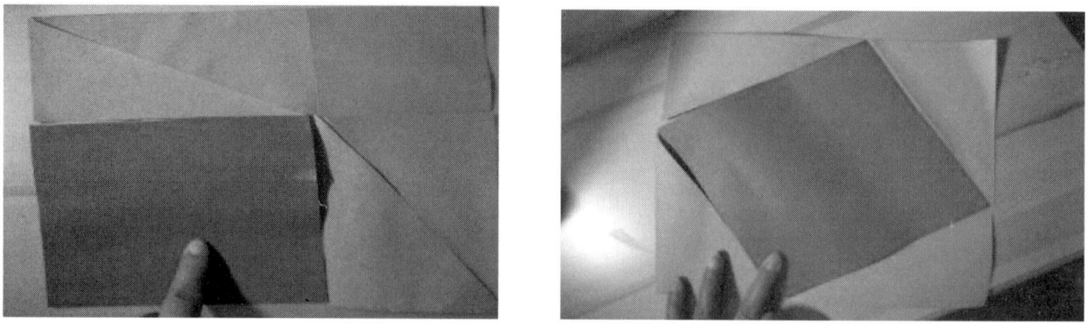

图 3-6

（4）等面积两算法证明

$a^2+b^2+4\times\frac{1}{2}ab=c^2+4\times ab^2$，得到 $a^2+b^2=c^2$.

方法二：赵爽弦图

（1）历史背景

在我国最早给出证明的是公元前 3 世纪的数学家赵爽，他在周髀算经中用一张他所谓的弦图证明了勾股定理，2002 年全世界数学家大会的会徽就是这张弦图，以此纪念这位伟大的数学家。

（2）探究赵爽弦图的思路与方法

如图 3-7，用几何画板实验动态探究赵爽弦图证明勾股定理的思路与方法。

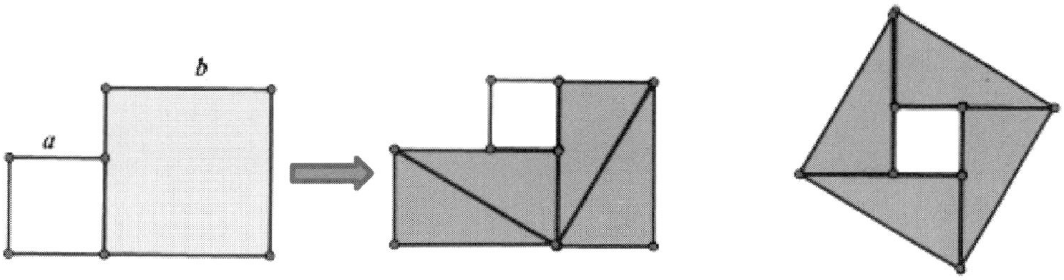

图 3-7

（3）动手操作实验

如图 3-8，学生小组合作，用彩色卡纸拼出赵爽弦图，进一步感受定理的探究过程。

图 3-8

（4）等面积、两算法证明

$(b-a)^2+4\times\frac{1}{2}ab=c^2$，得到 $a^2+b^2=c^2$.

探索二：

第二种类型：无字证明

方法三：青朱出入图（无字的证明）

（1）历史背景

著名的数学家刘徽在《九章算术》用“青朱出入图”验证了勾股定理，由于证明过程没有用一个字，因此把这种证明又称为“无字证明”。

（2）探究青朱出入图的与方法

如图 3–9，用几何画板实验探究青朱出入图证明勾股定理的思路与方法。

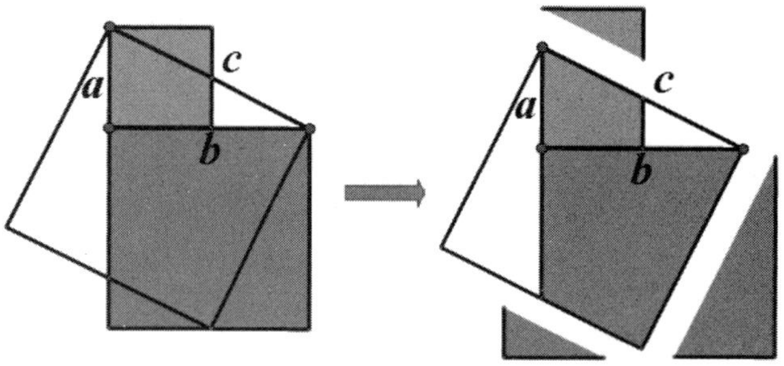

图 3–9

探索三：

第三种类型：欧氏几何证明

方法四：欧几里得证明

（1）历史背景

公元前 4 世纪，欧几里得在《几何原本》中给出了一种很好的证明方法。

（2）探究欧几里得证明的思路与方法

①提出问题：如图 3–10，从 Rt $\triangle ABC$ 的三边向外各作一个正方形，如何将正方形 $BHKC$ 分割成两个矩形，使得这两个矩形的面积分别等于正方形 $ABED$ 和正方形 $ACGF$ 的面积。

②如图 3–11，教师分析思路并给出辅助线方法：作 $AN \perp BC$ 交 AB 于 N，那么正方形 $ABED$ 被分成两个矩形，连接 AH 和 EC。

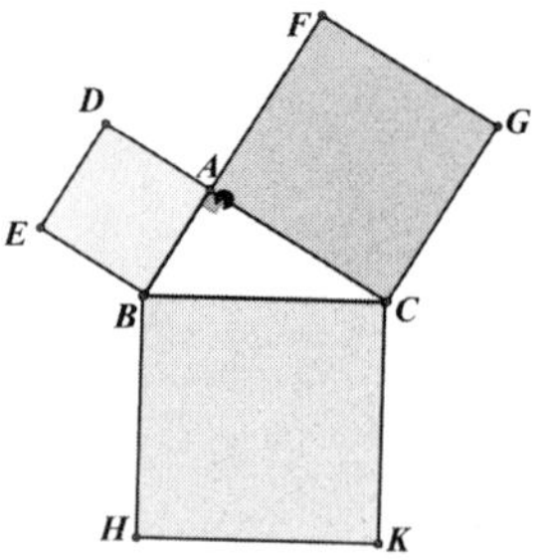

图 3–10

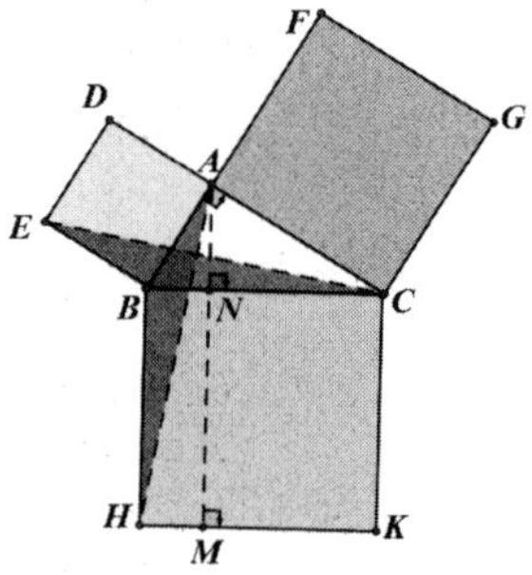

图 3–11

③小组交流验证方法（多媒体展示）。

$\because$ 正方形 $ABED$ 和 $\triangle EBC$ 同底等高，

$\therefore S_{\text{正方形} ABED} = 2S_{\triangle EBC}$.

$\because$ 由于矩形 $BNHM$ 和 $\triangle ABH$ 同底等高，

$\therefore S_{\text{矩形} BNHM} = 2S_{\triangle ABH}$.

$\therefore \triangle EBC \cong \triangle ABH.$

由此可得 $S_{正方形ABED} = S_{矩形BHMN}$.

同理可证 $S_{正方形AFGC} = S_{矩形NCMK}$.

$\therefore S_{正方形ABED} + S_{正方形AFGC} = S_{矩形BHMN} + S_{矩形NCMK}$.

即 $S_{正方形BHCK} = S_{正方形ABED} + S_{正方形AFGC}$.

$\therefore a^2+b^2=c^2$.

实验结果：直角三角形中，两条直角边的平方和等于斜边的平方。

总结：勾股定理的证明方法分三种类型：

第一种类型：等面积、两算法。

以赵爽的“弦图”为代表，用几何图形的截、割、拼、补，一图两算来证明代数式之间的恒等关系。

第二种类型：无字证明。

以刘徽的“青朱出入图”为代表的“无字证明”。

第三种类型：欧氏几何证明。

欧氏几何证明以欧几里得的证明方法为代表，运用欧氏几何的基本定理进行证明。

实验反思：课堂实验对激发学生兴趣，突破课堂的重难点有很重要的作用，另外，对活跃学生思维，提高动手能力也有很大帮助。

（四）探索型

实验 18：正比例函数增减性实验

实验目的：观察并进一步理解正比例函数的增减性。

实验工具：安装几何画板软件的计算机。

实验步骤：（如图 3-12 所示）

（1）教师提前在几何画板软件中画出以下两个函数的图象，并在直线上任意取一点向 x 轴和 y 轴作垂线。

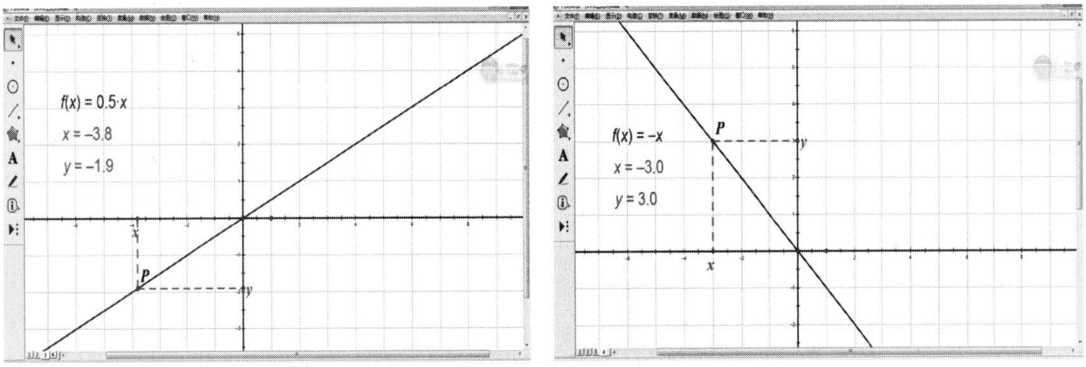

图 3-12

（2）学生拖动点 P 在直线上运动，此时点 P 的横坐标 x 在 x 轴上从左向右运动，点 P 的纵坐标 y 在 y 轴上从下到上运动（或从上到下运动），同时点 P 的横坐标 x 和纵坐标 y 的数值也显示出相应的变化。

（3）学生观察得出：对于正比例函数 $y=kx\ (x\neq 0)$，$k>0$ 时，y 随 x 的增大而增大；$k<0$ 时，y 随 x 的增大而减小。

实验结果：对于正比例函数 $y=kx\ (x\neq 0)$，$k>0$ 时，y 随 x 的增大而增大；$k<0$ 时，y 随 x 的增大而减小。

实验反思：通过这样的演示，给学生创造一个探究的平台，将抽象的函数性质和图形，数据很好地结合起来，从而帮助学生更好地理解函数性质，并提高学生学习数学的能力，同时在教学中也进一步渗透了数形结合的思想。

实验 19：三角形内角和定理的验证

实验目的：观察并进一步理解一次函数的增减性。

实验工具：彩色卡纸，剪刀，安装几何画板软件的计算机。

实验步骤：

（1）分小组讨论并动手探究：三角形的内角和是多少度？

（2）小组派代表向全班同学演示方法：

方法一：如图 3–13 所示，该小组展示了量角器测量的方法；

方法二：如图 3–14 所示，该小组展示了“剪拼法”；

方法三：如图 3–15 所示，该小组展示了“折拼法”。

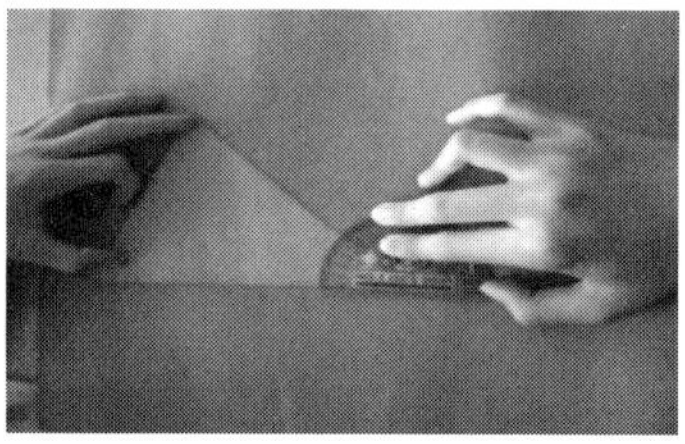

图 3–13

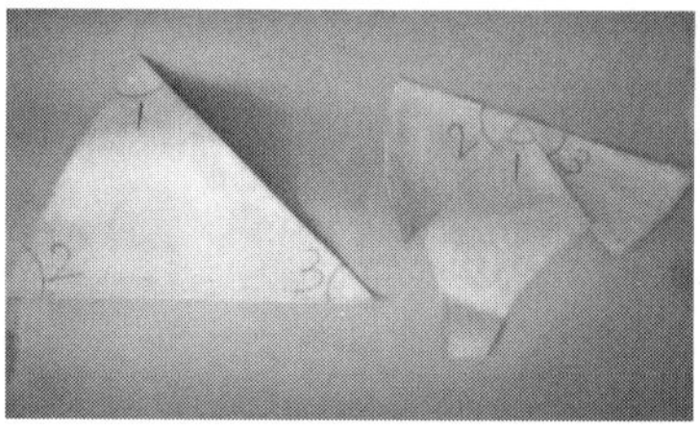

图 3–14

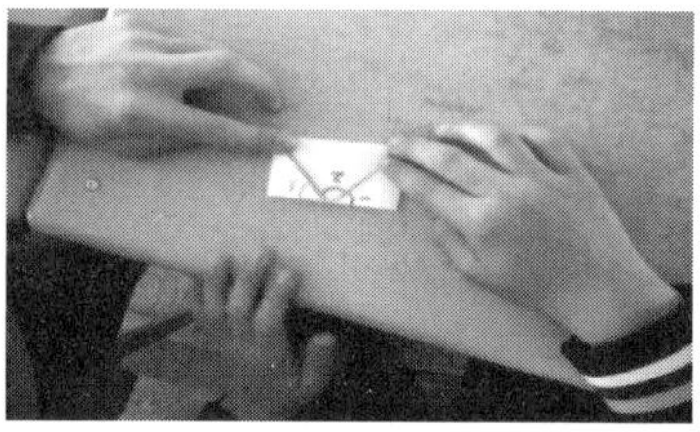

图 3–15

（3）几何画板验证：如图 3–16，拖动点 A 改变三角形 ABC 的形状时，三角形的内角和保持不变，永远是 180°。

实验反思：通过两个活动使得学生轻松、愉快地学习数学知识，学生的学习兴趣都很高昂，课堂效果较好。

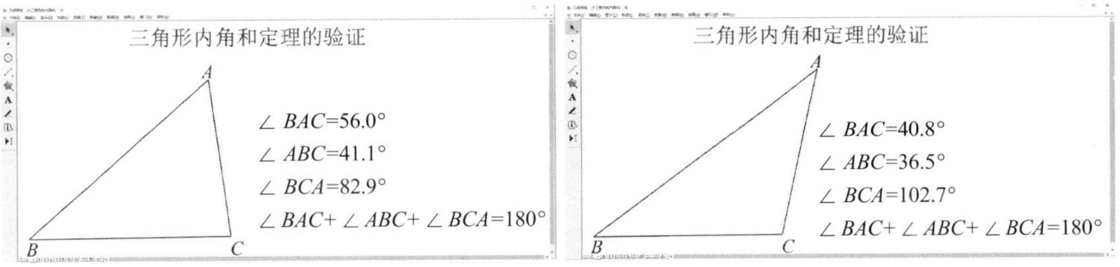

图 3-16

实验 20：垂径定理的探索

实验目的：观察并进一步探究垂径定理。

实验工具：安装几何画板软件的计算机。

实验步骤：

（1）教师提前用几何画板构造如下图形：以点 A 为圆心，AB 为半径画圆，点 C 为圆 A 上任意一点，连接 BC，过 A 点作垂直于弦 BC 的直线 DE，交圆 A 于点 D、点 E，交 BC 于点 G，度量弧 BE、弧 CE、弧 BD、弧 CD 的弧度，如图 3-17 所示。

弧 BD 的长度 =114.83°
弧 DC 的长度 =5.47 厘米
弧 EC 的长度 =3.10 厘米
弧 EB 的长度 =3.10 厘米
BG=2.48 厘米
GC=2.48 厘米

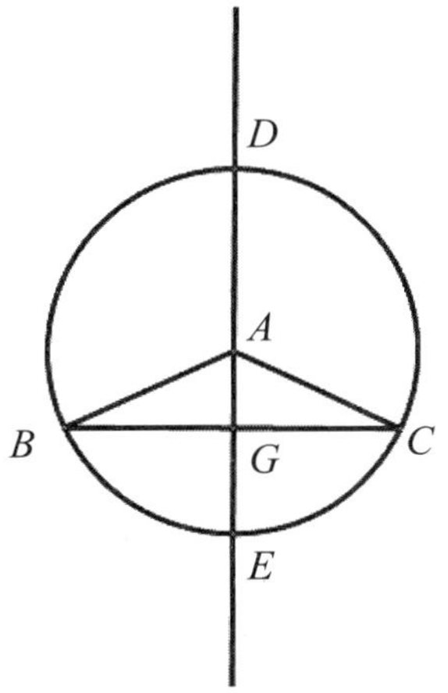

图 3-17　垂径定理的验证

（2）演示：拖动点 A、B 可以改变圆 A 的半径大小，拖动点 C 在圆上移动时，弦 BC 的长度发生变化，但弧 BD 和弧 CD 的度量值始终相等，弧 BE 和弧 CE 的度量值始终相等，弦 BG 和弦 GC 的度量值也始终相等。

（3）得出结论。

通过观察可知“垂直弦的直径平分这条弦，并且平分弦所对的弧”。

实验反思：以往在传统教学中，我们学习垂径定理时，只能通过三角板 + 圆规 + 黑板 + 粉笔的形式向学生说：“垂直弦的直径平分弦，且平分弦所对的两段弧”。对于圆中的两段弧和平分的弦的度量，在三角板 + 圆规 + 黑板 + 粉笔的教学中，我们无法准确地说明这一点。可在几何画板中，沟通“数”与“形”，就是通过“度量”菜单来实现的，“度量”菜单重要的功能是：①通过度量和计算相关的数据来揭示图形的本质；②更精确地作出图形。

二、层次二

（一）应用型

数学源于生活又服务于生活，在我们的生活中有许多需要测量的地方，这就需要我们在数学课堂上先通过数学模型学会测量的方法。

实验 21：遮阳篷的设计

实验目的：结合学生的社会调查和课前的汇报交流，概括出把实际问题数学化，即用数学的方式表示问题以及用数学的方法解决问题，使学生的数学应用能力得到进一步的发展，进一步体会数学与生活的密切联系和数学的应用价值。

实验准备：课前调查遮阳篷及兰州所在地区正午时刻太阳光与地面的夹角

实验过程：

（1）提出生活中的实际问题

日常生活中，我们可以看到一些窗户上安装有遮阳篷，你会设计遮阳蓬吗？

如图 3-18，假设某居民楼地处北半球某地，窗户朝南，窗户的高度为 h，此时一年中的正午时刻，太阳光与地平面的最小夹角为 α，最大的夹角为 β，请你为个该窗户设计一个遮阳篷，要求在夏天既能最大限度地遮挡炎热的阳光，在冬天又能最大限度地使温暖的阳光射入室内。

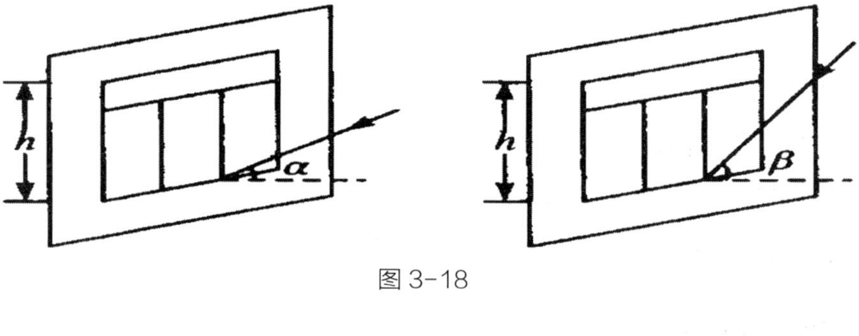

图 3-18

（2）遮阳篷的原理示意图

将图 3-18 画成图 3-19，其中 AB 表示窗户（$AB=h$ 厘米），BCD 表示直角形遮阳篷。

①让冬天的阳光最大限度地照进来，请在图 3-19 中画出来。

思考：

a. 阳光要最大限度地照进来，要照到_________处。

b. BD 要与阳光_________，AB 才能完全照到阳光。

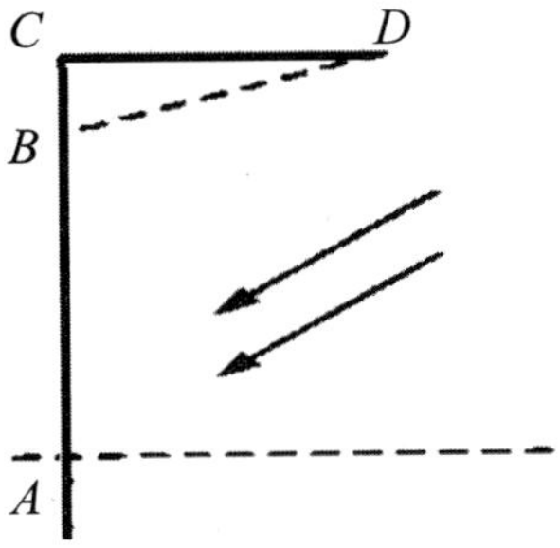

图 3-19

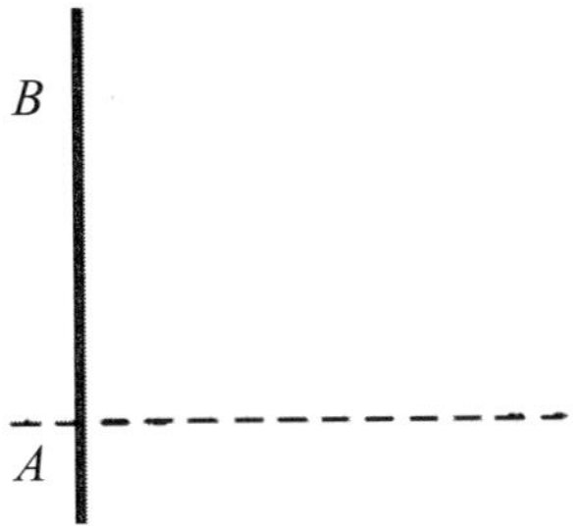

图 3-20

c. 此时 BD、CD 唯一吗？原因是：________________________________。

②最大限度地挡住夏天的阳光，请在图 3-20 中画出来。

思考：

a. 要最大限度地挡住阳光，只能照到________处。

b. BD 要与阳光________________________，AB 才能完全不受阳光照射。

此时 BD、CD 唯一吗？原因是：____________________。

③如图 3-21。要求：在夏天既能最大限度地遮挡炎热的阳光，在冬天又能最大限度地使温暖的阳光射入室内。既要具备①中的要求还要具备②中的要求，即要找两个 BD 的____________。

思考：

a. 此时 BD、CD 唯一吗？原因是：____________________。

b. 用含 h、α、β 的关系式分别表示 BC 和 CD 吗？

理由：

$\because \angle CDB=\alpha$,

$\therefore \tan\angle CDB=\tan\alpha=\dfrac{BC}{CD}$.

即 $BC=CD\tan\alpha$.

$\because \angle CDA=\beta$,

$\therefore \tan\angle CDA=\tan\beta=\dfrac{AC}{CD}$.

即 $AC=CD\tan\beta$.

又 $\because$ $BC+AB=AC$,

即 $h+CD\tan\alpha=CD\tan\beta$,

$$\therefore \begin{cases} h+CD\cdot\tan\alpha=CD\cdot\tan\beta; \\ BC=CD\cdot\tan\alpha. \end{cases}$$

解得：$CD=\dfrac{h}{\tan\beta-\tan\alpha}$，$BC=\dfrac{h\tan\alpha}{\tan\beta-\tan\alpha}$.

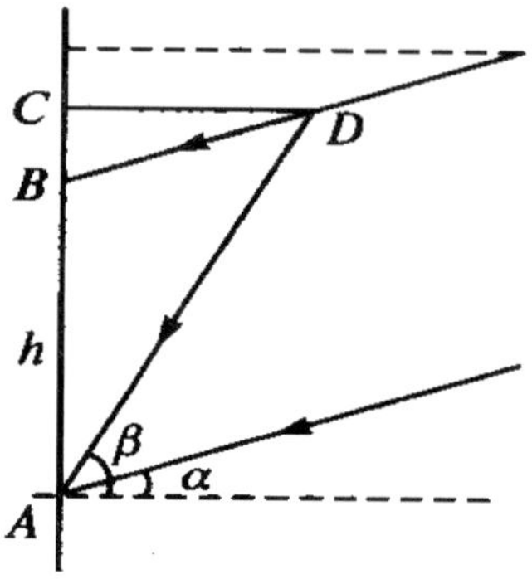

图 3-21

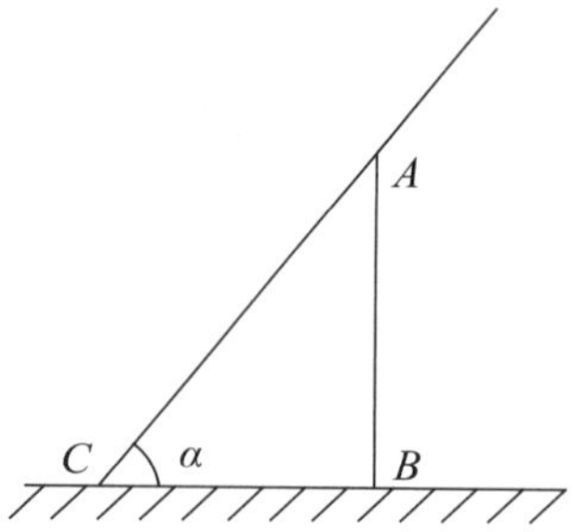

图 3-22

（3）设计推广

①想一想：我们如何得到所在地区正午时刻太阳光与地面的夹角？

如图 3-22，正午时刻，在太阳光下放一标杆 AB，影长为 BC，则太阳光与地平面的夹角为 α，所以 $\tan\alpha=\frac{AB}{BC}$，测量 AB、BC 的长度，算出的值，用计数器即可计算出 α 的值。

②想一想：

a. 如果要求遮阳篷的 CD 边为圆弧形（C、D 同高），那么还需要知道什么条件？怎样设计？（如图 3-23）

b. 如果要求遮阳篷的 CD 边为抛物线形，那么你还需要知道什么条件？怎样设计？（如图 3-24）

c. 如果要求遮阳篷的 CD 边可伸缩，那么你应如何设计？（如图 3-25）

学生要经历查阅资料或实地测量获得所需数据、动手制作模型和撰写研究报告的过程，获得科学研究的体验、培养科学精神；学生要能够综合运用数学、地理或其他学科的知识解决生活中的问题，培养社会责任感。

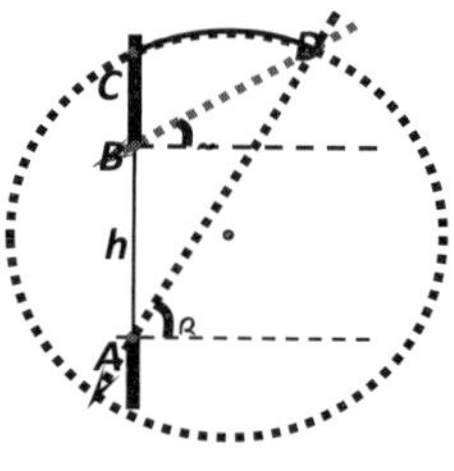

图 3-23

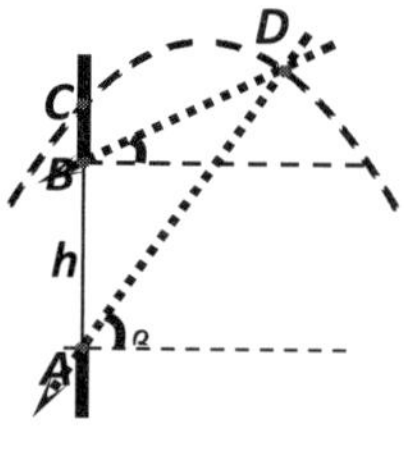

图 3-24

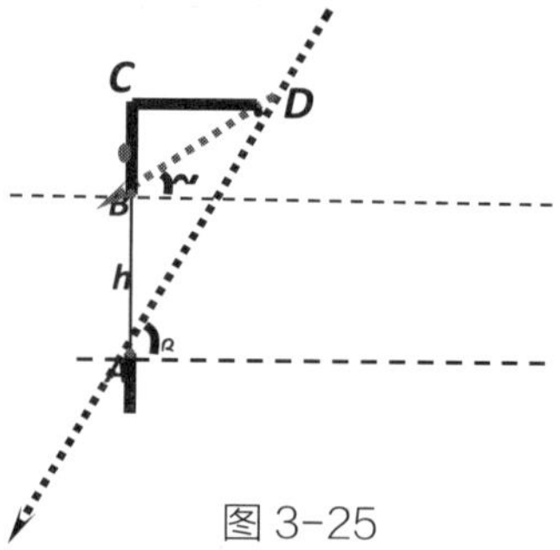

图 3-25

实验反思：设计遮阳篷是本课题学习要解决的主要问题，从学习兴趣来看，大部分学生都非常感兴趣，学习的积极性很高，加上又可以动手进行测量和操作，学习氛围非常好，但因为设计遮阳篷是要把一个实际问题转化为一个数学问题，也就是要经历一个数学建模的过程，有相当一部分学生感到有困难，所以在大家充分讨论交流过后，才从实际问题中抽象出数学模型，而一旦成为一个具体的数学问题，学生又感到熟悉了，积极性又高了，发言的人也多了。从本实验的学习过程可以看出，我们的学生需要实验学习，需要有一定的方法指导，需要有进行科学研究的体验，虽然现在并不一定有多大的价值体现，但这种体验会给学生带来自信心的提高，是学生一辈子的财富，所以，我们教师要有为学生终身发展服务的思想，要用新课程理念指导我们上好每一节课。

（二）综合型

习题课的教学过程中，很多时候讲过的题目，但是只要题目中的条件稍微有所变动，学生就找不到解题思路。究其原因，在习题课的教学过程中，教师往往更多地展示的是解题方法与解题思路，学生也只是记住了某些特殊的解题规律而已。而教师和学生却忽略了最深层次的思考，即：如何找到解题思路与方法的？利用多媒体设计一些相应实验，可以更好地解决这一问题，从而培养学生建立良好的思维品质。

实验 22：利用实验探究解题思路

如图 3–26，在边长为 2 的菱形 *ABCD* 中，$\angle A=60$，*M* 是 *AD* 边上的中点，*N* 是 *AB* 边上的一动点，将 ΔAMN 沿 *MN* 所在直线翻折得到 $\Delta A'MN$，连接 $A'C$，则 $A'C$ 长度的最小值是多少？

实验目的：寻找解题思路。

实验工具：安装几何画板软件的计算机。

实验步骤：

（1）教师根据题意利用几何画板画出 *N* 点可以运动的图形。

（2）如图 3–27，学生点击按钮观察线段 $A'C$ 的长度变化，感受图形的变化过程。

（3）如图 3–28，利用画板生成 A′ 的运动轨迹，找到 $A'C$ 长度最小时 A' 的位置。

（4）思考交流：如何求出 *MC* 的长。

（5）如图 3–29，构造直角三角形 *EMC*，从而计算出结果。

实验结果：学生找到了解题思路及解题方法。

在教学中，通过这样一些演示引导学生如何探索解题思路，发现解题方法，即展示思路的寻找过程，对学生具有更加长远以及深刻的作用。

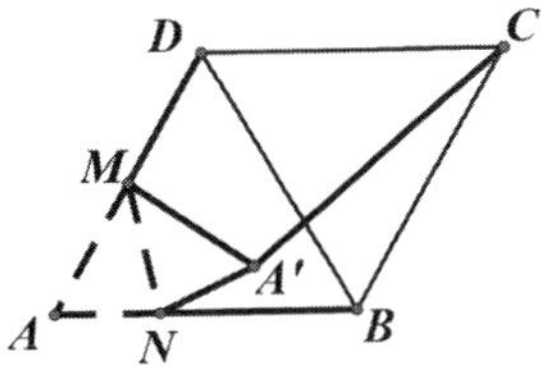

图 3–26

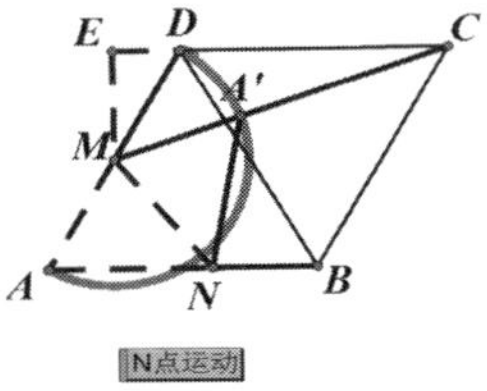

图 3–27

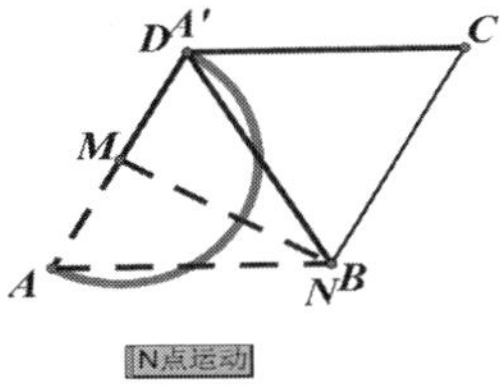

图 3–28

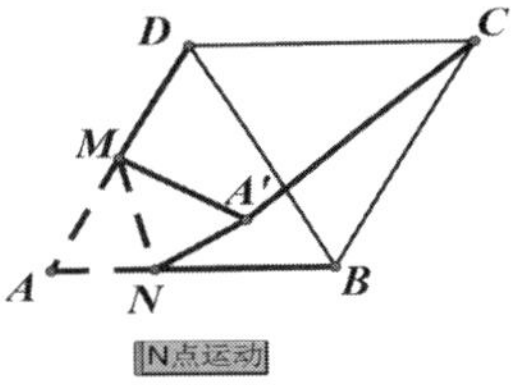

图 3–29

实验 23：对一道中考题目的探究

如图 3-30，已知矩形 *ABCD* 的顶点 *A* 与点 *O* 重合，*AD*、*AB* 分别在 *x* 轴、*y* 轴上，且 *AD*=2，*AB*=3；抛物线 $y=-x^2+bx+c$ 经过坐标原点 *O* 和 *x* 轴上另一点 *E*（4，0）。

（1）当 x 取何值时，该抛物线有最大值，最大值是多少？

（2）将矩形 *ABCD* 以每秒 1 个单位长度的速度从图 3-31 所示的位置沿 *x* 轴的正方向匀速平行移动，同时一动点 *P* 也以相同的速度从点 *A* 出发向 *B* 匀速移动。设它们运动的时间为 *t* 秒（$0 \leqslant t \leqslant 3$），直线 *AB* 与该抛物线的交点为 *N*。

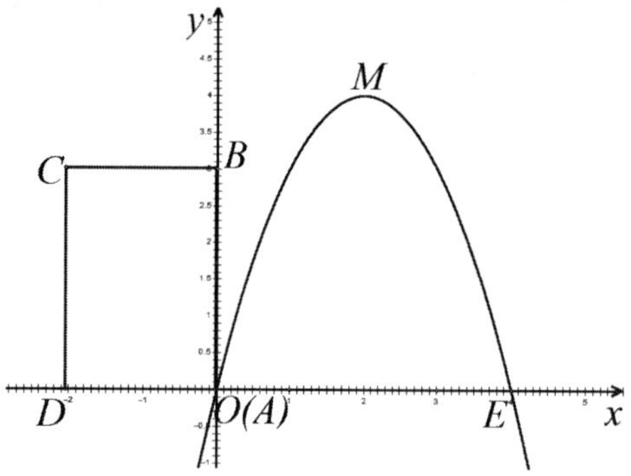

图 3-30

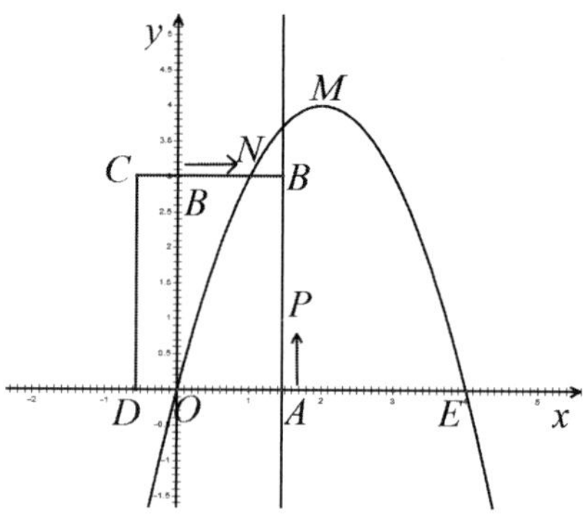

图 3-31

①$t=\dfrac{11}{4}$当时，判断点 *P* 是否在直线 *ME* 上，并说明理由；

②以 *P*、*N*、*C*、*D* 为顶点的多边形面积是否可能为 5，若有可能，求出此时 *N* 点的坐标；若无可能，请说明理由。

实验目的：通过实验清楚地观察动点变化过程，从而找到解题思路。

实验工具：安装几何画板软件的计算机

实验步骤：

（1）教师课前利用几何画板软件作出这个问题的动态变化过程。

（2）学生操作：对于第二问①：如图 3-32，点击"图形运动"按钮，学生清晰地观察到图形

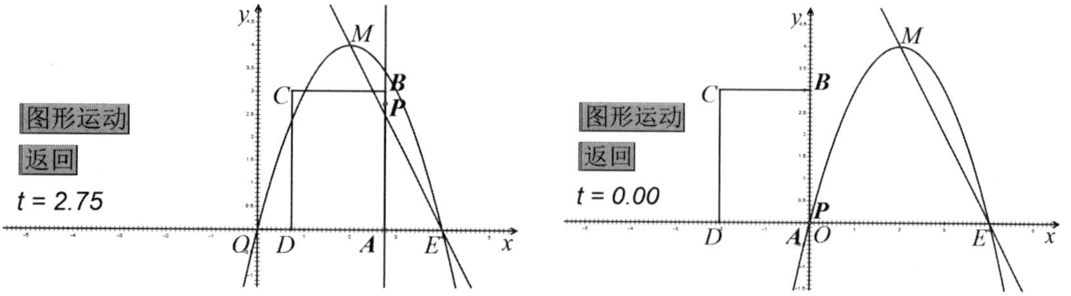

图 3-32

的位置变化和 t 的具体变化的数量，通过这种演示，使学生找到解题思路并明白如何求解点 P 的横坐标和纵坐标。在此基础上，引导学生计算得出，当 $t=\frac{11}{4}$ 时，点 P 不在直线 ME 上。通过这样的探究，提高学生的空间想象能力以及解决数学问题的能力。

（3）对于第二问②：如图 3-33 所示，点击“图形运动”按钮，能观察到点 P 的位置变化和 t 的具体变化的数量，从课件中让学生清晰地看到：随着 t 的变化，以点 P、N、C、D 为顶点的多边形的具体形状也不断地发生变化，在这个过程中，当 $t=0$ 或 $t=3$ 时，以点 P、N、C、D 为顶点的多边形是三角形，在 $0<t<3$ 范围内，以点 P、N、C、D 为顶点的多边形是四边形。通过这样的演示，为学生提供分类解题的思想，并为学生解题找到了突破口。

实验结果：通过几何画板的演示帮助学生找到了解题思路。

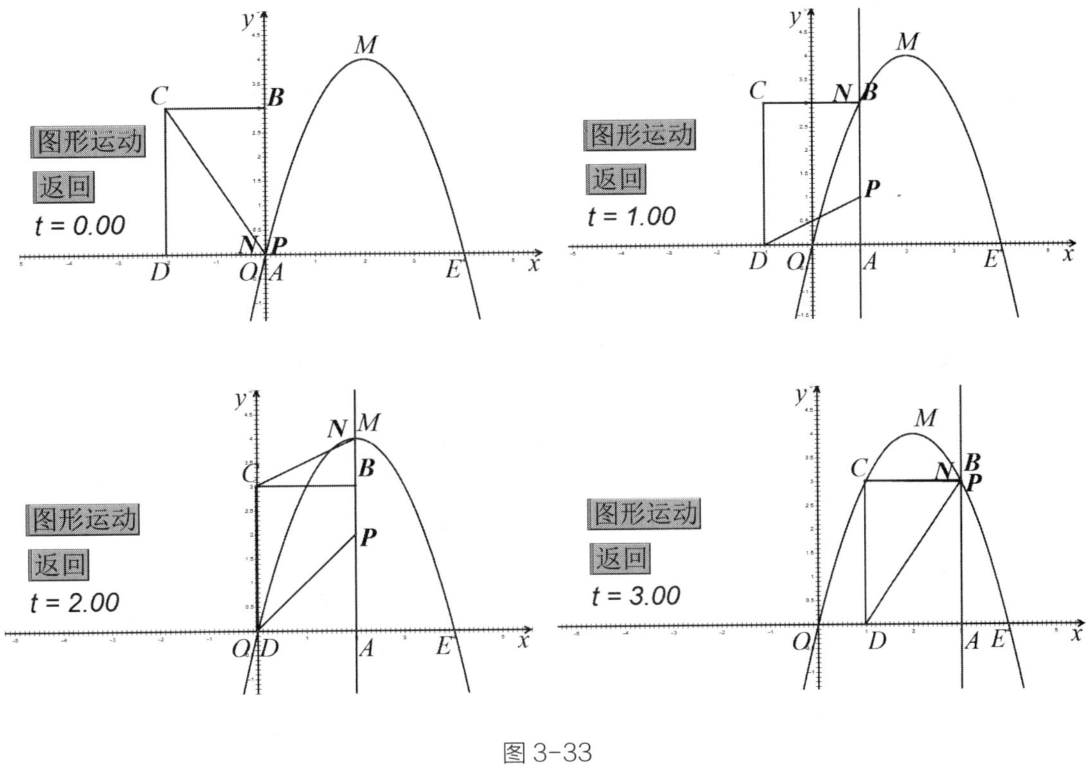

图 3-33

实验反思：如果不是有了几何画板的探究，不管是学生还是老师，也许将耗费很多的时间在该题上依旧一无所获。所以用几何画板制作课件去探究这类动点题目，给学生创造一个探究的平台，不仅直观形象，而且帮助学生找到解题思路，并且是检验题目的正确性的一个很好的工具。因此用几何画板制作课件来探究动点类题目是一种非常有效的教学方法。

(三)设计型

设计是把一种计划、规划、设想通过某种形式传达出来的活动过程。人类通过劳动改造世界,创造文明,创造物质财富和精神财富,而最基础、最主要的创造活动是从设计开始。教学中教师引导学生运用数学知识科学合理地设计一些图案,从而体会数学在现实生活中的广泛应用和丰富的文化价值。

实验 24:图案设计

实验目的:在观察、动手操作等活动中,感受生活中对称图案的美,积极参与动手操作活动,获得数学活动的经验和愉快的学习体验。

实验工具:剪刀,彩纸,彩笔。

实验步骤:

(1)设计轴对称图形。学生作品欣赏,如图 3-34。

(2)设计中心对称图形。学生作品欣赏,如图 3-35。

图 3-34

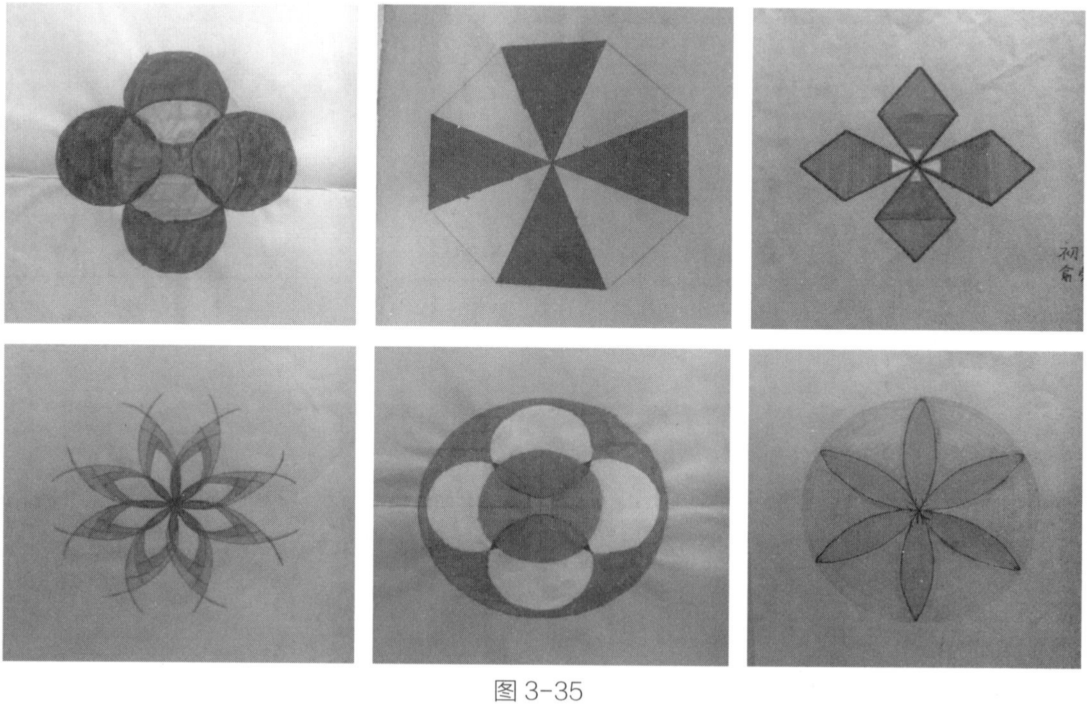

图 3-35

（3）剪纸艺术，学生作品欣赏如图 3–36。

实验反思：本次活动学生们的热情都很高，学生在玩的过程中更加深刻地领悟了数学知识，同时也创造了自己的作品。

图 3–36

实验 25：设计花园面积为总面积的一半

实验目的：将数学知识应用于实际生活中，使得数学知识和实际生活紧密联系起来。

实验准备：三角板，彩笔等画图工具。

实验过程：

（1）问题：在一长方形操场设计一个花园，使得花园面积为操场面积一半，该如何设计？（长方形操场尺寸自定）

（2）学生思考并画出设计图。

（3）分析作品思路：

①对于图 3–37、3–38、3–39、3–40，很容易看出；

②对于图 3–41、3–42、3–43、3–44，请学生讲解设计原理；

③对于图 3–45 可以作为一个讨论题，提出不同层次的问题。

实验结果：通过本节课设计为后面学习一元二次方程的应用打下了基础，同时也激发了学生学习兴趣及应用实施的能力。

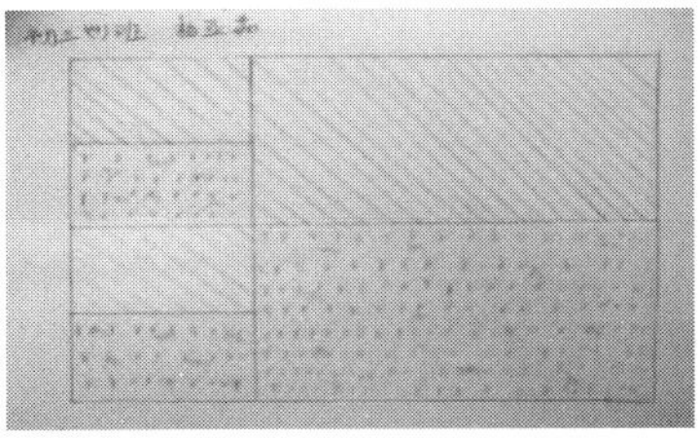

图 3–37

图 3–38

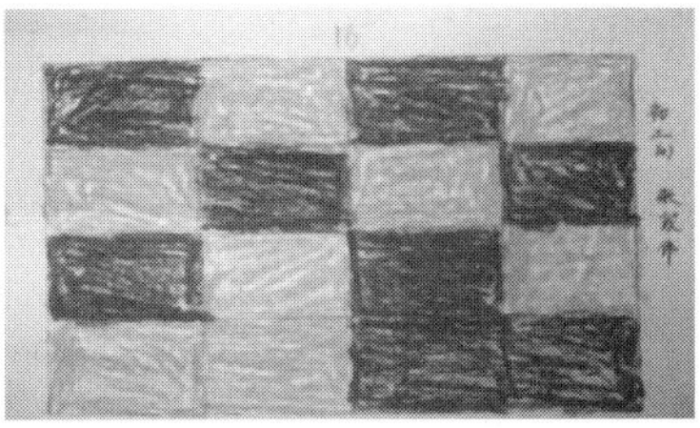

图 3–39

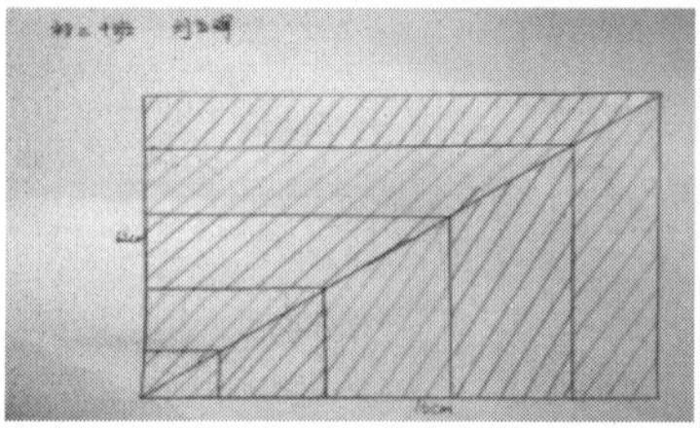
图 3-40

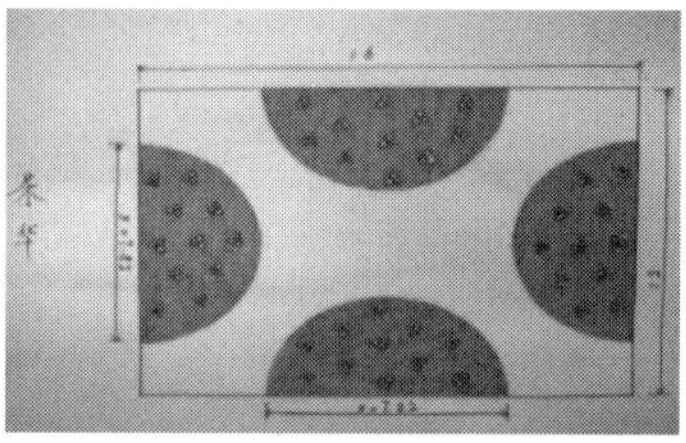
图 3-41

图 3-42

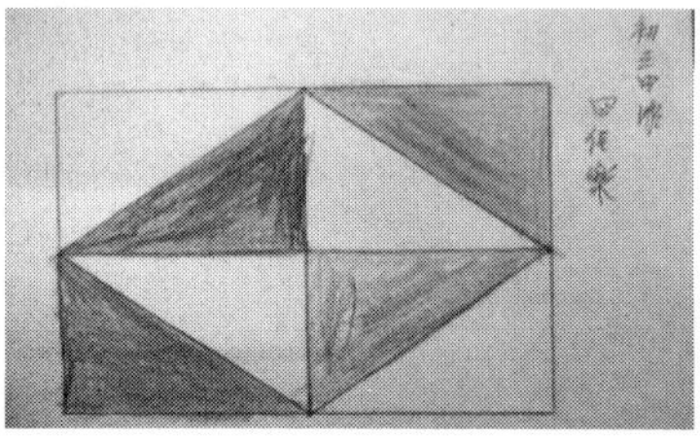
图 3-43

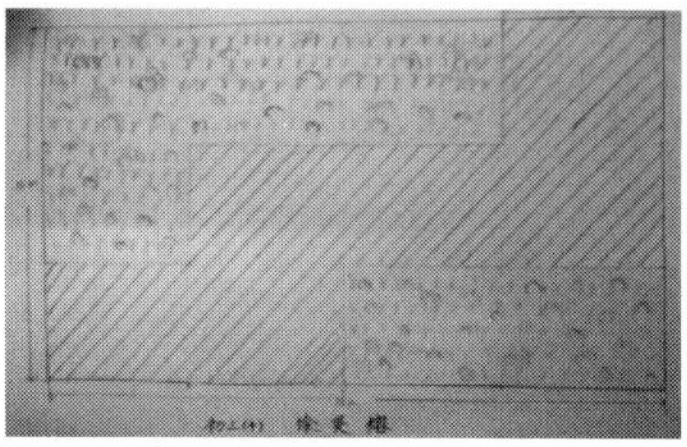
图 3-44

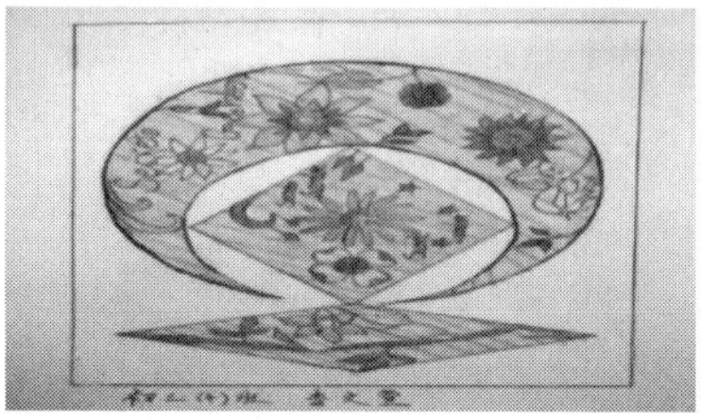
图 3-45

实验反思：本次活动让学生在学习数学的过程中感受了生活中的美，同时学生们创造性思维也得到了很好的发挥，尤其是设计第 3–45 图的同学给老师和同学们都带来了惊喜！

三、层次三

（一）研究型

实验 26："边边角" 的进一步探究

实验目的：开阔学生思维，深化分类思想，提高学生对知识的辩证认识。

实验准备：剪刀，硬纸片，电脑及几何画板软件。

实验步骤：

（1）活动：画一画，剪一剪，猜一猜。

①请同学们画出以下几组图形，并剪下来比一比。

a. $\triangle ABC$ 中，$\angle C=90°$，$AB=5$ 厘米，$AC=3$ 厘米；

b. $\triangle DEF$ 中，$\angle E=120°$，$DE=2$ 厘米，$DF=3$ 厘米；

c. $\triangle MNK$ 中，$\angle N=30°$，$MN=6$ 厘米，$MK=4$ 厘米。

②如图 3–46，小组交流观察这些图形是否分别全等？同学们能得出哪些猜想或结论？

图 3-46

③猜想 1，如图 3-47：当“边边角”中的角为直角时，可以判断两三角形全等；

猜想 2，如图 3-48，当“边边角”中的角为钝角时，也可以判断两三角形全等；

猜想 3，如图 3-49，当“边边角”中的角为锐角时，不一定能判断两三角形全等。

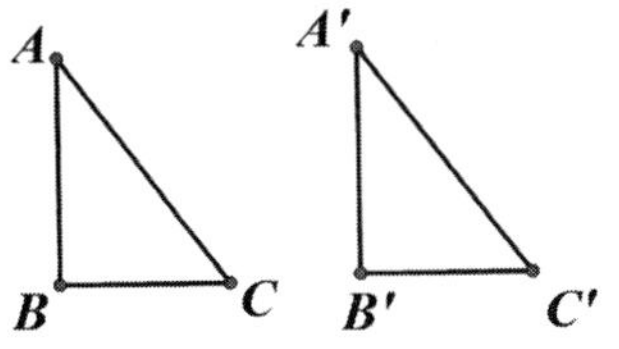

图 3-47

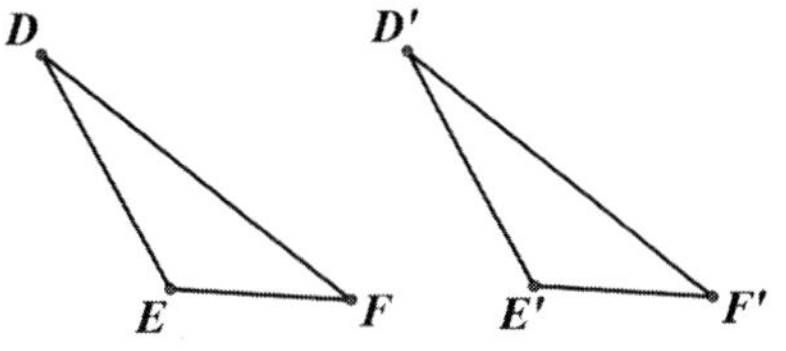

图 3-48

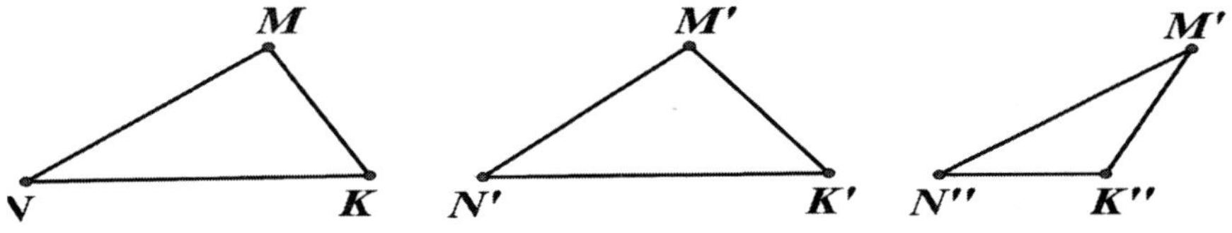

图 3-49

（2）验证上述三个猜想。

①第一个猜想：

学生通过思考明白当“边边角”中的角为直角时，其实就是“HL”定理，因此第一个猜想成立。

②第二个猜想：

通过几何画板演示，如图 3-50，当$\angle E$是钝角时，只要 DE、DF 长给定$\triangle DEF$就是唯一的。

③第三个猜想：

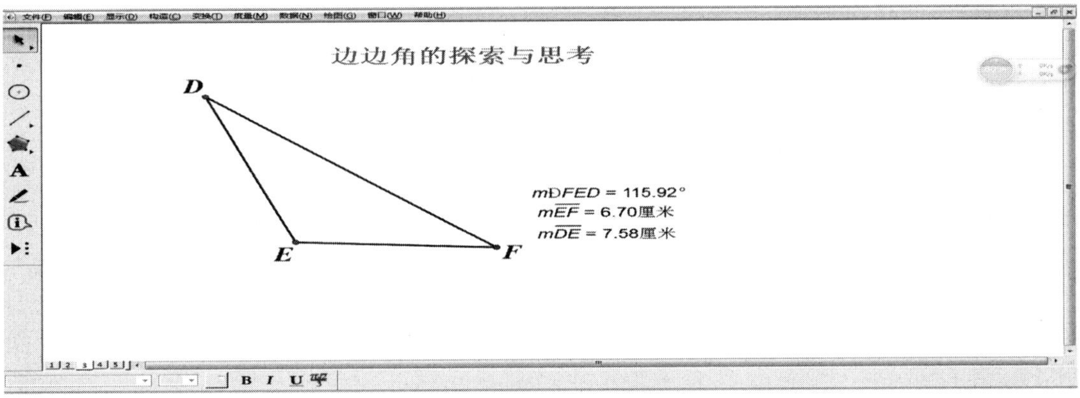

图 3-50

a. 通过几何画板演示如图 3-51：

$\angle MNP$ 为锐角 a，MN 长为定值 q，$MQ_2 \perp NP_2$，垂足为 Q_2，可以分为以下几种情况讨论：

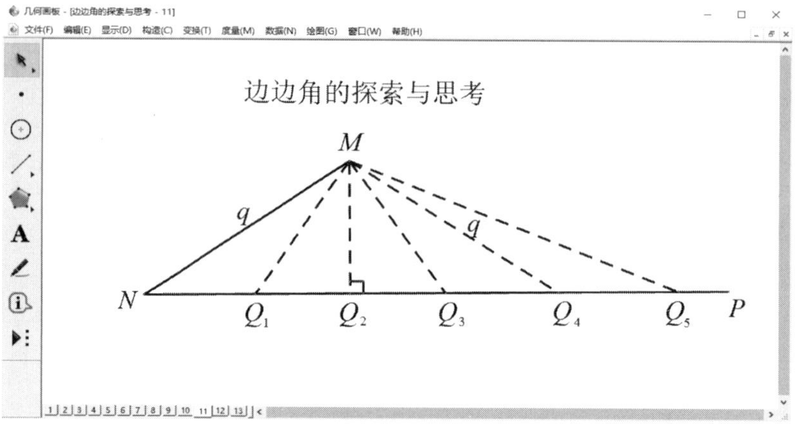

图 3-51

第一种：当 $MQ_1<q\sin a$ 时，△ MNK 不唯一；

第二种：当 $MQ_2=q\sin a$ 时，△ MNK 唯一；

第三种：当 $MQ_4=q$ 时，△ MNK 是等腰三角形，因此△ MNK 是唯一；

第四种：当 $MQ_5>q$ 时，△ MNK 唯一。

b. 结论：当“边边角”中的角为锐角时：两边分别相等，且这两边中，该锐角所对的边大于等于另一边时，两个三角形全等；另外，“边边角”在直角三角形中也成立。

（3）总结实验结论。

①当“边边角”中的角为直角或钝角时，可以判断两个三角形全等；

②当“边边角”中的角为锐角时，两边分别相等，且这两边中，该锐角所对的边大于等于另一边或者该锐角所对的边为直角边时，这两个三角形全等。

实验 27：从将军饮马到许瓦兹（HASchwarz）三角形的探究

实验目的：借助几何画板，探索出许瓦兹三角形的结论，感受轴对称的魅力，体验探究数学的快乐。

实验准备：电脑及几何画板软件、三角板、作图工具。

实验步骤：

（1）“将军饮马”的探究。

①问题：如图 3-52，将军从 A 庄出发去河边饮马，之后到 B 庄，请问如何走最近？

②探究步骤：

a. 如图 3-53，几何画板演示 C 点在直线 l 移动时 $CA+CB$ 的值不断发生变化，但有一个最小值。

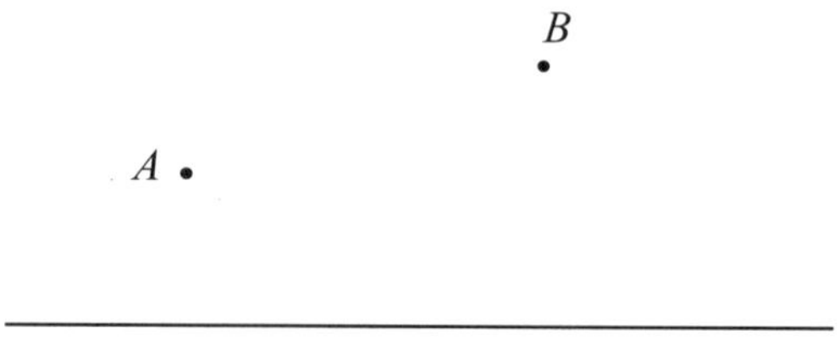

图 3-52

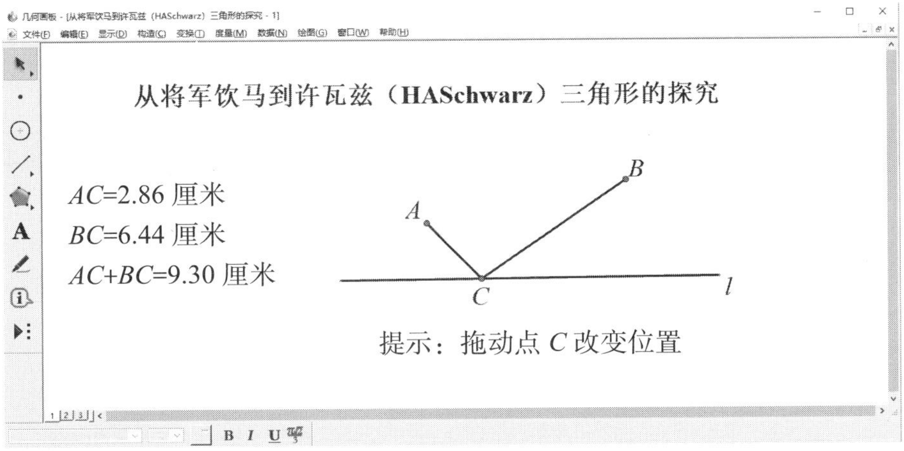

图 3-53

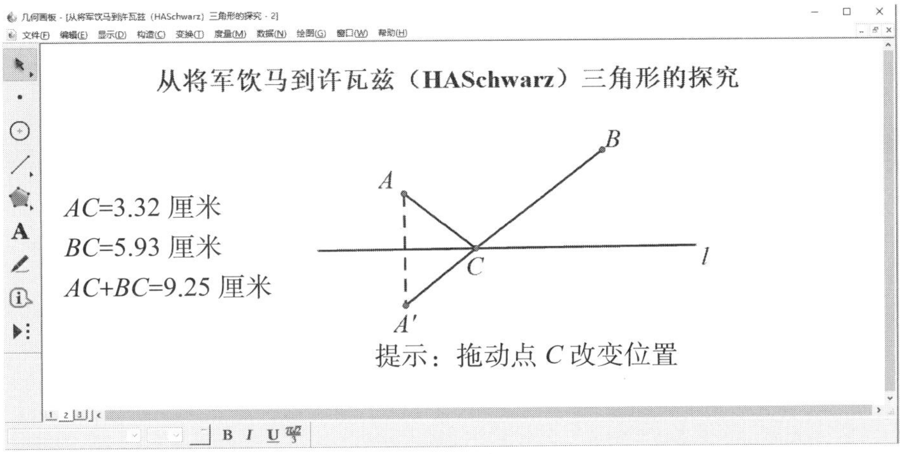

图 3-54

b. 如图 3-54，利用轴对称原理得到使得 $CA+CB$ 最小时 C 点位置。

（2）“将军饮马”的拓展。

①问题：如图 3-55 所示，在 $\angle AOB$ 中，P 为 $\angle AOB$ 内一点，在 OA，OB 上分别找点 M，N 使得 $\triangle PMN$ 周长最小。

②探究步骤：

a. 如图 3-56，利用几何画板移动 MN 位置时，$\triangle PMN$ 周长不断发生变化，引导学生观察并思考原因。

b. 如图 3-57，利用轴对称原理得到 M，N 位置。

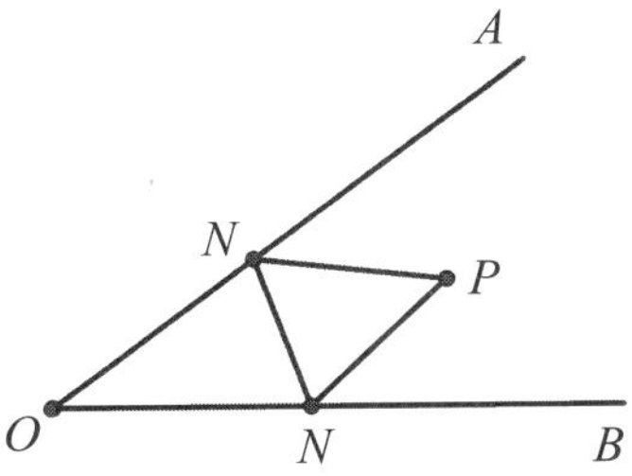

图 3-55

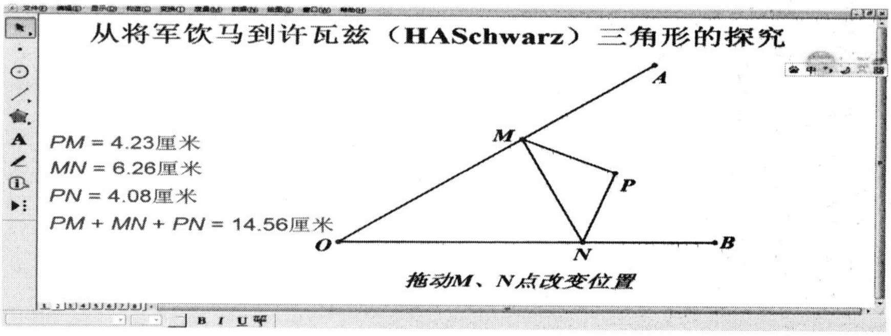

图 3-56

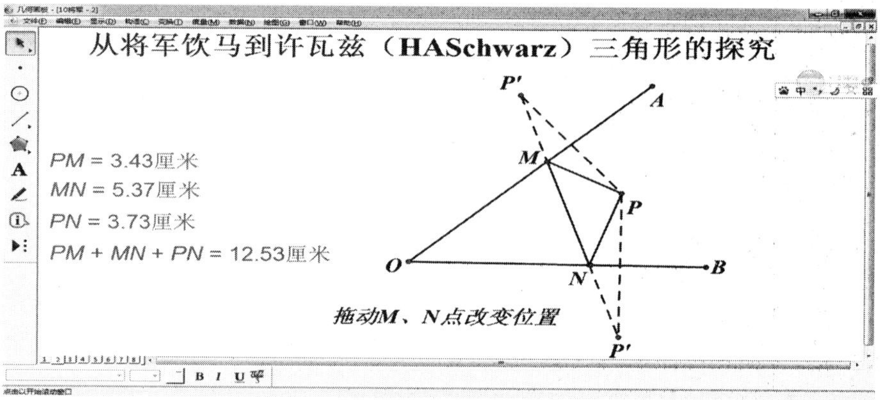

图 3-57

（3）“将军饮马”的实验探究。

①问题：如图 3-58，P 为 $\angle AOB$ 内一点，M、N 分别为 OA、OB 上的点，那么 $\triangle PMN$ 周长与哪些量有关？

②探究步骤：采用“变量控制法”分类测量相关数据，设 $OP=r$，以 OP 长为半径画弧与 OA 交于点 E，OB 交于点 F，填写表 3-2 和表 3-3。

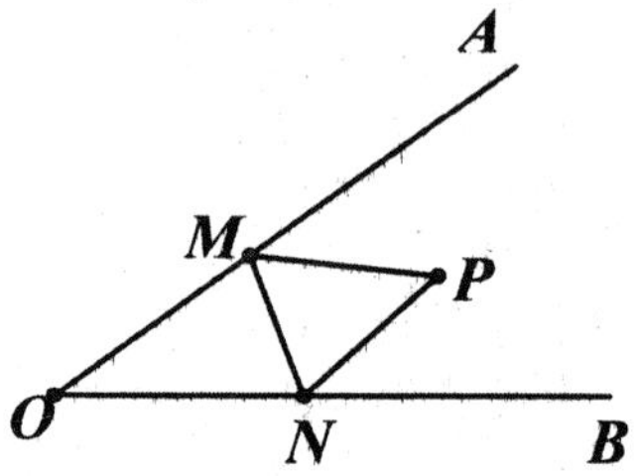

图 3-58

表 3-2　r 不变，$\angle AOB$ 不变

r	$\angle AOB$	$PM+PN+MN$

表 3-3　r 不变，$\angle AOB$ 不变

r	$\angle AOB$	$PM+PN+MN$

结论 1. 当 r 为定值，$\angle ABC$ 为锐角时，随着角度的增加，$PM+PN+MN$ 变大。

结论 2. 当 $\angle ABC$ 为定值时，随着 r 的增加，$PM+PN+MN$ 变大。

（4）许瓦兹三角形的探究。

①问题：如图 3-59，在已知锐角三角形 ABC 中求作一个内接三角形（即顶点分别在 $\triangle ABC$ 三边上的三角形），使得所作三角形的周长最短。

②学生结合刚才的数学模型及结论进行逻辑推理，可猜想出结论：如图 3-60，当内接三角形是 $\triangle ABC$ 的三条高的垂足所构成的三角形时，周长最短。

③几何画板演示：如图 3-61，当改变点 E、F、D 任意一点的位置时，$\triangle DEF$ 周长都变大。

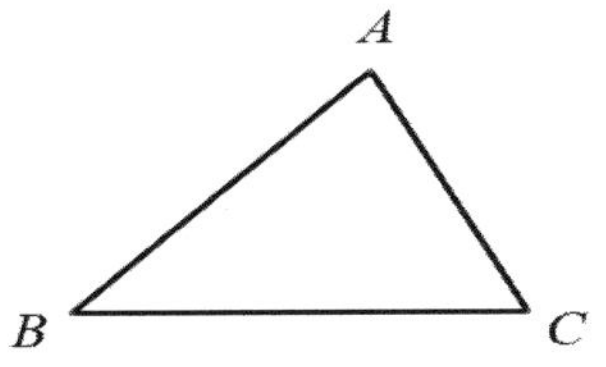

图 3-59

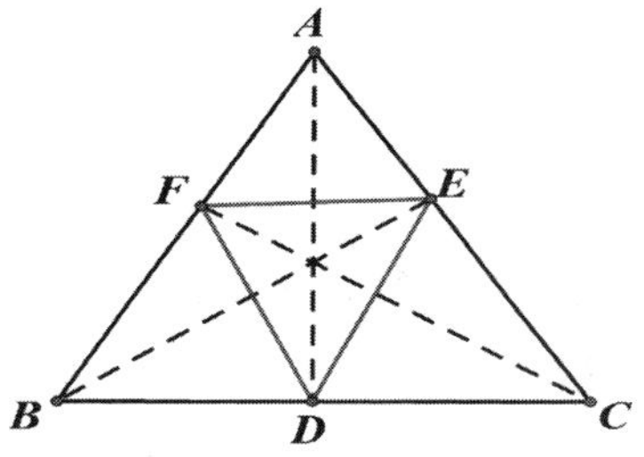

图 3-60

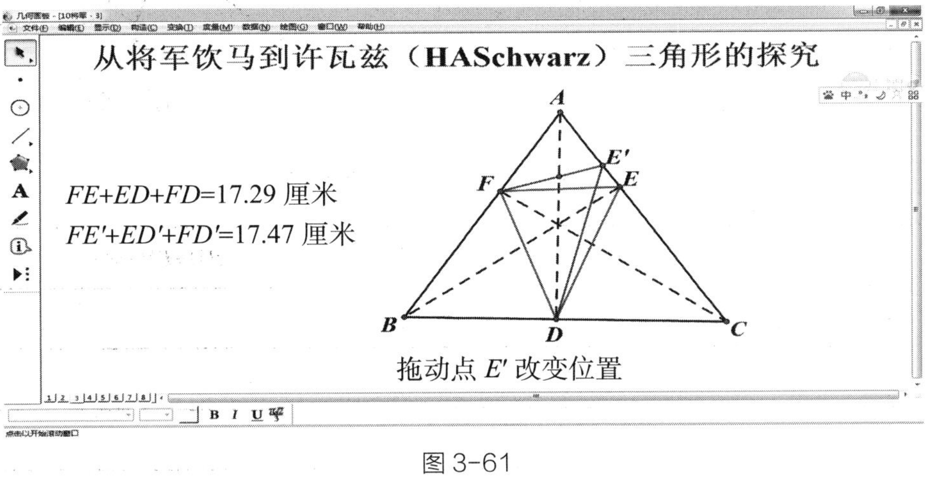

图 3-61

（5）总结：许瓦兹（HASchwarz）三角形问题是一个著名的极值问题，本次活动我们从一个简单的数学问题探索到一个比较有难度的问题，一方面借助于多媒体软件，更重要的是同学们善于动脑的好习惯以及小组合作交流的学习方式也帮助了我们。

（二）创新型

实验28：规划青海湖自驾游最佳路线和最佳使用燃料方式

实验目的：用数学知识解决实际生活中的问题。

实验工具：手机导航、电子地图等。

实验步骤：

（1）通过电子地图找出青海湖及青海省其他你感兴趣的景点，如鸟岛、日月山、门源百里油菜花、塔尔寺、西宁市等，并初步确定旅游所需的时间。

（2）小组合作交流并计算出旅游的最短路线，另外，考虑最短路线是否是最佳路线；如果不是请找出最佳旅游路线（在旅途中要考虑住宿问题）。

（3）如果你驾驶的这辆车的燃料既可以是汽油也可以是天然气，该车油箱的容量约为50升，气罐的容量为13立方米，每箱汽油能跑约550千米的路途，每罐气能跑约145千米的路途，请按照你找出的最佳路线分别计算出汽油和天然气的用量及其费用。

（4）从经济成本考虑，哪种燃料更合算？从实际线路考虑（比较偏远的地方无法加油加气），如何使用汽油和天然气既经济，又方便，请你设计出合理的方案（两种燃料可以交替使用）。

实验结果：规划出旅游时间和最佳路线及最佳使用燃料方式。

第四章　实验内容

一、七年级实验课内容

表4-1

编号	年级	内容
01	七年级（上）	1.2 展开与折叠
02		1.3 截一个几何体
03		2.7 有理数的乘方
04		关注人口老龄化
05		制作一个尽可能大的无盖长方形盒子

编号	年级	内容
06	七年级（下）	2.2 探索直线平行的条件
07		3.3 探索三角形全等的条件
08		3.5 利用三角形全等测距离
09		5.2 探索轴对称性质
10		5.4 利用轴对称进行设计
11		6.1 感受可能性
12		6.2 频率的稳定性
13		设计自己的运算程序
14		七巧板

二、八年级实验课内容

表 4-2

编号	年级	内容
01	八年级（上）	1.1 探索勾股定理
02		2.5 用计算器开方
03		3.3 轴对称与坐标变化
04		4.3 一次函数的图象
05		7.3 平行线的判定
06		7.4 平行线的性质
07		7.5 三角形内角和定理
08	八年级（上）	计算器运用与功能探索
09		哪一款手机资费套餐更合适
10		哪个城市夏天更热
11	八年级（下）	3.1 图形的平移
12		3.2 图形的旋转
13		3.3 中心对称
14		3.4 简单的图案设计
15		6.4 多边形的内角和与外角和
16		生活中的“一次模型”
17		平面图形的镶嵌

三、九年级实验课内容

表 4-3

编号	年级	内容
01	九年级(上)	1.1 正方形的性质与判断
02		1.6 应用一元二次方程
03		3.2 用频率估计概率
04		4.4 探索三角形相似的条件
05		4.6 利用三角形相似测高
06		4.8 图形的位似
07		6.2 反比例函数图象与性质
08		制作视力表
09		池塘里有多少条鱼
10	九年级(下)	1.3 三角函数的计算
11		1.6 利用三角函数测高
12		2.2 二次函数图象与性质
13		3.3 垂径定理
14		3.6 直线与圆的位置关系
15		那种方式更合算
16		视力的变化
17		设计遮阳篷

第五章　实验活动报告

一、实验报告的设计

不是所有的实验都需要写活动报告，对于一些简单的直观的实验，学生观察理解即可，也没有必要写实验报告，但对于一些需要记录数据，并且需要计算的实验，引导学生写活动报告还是很有必要的，主要是为了保证实验的条理性以及实验能够达到良好的效果。报告的格式也根据实验内容不同而不同，对于初中学生只要能叙述清楚实验的主要步骤和结果即可。比如在九年级上学期学习利用相似三角形测高时，我设计了如下表的实验报告供学生参考，也可以让学生自己设计，形式可以丰富多样。

班级： 年 月 日

课题			
小组成员分工			
测量项目	测量示意图	测量数据	计算过程
测量项目 1			
测量项目 2			
测量项目 3			
活动感受			
备注			

二、实验活动学生报告范例

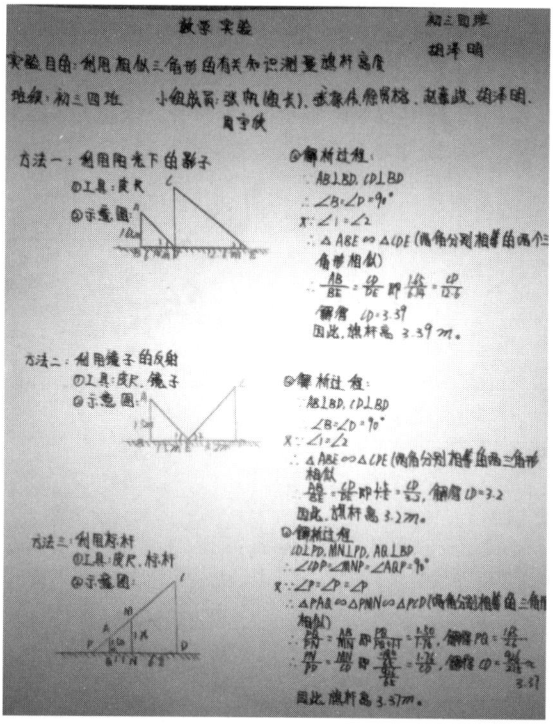

数学实验
初三四班
胡泽明
实验目的：利用相似三角形的有关知识测量旗杆高度
班级：初三四班　小组成员：张帆(组长)、……、赵嘉波、胡泽明、周宇轶
方法一：利用阳光下的影子
①工具：皮尺
②示意图：
③解析过程：
∵AB⊥BD，CD⊥BD
∴∠B=∠D=90°
又∠1=∠2
∴△ABE∽△CDE(两角分别相等的两个三角形相似)
∴$\frac{AB}{BE}=\frac{CD}{DE}$
解得 CD=3.39
因此，旗杆高3.39 m。
方法二：利用镜子的反射
①工具：皮尺、镜子
②示意图：
③解析过程：
∵AB⊥BD，CD⊥BD
∠B=∠D=90°
又∵∠1=∠2
∴△ABE∽△CDE(两角分别相等的两三角形相似)
解得 CD=3.2
因此，旗杆高3.2 m。
方法三：利用标杆
①工具：皮尺、标杆
②示意图：
③解析过程
CD⊥PD，MN⊥PD，AB⊥BD
∴∠CDP=∠MNP=∠ABP=90°
又∵∠P=∠P=∠P
∴△PAB∽△PMN∽△PCD(两角分别相等的三角形相似)
3.37
因此，旗杆高3.37 m。

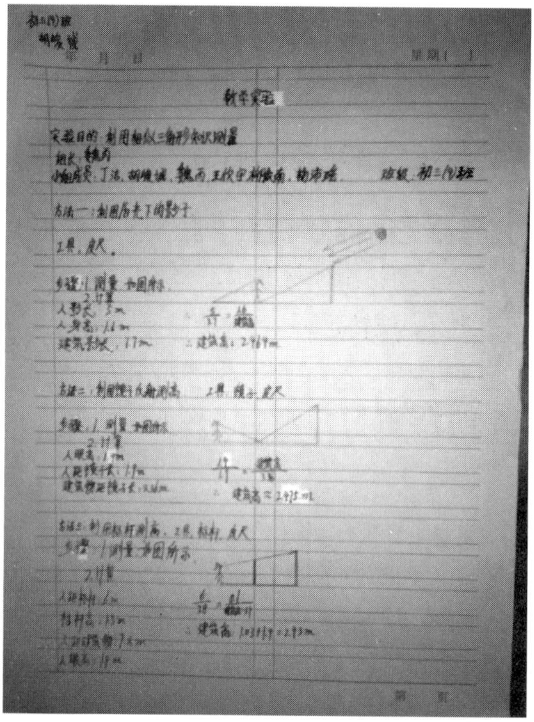

初三(1)班
胡晓斌
年　月　日　星期(　)
数学实验
实验目的：利用相似三角形知识测量
组长：魏丙
小组成员：丁浩、胡晓斌、魏丙、……　班级：初三(1)班
方法一：利用阳光下的影子
工具：皮尺。
步骤：1.测量 如图所示
2.计算
人影长：3 m
人身高：1.6 m
建筑影长：17 m　∴建筑高：2.969 m
方法二：利用镜子反射测高　工具：镜子、皮尺
步骤：1.测量 如图所示
2.计算
人眼高：1.7 m
人距镜子长：1.9 m
建筑物距镜子长：3.36 m
∴建筑高≈2.975 m
方法三：利用标杆测高，工具：标杆、皮尺
步骤：1.测量 如图所示
2.计算
标杆高：1.3 m
人眼高：1.1 m
∴建筑高……=2.93 m
第　页

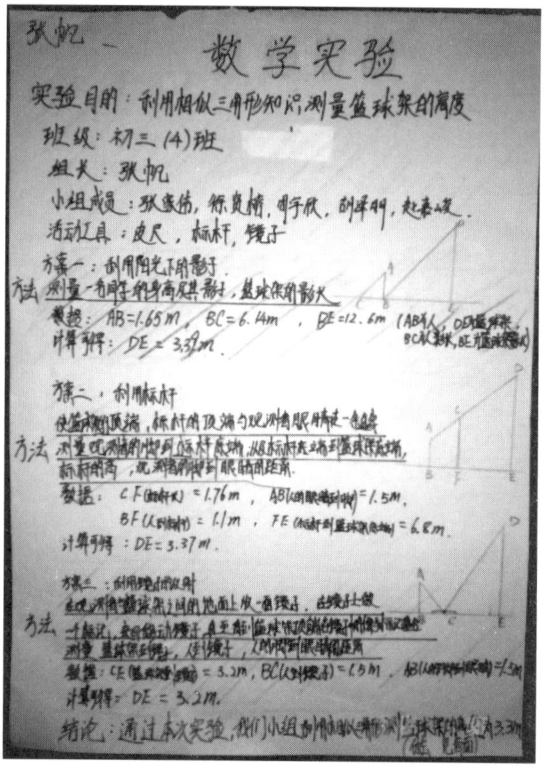

张帆
数学实验
实验目的：利用相似三角形知识，测量篮球架的高度
班级：初三(4)班
组长：张帆
小组成员：……、赵嘉波。
活动工具：皮尺，标杆，镜子
方案一：利用阳光下的影子
方法 测量一名同学的身高及其影子，篮球架的影长
数据：AB=1.65 m，BC=6.14 m，BE=12.6 m (AB为人，DE为篮球架，BC为影长，BE为篮球架影长)
计算可得：DE=3.37 m.
方案二：利用标杆
方法 使篮球架的顶端，标杆的顶端与观测者眼睛在同一直线上，测量观测者的脚到标杆底端，以及标杆底端到篮球架底端，标杆的高，观测者的脚到眼睛的距离。
数据：CF(标杆长)=1.76 m，AB(观测者眼睛到脚)=1.5 m，BF(人到标杆)=1.1 m，FE(标杆到篮球架底端)=6.8 m.
计算可得：DE=3.37 m.
方案三：利用镜子的反射
方法 在观测者与篮球架之间的地面上放一面镜子，在镜子上做一个标记，……
数据：CE(篮球架到镜子)=3.2 m，BC(人到镜子)=1.5 m，AB(……)=1.5 m
计算可得：DE=3.2 m.
结论：通过本次实验，我们小组利用相似三角形测出篮球架的高约为3.3 m

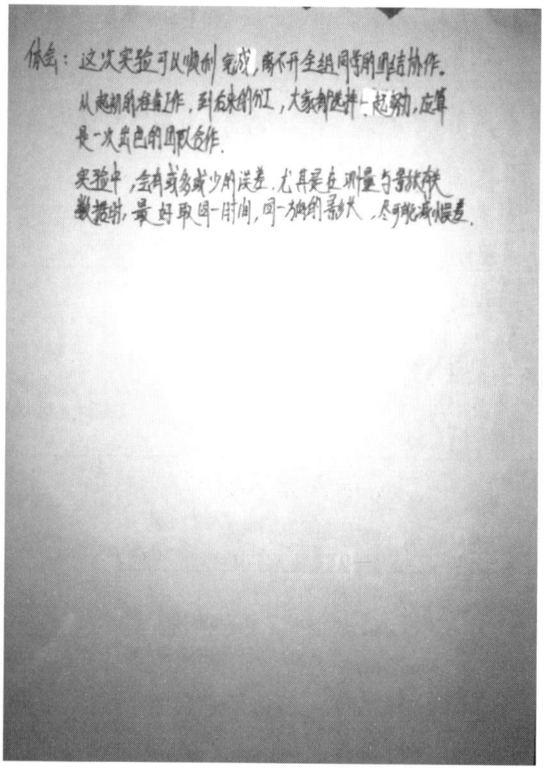

体会：这次实验可以顺利完成，离不开全组同学的团结协作。从起初的准备工作，到后来的分工，大家都齐心一起努力，应算是一次出色的团队合作。
实验中，会有或多或少的误差，尤其是在测量与影长有关数据时，最好取同一时间，同一方向的影长，尽可能减小误差。

第六章　有效开展初中数学实验课的策略研究

一、创造性地使用教材

教师应善于领悟教材的编排意图，有目的、有计划地多组织一些可让学生动手操作的机会，创造性地使用教材，把书本知识转化为学生的动手实践、自主探究与合作交流的活动，把抽象的数学知识转化为学生看得见、摸得着的生活事实，寓学于“做”，“做”中有学，要根据学生现有思维，参与知识形成过程，让学生学会从数学的角度思考问题和解决问题，培养学生应用数学的意识。

二、精心设计活动的教学环节

在设计一个数学活动之前，教师必须明确这一活动的出发点是什么，设计教学时就要紧紧围绕该目标，精心设计：怎样开头，怎样指导学生探究，怎样启发，怎样设计练习，怎样有效评价，要适时进行质疑，把问题引向深入，问题要击中思维的燃点，设计活动内容力求灵活多样，富于变化；活动地点也可多变，可以让学生走出课堂走向社会，学生通过亲身体验，知识的掌握及问题的解决应该会轻松得多，如实地测量、商店服务、参观访问、数学墙报等。

三、调动学生学习的主动性

首先要建立民主平等的师生关系，营造一个宽松和谐的学习氛围，只有教师充满激情、充满活力，才能把学生引入思考、探索之中；其次要善于改变活动形式，初中学生好奇心强，对有新意、竞争性和游戏性的东西很感兴趣，让活动课内容以游戏或竞赛的形式出现，能大大激发学生的学习兴趣，开阔学生的视野；最后要让学生本人成为评价主体，并积极参与到评价中来，学生相互了解较深，便于清楚看到同伴的优点与缺点，教师要充分信任学生，发挥学生的主体作用，积极引导他们以一种客观公正、严肃认真的态度参与评价，创造性地完成各项任务。

四、活动要学生人人参与

在数学活动中，“小组合作学习”是最常见的活动形式，活动课不仅要关心“优等生”成长，更应加强对“中学生”和“后进生”的分层指导，活动时，教师根据活动内容组建有效的合作小组，分组时要充分考虑到学生数学学习能力、知识面、性别等方面的差异，让学生在合作过程中取长补短，鼓励小组中学习成绩优良者带动学困生一起探究，及时修改小组合作交流成果的评价标准，让每名学生都能体会到个人优势，通过开发他们的潜能，改变不利的心态和状态，让他们打造最好的自己。

五、给学生自学探究的机会

中国历来重视“学生自学”,孔子的教学是“不叩不鸣”,学生自学是老师进行有效教学的基本前提。数学重在培养学生良好的思维能力,就要求教师要为学生创设良好的思维时间与空间,通过有趣的数学材料,可以让学生独立思考完成一个问题,也可以让学生结合实际问题自编题目,在各小组内进行交流,学生在活动中经历观察与实验、猜测与推理、交流与反思,不仅思维完善丰富了,而且创新意识也得到了培养。活动中,教师一定要处理好放与收的“度”,对于估计学生通过努力能得到问题答案的,应大胆地放手,如果不太顺利,收要收得及时,找到相应的对策加以组织和指导。如果只放不收,只是表面上热闹,收效甚微。

六、重视消化巩固环节

数学活动不是仅仅停留在某个具体的操作上,活动结束后,要有意识地让学生达到所期望的目标,适当地加以启发,让学生在他们活动的基础上总结出规律或结论,促进学生认识的升华。课后练习是巩固与运用知识的学习环节,根据课堂教学过程的实际情况,适时调整,不仅能消化巩固课堂内容,也是对实验的延伸,更能达到减负增效的目的。只有学生理解所学内容,能运用新知解决实际问题,才是新课改开设数学实验活动课的真正目的。

没有实验活动就没有数学,数学迫切需要实验活动。我们要审视传统的数学教学模式,深刻理解课程改革的理念,让学生在指尖上跳跃智慧,享受学习数学的乐趣,让数学活动课从形式走向实效,使我们的数学教学水平和效果更上一层楼。

第七章　实验效果的评价

长期以来,数学无用、数学枯燥难学、数学学习就是“苦读 + 考试”、数学课就是老师讲学生听、学数学只要一张纸一支笔等观点一直困扰着我国的中学生。数学实验的推广必然依赖于信息技术的普及,现代数学实验更多的是建立在信息技术使用的基础上。离开实验和信息技术的数学只能利用纸和笔进行演算,只有纸和笔的数学让人感到抽象和远离现实。信息技术的使用,使数学变得更加现实,数学模型思想发展到了前所未有的水平,它可以把很多数学实验变为现实,数学走近了同学们,那种认为数学只是少数数学家的游戏的观念正在被改变。数学实验,改变了数学的学习方式,使学生更加关注数学的理解,关注数学过程、数学本质。通过多媒体课件演示,学生可以了解很多复杂多变的美妙造型的数学本质,学生可以欣赏到由数学产生的美,知道数学枯燥的外表下蕴藏着有趣的、多姿多彩的世界,从而激发了学生的求知欲。数学实验的出现,使数学的用途、数学学习的形式与数学教学的手段甚至数学内容都发生了很大的改变,学生可以体验数学的实用性,体验数学的优美,体验数学学习的乐趣,这些都从根本上改变着学生对数学的认识,以利于形成正确的数学观。针对初中数学实验课的效果设置了两个检测方法:

1. 学生阶段学习效果自评表

(1)调查对象:九年级的实验班全体学生,发出调查问卷 50 份,回收 50 份,有效问卷 100%。

(2)调查目的:主要是调查学生对数学实验课教学的兴趣和实施效果。

调查结果统计表如表 7-1 所示:

表 7-1

调查题目	是(%)	不确定(%)	否(%)
1. 你喜欢数学实验课吗?	50(100%)	0(0%)	0(0%)
2. 数学实验能更好地激发你对数学的学习兴趣吗?	50(100%)	0(0%)	0(0%)
3. 数学实验能更好地提高你的动手能力和实践能力吗?	47(94%)	3(6%)	0(0%)
4. 数学实验能更加直观、深刻地探究数学实质吗?	50(100%)	0(0%)	0(0%)
5. 数学实验是否有利于提高你的思维能力?	48(96%)	2(4%)	0(0%)
6. 数学实验是否有利于你自主探索问题、分析问题?	50(100%)	0(0%)	0(0%)
7. 用数学实验探究问题,是否更加科学、更有依据?	47(94%)	2(4%)	1(2%)
8. 数学实验能否使你更好地感悟数学思想方法,拓展思维空间?	46(92%)	2(4%)	2(4%)
9. 数学实验能否使课堂教学效果更好?	45(90%)	4(8%)	1(2%)
10. 数学实验是否能帮助你更好地解决实际生活中的问题?	45(90%)	3(6%)	2(4%)

调查结果表明,学生对数学实验课的兴趣浓厚,希望能经常上实验课的人数为 50 人,占调查对象的 100%,由此可以看出,学生对数学实验课十分感兴趣;超过 90%的学生认可数学实验课引入到数学教学,能使抽象的数学知识变得简单容易、直观生动、易于学生理解掌握,有利于学生的自主学习,提高学习效率;但与此同时有近 5%的学生并不能肯定数学实验课的教学

学习效果是否更好;5%的学生不能肯定是否有利于提高学生数学学习成绩;这说明在应用中,我们应让学生明确学习目标,同时要注意对学生的学习加以提示引导,并要加强对学生学习的个别辅导。以上问卷调查结果与我们平时了解和观察的情况基本一致。

2. 中考成绩比较与分析

对实验班和对照班初二期末成绩和中考成绩进行了对比,数学实验课教学之前,实验班的数学成绩比对照班的成绩低 8~10 分,而对实验班实施了数学实验教学之后,在中考中,实验班成绩突飞猛进,平均分达到了 106 分,平均分和优秀率略都高于对照班,初二期末成绩比较和初三中考成绩比较如表 7-2 和表 7-3 所示:

表 7-2

班别	初二期末成绩(总分 120 分)			
	人数	平均分	及格率	优秀率
对照班	50	103	94%	76%
实验班	50	95	88%	60%

表 7-3

班别	初三中考成绩(总分 120 分)			
	人数	平均分	及格率	优秀率
对照班	50	105	100%	84%
实验班	50	106	96%	86%

数学实验的开展和普及,给新课改提供了一个新的天地,有着广阔的操作空间与发展前景。同时,如何激发学生兴趣,将“发现权”“激发成功权”归还给学生;教师如何角色转换,设身处地为学生着想,甘当学生同行者;如何处理好现行的教育模式与提高学生素质的关系;以及数学教师对数学实验的认识不足,缺乏数学实验的教学经验,在数学实验的研究领域也缺乏有关部门的指导,都是值得我们每个教育工作者思考与反思的问题。但我们相信,在无数同仁的共同努力下,数学实验在教学中的应用一定会有一个崭新的明天。

中　篇

初中数学实验课程教学案例

第八章　数与代数实验课教学案例

一、有理数的乘法（第 1 课时）

（一）教学目标

1. 经历探索有理数乘法法则的过程，理解有理数的乘法法则。

2. 熟练进行有理数的乘法运算。

3. 能够应用有理数的乘法解决实际问题。

（二）教学重点和难点

重点：掌握有理数的乘法法则并能进行熟练的运算。

难点：掌握多个有理数相乘的积的符号法则。

（三）教学方法

实验探究法

（四）教学过程

1. 有理数乘法法则的探究

如图 8-1，有东西走向的道路，以 O 点为基准，O 点以东的位置为正数，O 点以西的位置为负数，以现在的时刻为基准，之后的时刻为正数，之前的时刻为负数。

探究一：现在在 O 点的小同学以每分钟 80 米的速度向东行驶，两分钟后该同学在什么地方？

（1）几何画板演示，如图 8-2 所示：

（2）观察得出结论：该同学在离 O 点向西 160 米的地方。

（3）表示：$(+80)\times(+2)=160$。

图 8-1

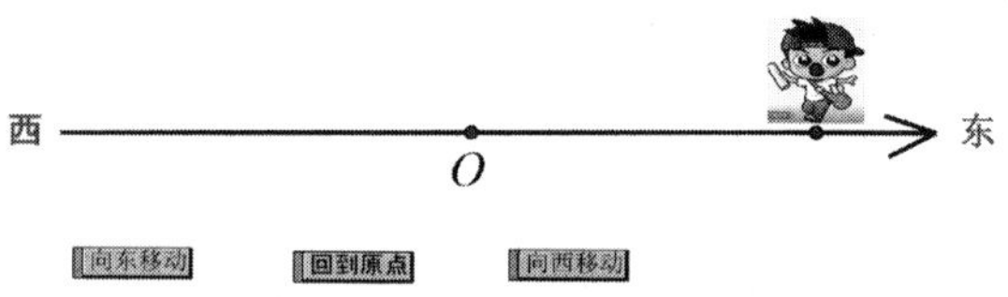

图 8-2

探究二：现在在 O 点的小同学以每分钟 80 米的速度向东行驶，两分钟前该同学在什么地方？

（1）几何画板演示，如图 8-3 所示：

（2）观察得出结论：该同学在离 O 点向西 160 米的地方。

（3）表示：(+80)×(−2)=−160。

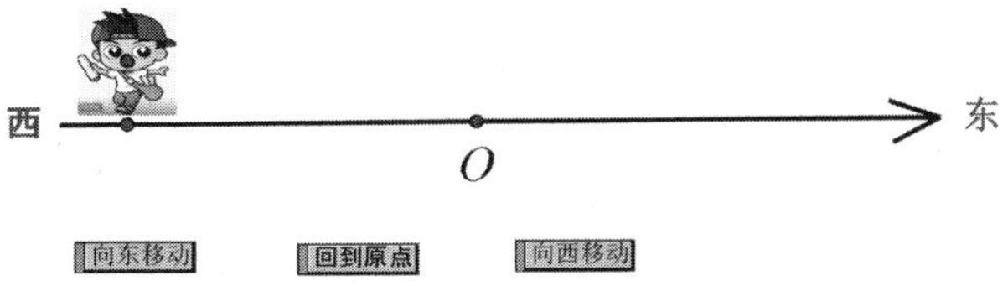

图 8-3

探究三：现在在 O 点的小同学以每分钟 80 米的速度向西行驶，两分钟后该同学在什么地方？

（1）几何画板演示，如图 8-4 所示：

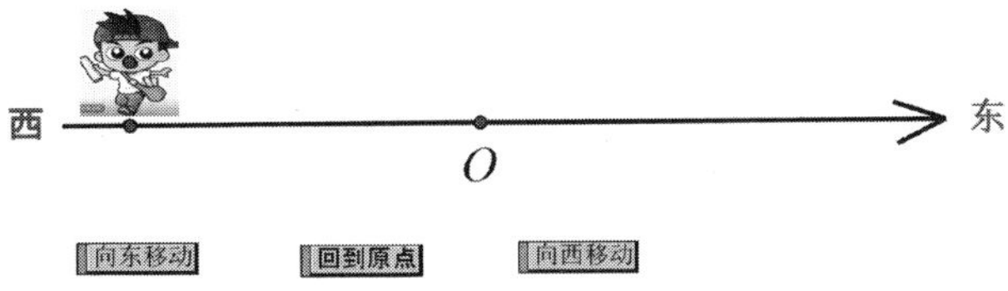

图 8-4

（2）观察得出结论：该同学在离 O 点向西 160 米的地方。

（3）表示：(−80)×(+2)=−160。

探究四：现在在 O 点的小同学以每分钟 80 米的速度向西行驶，两分钟前该同学在什么地方？

（1）几何画板演示，如图 8-5 所示：

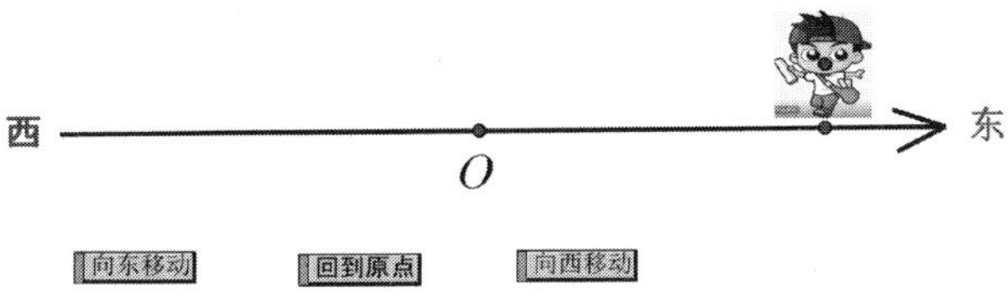

图 8-5

（2）观察得出结论：该同学在离 O 点向东 160 米的地方。

（3）表示：(−80)×(−2)=160。

探究五：如果在 O 点的小同学一直保持静止，那么两分钟前、两分钟后该同学分别在什么地方？

（1）几何画板演示，如图 8-6 所示：

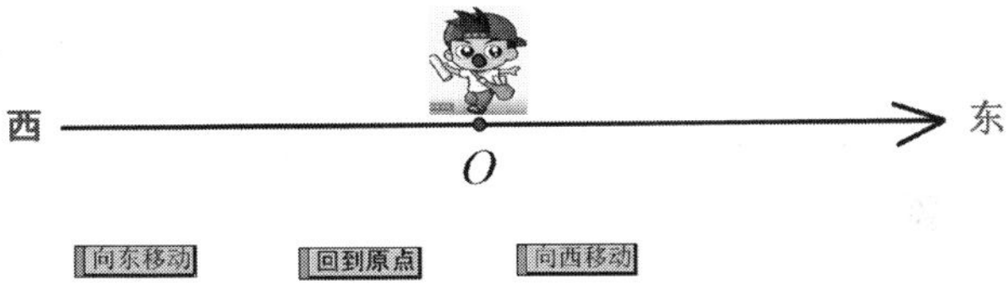

图 8-6

（2）观察得出结论：该同学在 O 点。

（3）表示：0×(−2)=0，0×2=0。

合作讨论：如何进行有理数的乘法？

（1）(+80)×(+2)=160；　　（2）(+80)×(−2)=−160；

（3）(−80)×(+2)=−160；　　（4）(−80)×(−2)=160；

（5）0×(−2)=0；　　（6）0×2=0.

归纳总结：

有理数乘法法则：

两数相乘，同号得正，异号得负，并把绝对值相乘。

任何数与 0 相乘，积仍为 0。

2. 有理数乘法法则的运用

例题 1：计算：

（1）5×6；（2）$(-9)\times8$；（3）$5\times(-8)$；（4）$(-3)\times(-\frac{1}{3})$.

师生共同分析：

有理数的乘法根据乘法法则先确定积的符号，再把绝对值相乘。

解：（1）$5\times6=30$；

（2）$(-9)\times8=-(9\times8)=-72$；

（3）$5\times(-8)=-(5\times8)=-40$；

（4）$(-3)\times(-\frac{1}{3})=+(3\times\frac{1}{3})=1$.

3. 倒数

定义：如果两个有理数的乘积为 1，那么称其中的一个数是另一个数的倒数，也称这两个有理数互为倒数。

练一练：−5 的倒数是________，0.2 的倒数是________，$-2\frac{1}{2}$ 的倒数是________。

归纳总结：

（1）正数的倒数是正数，负数的倒数是负数，零没有倒数。

（2）分数的倒数是分子与分母颠倒位置；

（3）求小数的倒数，先化成分数，再求倒数。

4. 多个有理数相乘

例题 2：计算：

（1）$\frac{5}{4}\times(-1.2)\times(-\frac{1}{9})$；（2）$(-\frac{3}{7})\times(-\frac{1}{2})\times(-\frac{8}{15})$.

师生共析：几个有理数相乘，因数全都不为 0 时，积的符号怎样确定？ 有一因数为 0 时，积是多少？

归纳总结：

因数都不等于零的数相乘，积的符号由负因数的个数决定；

当负因数个数为奇数个时，积为负；

当负因数个数为偶数个时，积为正；

几个因数相乘，如果有一个因数为 0，那么积为 0。

5. 课堂练习

（1）计算。

①$(-4)\times5$；　　②$(-5)\times(-7)$；

③$\frac{5}{4}\times(-1.2)\times(-\frac{1}{9})$；　　④$(-\frac{3}{7})\times(-\frac{1}{2})\times(-\frac{8}{15})$.

（2）如果 $ab<0$，且 $a+b<0$，那么（　　）。

A. a 为正数，b 为负数　　C. a，b 异号，且正数的绝对值较大

B. b 为正数，a 为负数　　D. a，b 异号，且负数的绝对值较大

（3）已知 a 与 b 互为相反数，c 与 d 互为倒数，m 的绝对值为 8，求 $\frac{a+b}{m}-cd+|m|$ 的值。

6. 课堂小结

（1）有理数乘法法则：

两数相乘，同号得正，异号得负，并把绝对值相乘；

任何数与 0 相乘，积仍为 0。

（2）乘积为 1 的两个数互为倒数。

正数的倒数是正数，负数的倒数是负数，零没有倒数；

分数的倒数是分子与分母颠倒位置；

求小数的倒数，先化成分数，再求倒数。

（3）多个有理数相乘。

因数都不等于零的数相乘，积的符号由负因数的个数决定；

当负因数个数为奇数个时，积为负；

当负因数个数为偶数个时，积为正；

几个因数相乘，如果有一个因数为 0，那么积为 0。

7. 作业布置

课本习题 2.10 第 1、2 题。

二、应用二元一次方程组——鸡兔同笼

（一）教学目标

（1）能分析“鸡兔同笼”等简单问题中的数量关系，能用算术方法解决问题。

（2）掌握列二元一次方程组解决实际问题的一般步骤。

（3）经历和体验运用方程（组）解决实际问题的过程，体会方程（组）是刻画现实世界数量关系的有效数学模型，发展模型思想和应用意识。

（二）教学重点和难点

教学重点：分析“鸡兔同笼”等简单问题中的数量关系，能用算术方法和建立方程组的方法解决问题。

教学难点：掌握列二元一次方程组解决实际问题的一般步骤。

（三）教学方法

实验探究法。

（四）教学过程

1. 探究鸡兔同笼问题

1）情境引入

有鸡和兔子关在同一个笼子里，共有 8 个头，22 只脚，问笼子里鸡和兔子各有几只？

2）算术方法的探究

用数学实验进行探究。

方法一：实验演示假设法

（1）如图 8-7，用三角形表示鸡和兔，用圆表示脚。

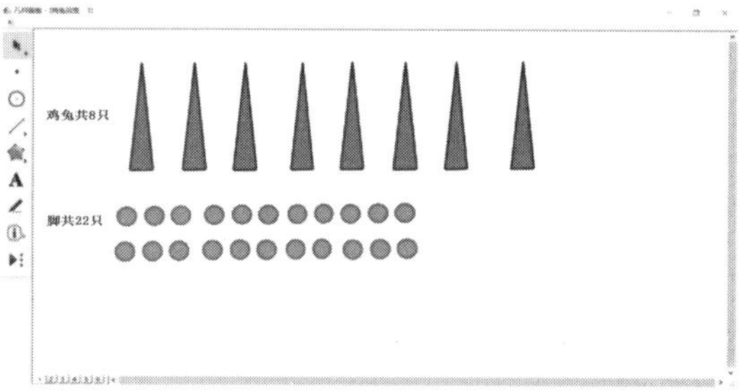

图 8-7

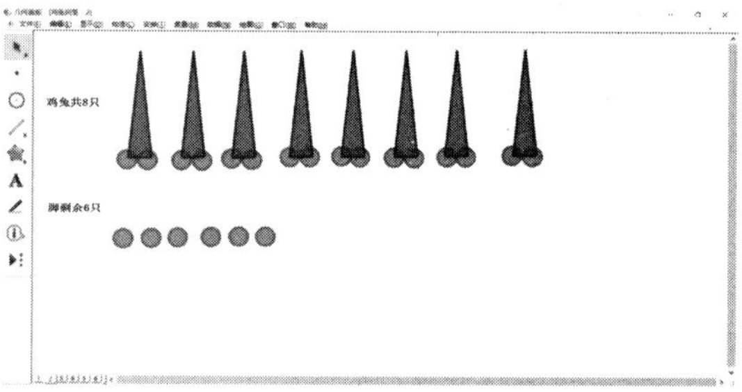

图 8-8

（2）如图 8-8，先将脚给每个鸡或者兔子分配两个，如下图，剩余 6 只脚。

（3）如图 8-9，将剩余的 6 只脚再分配，如下图。

（4）结论：如图，四只脚的为兔子，两只脚的鸡，兔子有 3 只，鸡有 5 只。

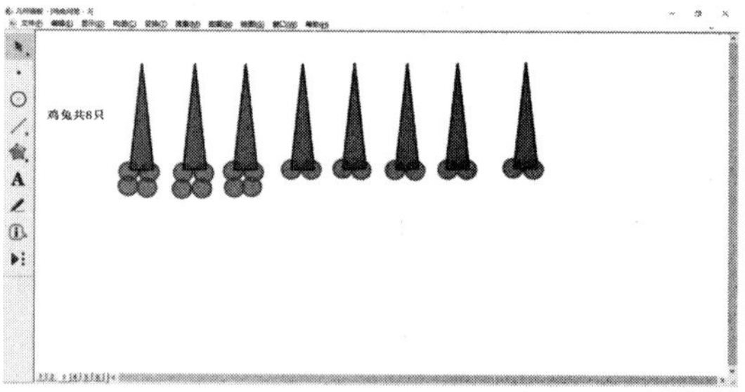

图 8-9

方法二：实验演示“吹哨法”

（1）如图 8-10，用三角形表示鸡和兔，用圆表示脚。

（2）如图 8-11，规则：吹一次哨子鸡和兔就要抬起一只脚，那么吹了两次哨子后，还剩 6 只脚。

（3）结论：这 6 只脚只能是兔子的，因此有 3 只兔子，5 只鸡。

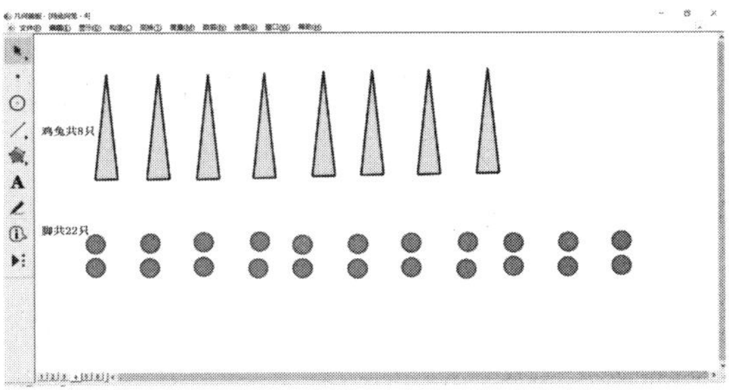

图 8-10

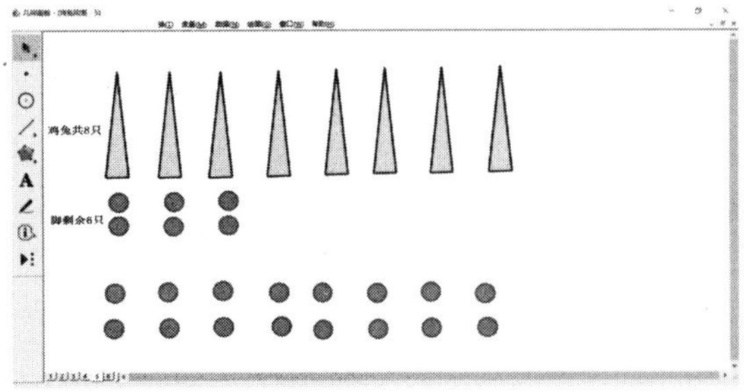

图 8-11

3）方程方法的探究

师生共同分析：

（1）题中有哪些等量关系呢？

鸡头 + 兔头 =8，鸡脚 + 兔脚 =22。

（2）问题：你能根据得到的等量关系，用方程组解决这个有趣的问题吗？

解：设笼中有鸡 x 只，兔 y 只，由题意，

$$\begin{cases} x+y=8; & ① \\ 2x+4y=22. & ② \end{cases}$$

解得：$\begin{cases} x=5; \\ y=3. \end{cases}$

所以笼中有鸡 5 只，兔 3 只。

（3）本题也可以设鸡 x 只，兔为（$35-x$）只，然后列一元一次方程进行求解。

2. 例题探究

例题：以绳测井，若将绳三折测之，绳多五尺；若将绳四折测之，绳多一尺，绳长、井深各几何？

题目大意为：用绳子测量水井的深度，如果将绳子折成三等份，一份绳长比井深多 5 尺；如果将绳子折成四等份，一份绳长比井深多 1 尺；问绳长、井深各是多少尺？

师生共同分析：

问：题中有哪些等量关系呢？

等量关系：绳长的 $\frac{1}{3}$ － 井深 =5，绳长的 $\frac{1}{4}$ － 井深 =1。

引导学生自己写出解题过程，并展示。

方法一：

解：设绳长为 x 尺，井深为 y 尺，根据题意，

$$\begin{cases}\frac{1}{3}x-y=5; & ①\\ \frac{1}{4}x-y=1. & ②\end{cases}$$

解得：$\begin{cases}x=48;\\ y=11.\end{cases}$

所以绳长为 48 尺，井深为 11 尺。

方法二：

解：设绳长 x 尺，井深 y 尺，由题意得，

$$\begin{cases}3(y+5)=x; & ①\\ 4(y+1)=x. & ②\end{cases}$$

原方程组的解是$\begin{cases}x=48;\\ y=11.\end{cases}$

所以绳长为 48 尺，井深为 11 尺。

方法三：可以列一元一次方程进行求解 .

设计意图：在列方程组的建模过程中，强化了方程的模型思想，培养了学生列方程解决现实问题的意识和能力。

3. 课堂练习

（1）今有牛五、羊二，值金十两；牛二、羊五，值金八两；牛、羊各值金几何？

题目大意是：5 头牛、2 只羊共价值 10 两“金”，2 头牛、5 只羊共价值 8 两“金”，每头牛、每只羊各价值多少“金”？

（2）用一根绳子环绕一棵大树，若环绕大树 3 周，则绳子还多 4 尺；若环绕大树 4 周，则绳子又少了 3 尺；这根绳子有多长？环绕大树一周需要多少尺？

4. 课堂小结

（1）用二元一次方程组解决实际问题的基本步骤是什么？

（2）如何找等量关系？

让学生先独立思考，小组交流探讨，归纳总结。

二元一次方程组解决实际问题的基本步骤：

①审：通过审题找出等量关系；

②设：用字母表示题目中的两个未知数；

③列：依据找到的等量关系，列出方程组；

④解：解方程组，求出未知数的值；

⑤检：检验所得的解是否是方程组的解，并且要检验其是否符合实际问题的意义；

⑥答：回答题目中要解决的问题，注意单位名称。

设计意图：通过小结，使学生梳理本节所学内容，同学们互帮互助、解决困惑，充分发挥学生的主体意识，培养学生的语言概括能力和发散思维能力。

5. 课后作业

教材第 116 页习题 5.4 第 1、2、3、4 题。

三、正比例函数的图象与性质

（一）教学目标

（1）经历正比例函数图象的画图过程，初步了解画函数图象的一般步骤；经历正比例函数图象变化情况的探索过程，发展数形结合的意识和能力。

（2）能熟练画出正比例函数的图象；掌握正比例函数及其图象的简单性质。

（二）教学重点和难点

教学重点：正比例函数的图象的形状及性质。

教学难点：正比例函数图象的形状及性质的探究过程。

（三）教学方法

实验探究法、由特殊到一般的归纳法。

（四）教学过程

1. 函数图象的定义

把一个函数自变量的每一个值与对应的函数值分别作为点的横坐标和纵坐标，在直角坐标系内描出相应的点，所有这些点组成的图形叫作该函数的图象。

2. 探究正比例函数的图象的形状

1）画出函数 $y=2x$ 的图象（教师借助几何画板进行探究）

解：（1）列表如表 8–1 所示：

表 8–1

x	…	-2	-1	0	1	2	…
$y=2x$	…	-4	-2	0	2	4	…

（2）描点，如图 8–12 所示：

（3）连线，如图 8–13。

2）用描点法画出 $y=-3x$ 的图象

解：（1）列表如表 8–2 所示：

表 8–2

x	…	-2	-1	0	1	2	…
$y=-3x$	…						…

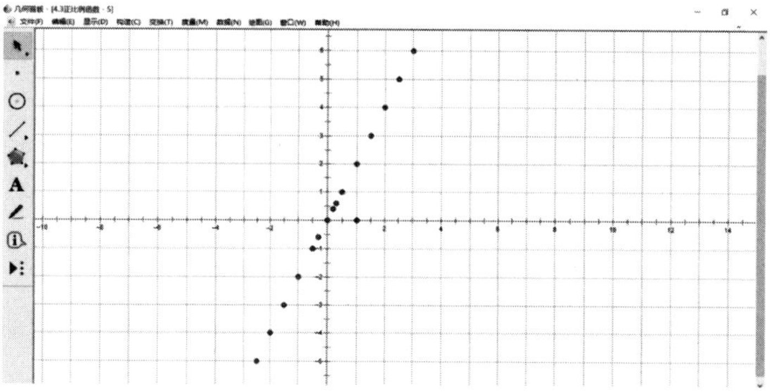

图 8-12

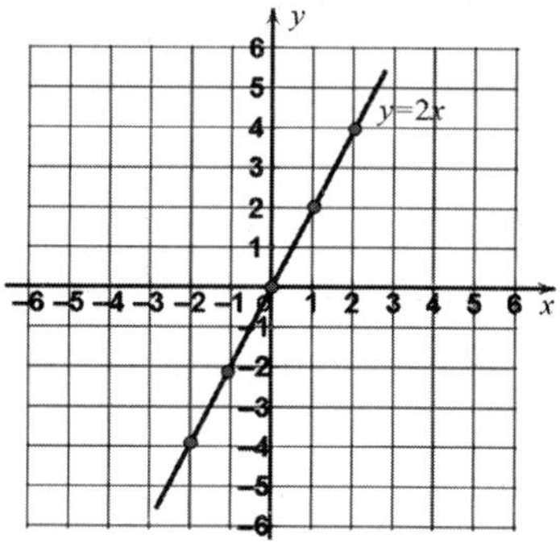

图 8-13

（2）描点：以表中各组对应值作为点的坐标，在直角坐标系内描出对应的点。

（3）连线：把这些点依次连接起来，得到 $y=-3x$ 的图象，它是一条直线，如图 8-14。

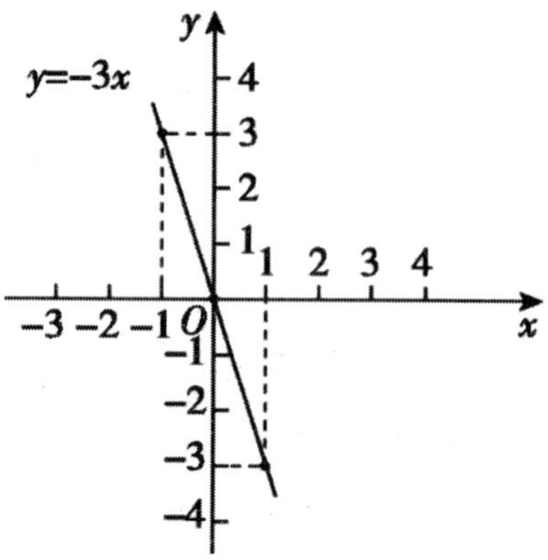

图 8-14

3）思考

（1）满足关系式 $y=-3x$ 的 x、y 所对应的点（x, y）都在正比例函数 $y=-3x$ 的图象上吗？

（2）正比例函数 $y=-3x$ 的图象上的点（x, y）都满足关系式 $y=-3x$ 吗？

（3）正比例函数 $y=kx$ 的图象有何特点？你是怎样理解的？

解：（1）满足关系式 $y=-3x$ 的 x、y 所对应的点（x, y）都在正比例函数 $y=-3x$ 的图象上。

（2）正比例函数 $y=-3x$ 的图象上的点（x, y）都满足关系式 $y=-3x$。

（3）正比例函数图象是一条过原点的直线。

4）归纳

正比例函数 $y=kx$ 的图象是经过原点（0，0）的一条直线。因此，画正比例函数图象时，只要再确定一个点，过这点与原点画直线就可以了。

3. 探究正比例函数图象的性质

（1）同一个坐标系里画出下列函数的图象：

① $y=x$；　② $y=3x$；

③ $y=-\frac{1}{2}x$；　④ $y=-4x$.

教师利用几何画板画出以上图象，如图 8-15。

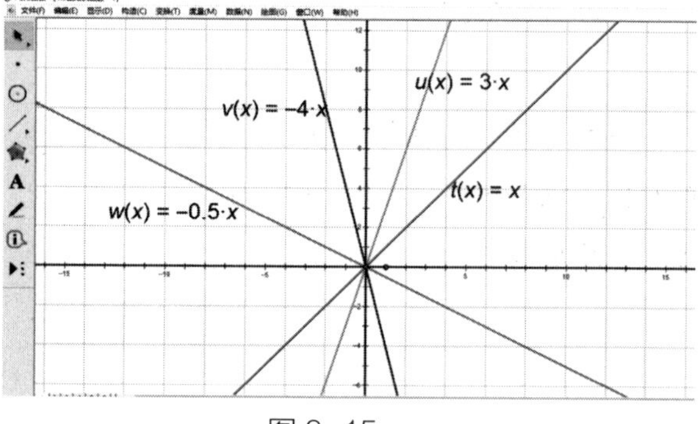

图 8-15

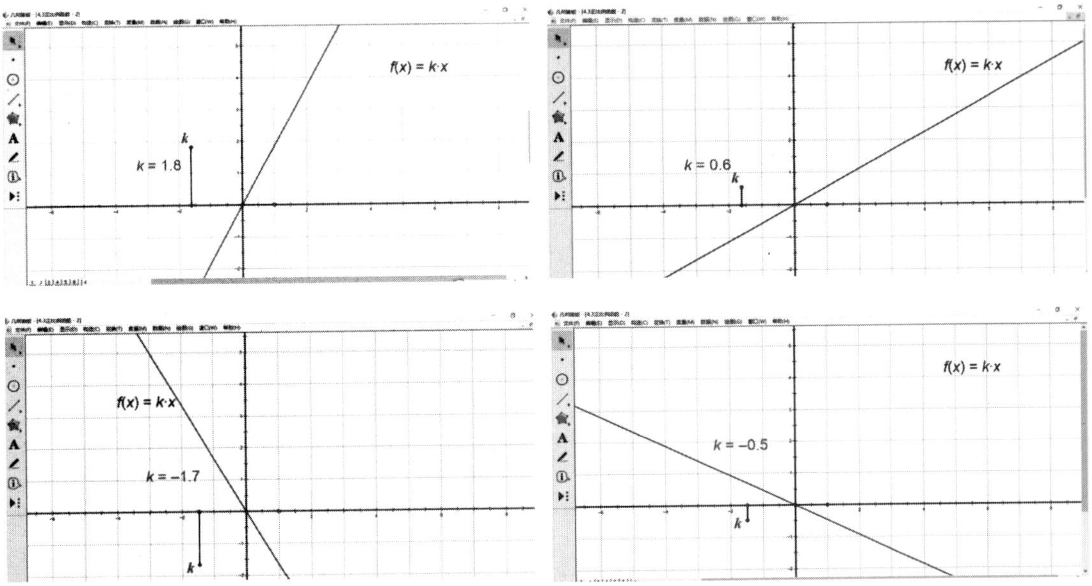

图 8-16

（2）几何画板演示。如图 8-16，用几何画板演示，通过移动改变 k 的大小，观察图象的变化。

（3）议一议。

①哪些函数随着 x 值的增大，y 的值都增加？哪些函数随着 x 值的增大，y 的值都减小？为什么？

②正比例函数 $y=x$，$y=3x$ 中，随着 x 值的增大，y 的值都增加了，其中哪一个增加得更快？为什么？类似地，正比例函数 $y=-\frac{1}{2}x$，$y=-4x$ 中，随着 x 值的增大，y 的值都减小了，其中哪一个减小得更快？为什么？

（4）归纳总结。

①当 $k>0$ 时，图象经过第一、三象限，y 随 x 的增大而增大；

当 $k<0$ 时，图象经过第二、四象限，y 随 x 的增大而减小。

②在正比例函数 $y=kx$ 图象中，k 的绝对值越大，直线越陡，相应的函数值上升或下降得越快。

设计意图：引导学生通过对图象的进一步观察与比较，归纳出函数值的增减速度与 k 的绝对值的内在关系，认识到 k 的绝对值越大，直线越陡，相应的函数值上升或下降得越快，从而进一步渗透数形结合的思想以及观察、思考问题的意识和能力。

4. 课堂练习

（1）函数 $y=\frac{3}{2}x$ 的图象过第_____象限，经过点（0，　　）与点（1，　　），y 随 x 的增大而________。

（2）正比例函数 $y=(m-1)x$ 的图象经过一、三象限，则 m 的取值范围是（　　）。

A. $m=1$　　B. $m>1$　　C. $m<1$　　D. $m\geqslant 1$

（3）正比例函数 $y=(3-k)x$，如果随着 x 的增大 y 反而减小，则 k 的取值范围是________。

设计意图：这个环节充分发挥了学生的主观能动性，是对本节课学习内容的巩固及内化。

5. 课堂小结：今天有什么收获？

（1）函数图象的定义。

把一个函数自变量的每一个值与对应的函数值分别作为点的横坐标和纵坐标，在直角坐标系内描出相应的点，所有这些点组成的图形叫作该函数的图象。

（2）正比例函数图象的形状。

正比例函数 $y=kx$ 的图象是经过原点（0，0）的一条直线，因此，画正比例函数图象时，只要再确定一个点，过这点与原点画直线就可以了。

（3）正比例函数图象的性质。

①当 $k>0$ 时，图象经过第一、三象限，y 随 x 的增大而增大；

当 $k<0$ 时，图象经过第二、四象限，y 随 x 的增大而减小。

②在正比例函数 $y=kx$ 图象中，k 的绝对值越大，直线越陡，相应的函数值上升或下降得越快。

设计意图：通过提问的方式进行小结，交流收获与不足，让学生养成学习——总结——再学习的良好学习习惯，有利于帮助学生理清知识脉络，同时明确本节课的学习目标，巩固学习效果。

6. 课后作业

习题 4.3 第 1、2、3、4 题。

四、反比例函数的图象与性质（第 2 课时）

（一）教学目标

（1）经历观察、归纳、交流的过程，逐步提高从函数图象中获取信息的能力，探索反比例函数的主要性质。

（2）提高学生的观察、分析能力和对图形的感知水平，使学生从整体上领会研究函数的一般要求，逐步提高从函数图象中获取信息的能力，探索并掌握反比例函数图象的主要性质。

（二）教学重点和难点

教学重点：引导学生通过观察图象，归纳概括反比例函数图象的共同特征；探索并研究反比例函数的主要性质。

教学难点：反比例函数的图象特点及性质的探索。

（三）教学方法

实验探究法、由特殊到一般的归纳方法。

（四）教学过程

1. 复习回顾

（1）反比例函数的图象形状是怎么样的？

反比例函数 $y=\frac{k}{x}$ 的图象是由两支曲线组成的。

（2）图象的位置是怎么样的？

当 $k>0$ 时，两支曲线分别位于第一、三象限；

当 $k<0$ 时，两支曲线分别位于第二、四象限。

2. 探究反比例函数图象的增减性

1）如图 8–17，观察反比例函数 $y=\frac{2}{x}$、$y=\frac{4}{x}$、$y=\frac{6}{x}$ 的图象，你能发现它们的共同特征吗？

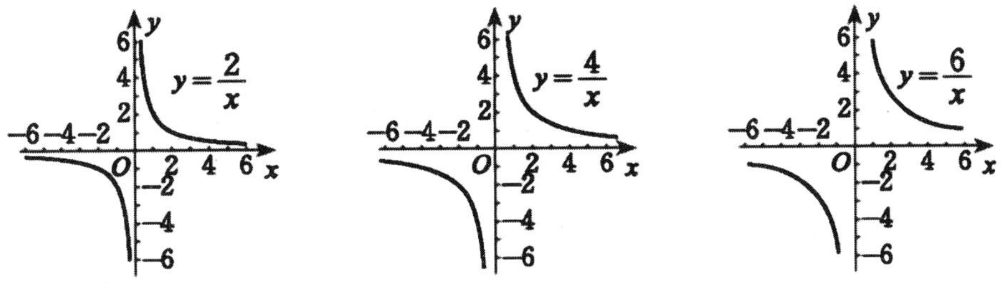

图 8–17

（1）函数图象分别位于哪几个象限内？为什么？

（2）在每一个象限内，随着 x 值的增大，y 的值是怎样变化的？能说明这是为什么吗？

（3）反比例函数的图象可能与 x 轴相交吗？可能与 y 轴相交吗？为什么？

师生共同分析：

（1）函数图象分别位于第一、三象限，因为 x 值和 y 值的乘积是一个正数，因此 x 值和 y 值是同号的，因此只能在第一、三象限。

（2）如图 8–18，用几何画板演示：

结论：在每一个象限内，随着 x 值的增大，y 的值也逐渐减小。

理由：在每一个象限内，x 值和 y 值的乘积是一个正数，当 x 值越大，则 y 值就越小。

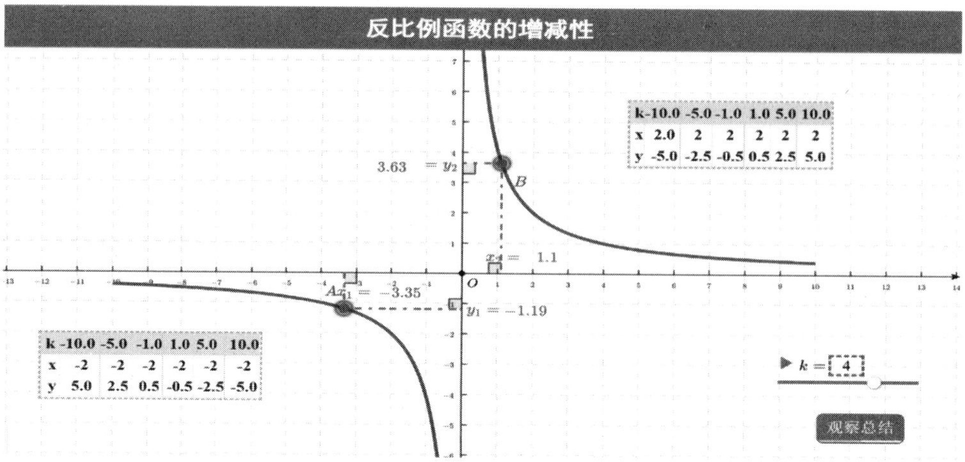

图 8-18

（3）反比例函数的图象不可能与 x 轴相交，因为 y 值不可能为 0；反比例函数的图象也不可能与 y 轴相交，因为 x 值不可能为 0。

2）如图 8-19，观察当 k=−2，−4，−6 时，反比例函数 $y=\frac{k}{x}$ 的图象，它们有哪些共同特征？

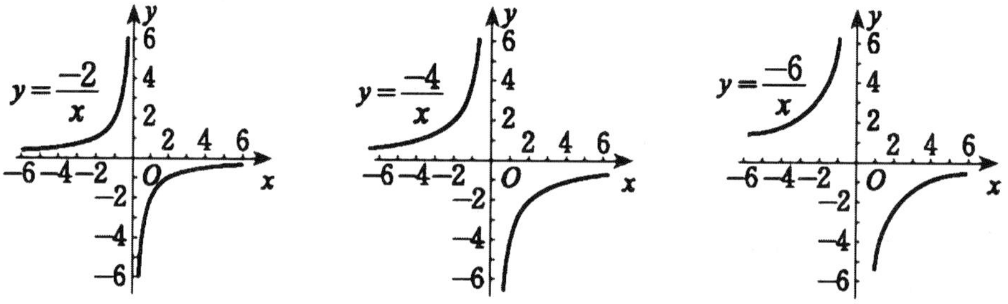

图 8-19

学生通过相互交流、补充和修正。

师生共同分析：

（1）函数图象分别位于第二、四象限，因为 x 值和 y 值的乘积是一个负数，因此 x 值和 y 值是异号的，因此只能在第二、四象限。

（2）用几何画板演示，如图 8–20。

结论：在每一个象限内，随着 x 值的增大，y 的值也逐渐增大。

理由：在每一个象限内，x 值和 y 值的乘积是一个负数，随着 x 值的增大，则 y 值就越大。

（3）反比例函数的图象不可能与 x 轴相交，因为 y 值不可能为 0；反比例函数的图象也不可能与 y 轴相交，因为 x 值不可能为 0。

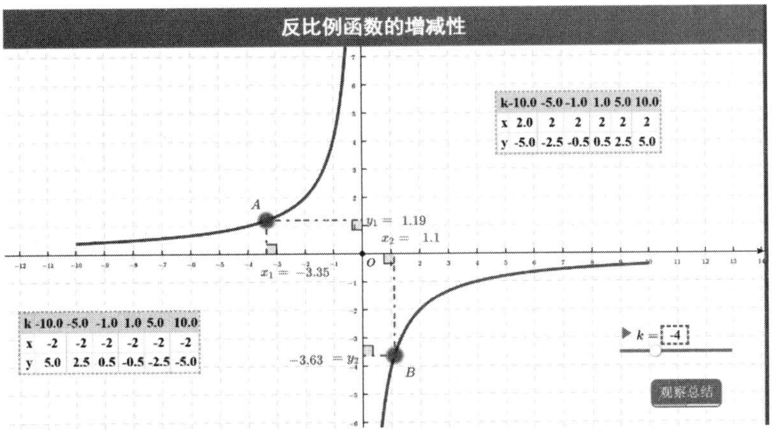

图 8-20

3）归纳总结：

反比例函数 $y=\frac{k}{x}$ 的图象，当 $k>0$ 时，在每个象限内，y 值随 x 值的增大而减小；当 $k<0$ 时，在每一象限内，y 的值随 x 值的增大而增大。

3. 探究反比例函数中 k 的几何意义

例题 1. 如图 8-21，在反比例函数 $y=\frac{k}{x}$（$k>0$）的图象上任取两点 P，Q，过点 P 分别作 x 轴，y 轴的平行线，与坐标轴围成的矩形的面积为 S_1，过点 Q 分别作 x 轴，y 轴的平行线，与坐标轴围成的矩形的面积为 S_2。

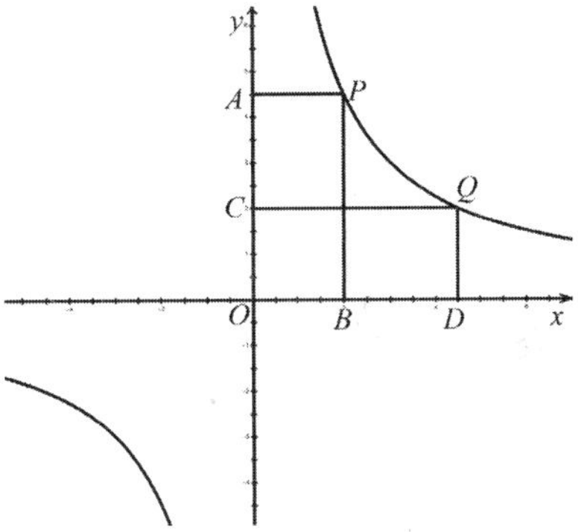

图 8-21

（1）那么 S_1 与 S_2 有什么关系？为什么？

（2）如果 k 为负数呢？

师生共同分析：

（1）用画板演示如下，如图 8-22 所示：

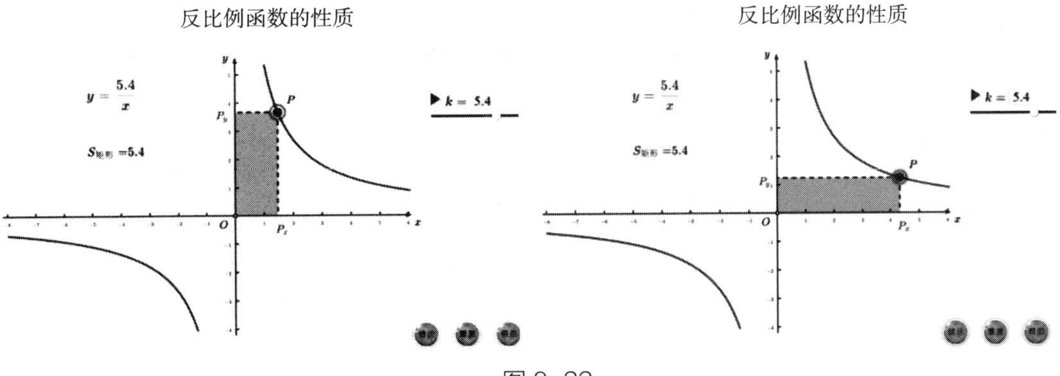

图 8-22

结论：$S_1=S_2$，因为：$S_1=S_2=k$.

（2）如果 k 为负数同样可以得到：$S_1=S_2$，因为它们都等于 k 的绝对值。

例题 2. 如图 8–23 所示，点 p 为反比例函数 $y=\frac{2}{x}$ 图象上一点，$PM\perp x$ 轴，$PN\perp y$ 轴，垂足分别为 M，N，（1）求长方形 $PMON$ 的面积，（2）求△ PMO 的面积。

变式（1）：如图 8–23 所示，点 P 为反比例函数 $y=\frac{k}{x}$ 图象上一点，$PM\perp x$ 轴，

$PN\perp y$ 轴，垂足分别为 M，N，若长方形 $PMON$ 面积为 2，则 k 为多少？

变式（2）：如图 8–24 所示，P 为反比例函数 $y=\frac{2}{x}$ 图象上一点，求 $PM\perp x$ 轴，垂足为 M，点 Q_1 和点 Q_2 是 y 轴上两点，则△ PMQ_1 和△ PMQ_2 面积分别是多少？

变式（3）：如图 8–25 所示，A，C 两点均在反比例函数 $y=\frac{2}{x}$ 的图象上，且 A，C 两点关于 O 点中心对称，$AB\perp x$ 轴，$CD\perp y$ 轴，垂足分别为 B，D，则四边形 $ABCD$ 面积为多少？

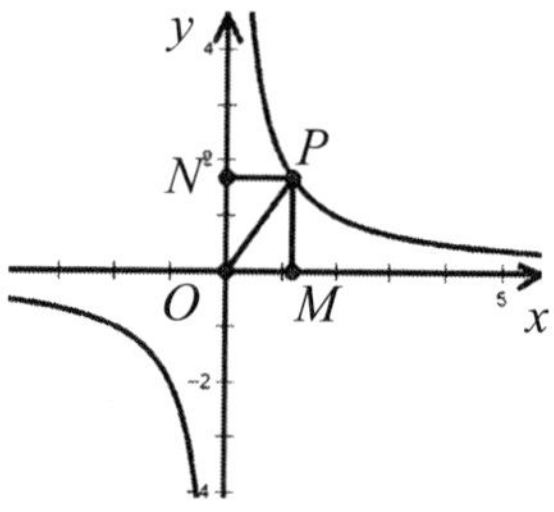

图 8–23

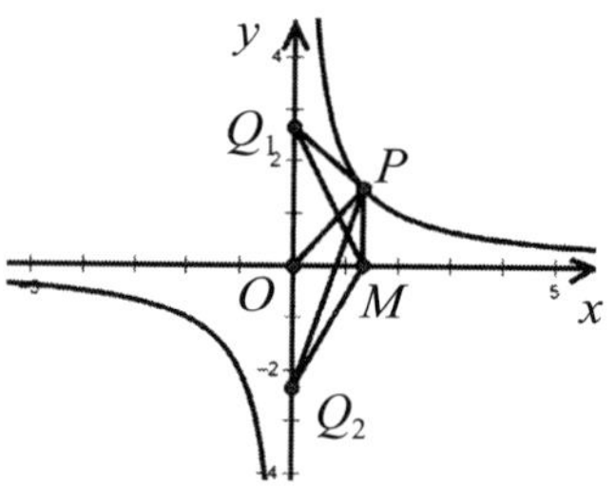

图 8–24

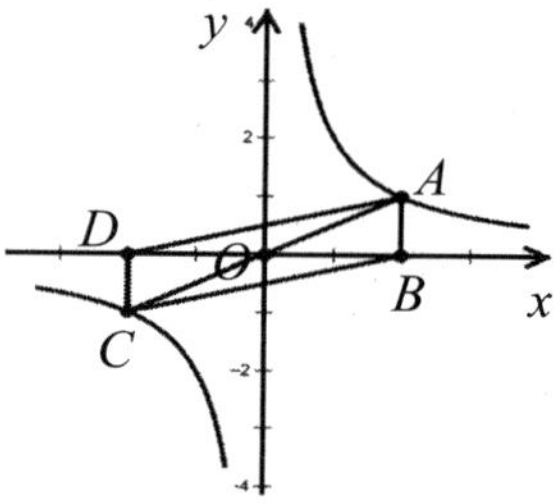

图 8–25

分析：

例题 2 是对反比例函数比例系数 k 的几何意义的直接应用。变式（1）则将例题中的题设和结论反过来，这样能激发学生逆向思考问题的能力。变式（2）中，将例题中△ PMO 的一个顶点 O 移到 Q_1 或 Q_2 位置，此时△ PMQ_1 和△ PMQ_2 都与△ PMO 等底等高，因此面积也相等，这样的设计可以帮助学生加深对知识的理解，从而提高学生解决数学问题的能力。变式（3）中，将平行四边形知识与反比例函数性质巧妙地结合起来，学生通过分析得到：$S_{四边形ABCD}=2S_{\triangle ABD}=4S_{\triangle ABO}=4\times 1=4$。通过这样的设置，不但开阔了学生的思维能力，同时也提高了学生综合分析问题的能力。

4. 课堂练习

（1）若 $P(x, y)$ 是函数 $y=-\frac{2}{x}$ 的图象上一点，过点 P 分别引 x 轴，y 轴的垂线，则所围成的矩形面积是________。

（2）已知点 $A(-2, y_1)$, $B(-1, y_2)$ 和 $C(-3, y_2)$ 都在反比例函数 $y=\frac{4}{x}$ 的图象上，比较 y_1, y_2 与 y_3 的大小；若都在反比例函数 $y=\frac{k}{x}$ 的图象上呢？

（3）如图 8–26，$A(x_1, y_1)$, $B(x_2, y_2)$, $C(x_3, y_3)$ 是函数 $y=\frac{1}{x}$ 的图象在第一象限分支上的三个点，且 $x_1<x_2<x_3$，过 A, B, C 三点分别作坐标轴的垂线，得矩形 $ADOH$, $BEON$, $CFOP$，它们的面积分别为 S_1, S_2, S_3，则下列结论中正确的是(　　)。

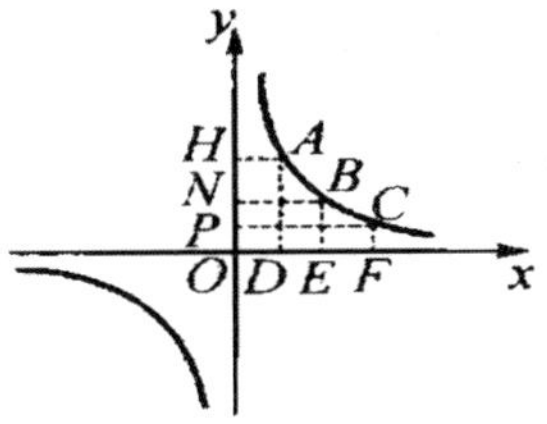

图 8–26

A. $S_1<S_2<S_3$　　B. $S_3<S_2<S_1$

C. $S_2<S_3<S_1$　　D. $S_1=S_2=S_3$

5. 课堂小结

反比例函数的性质
- 性质
  - 当 $k>0$ 时，在每一象限内，y 的值随 x 的值的增大而减小；
  - 当 $k<0$ 时，在每一象限内，y 的值随 x 的值的增大而增大。
- 反比例函数图象中比例系数 k 的几何意义

6. 课后作业

习题 6.3 第 1、2、3 题。

五、二次函数的图象与性质（第 3 课时）

（一）教学目标

（1）引导学生运用观察、分析、比较、抽象、类比等方法，探究二次函数 $y=a(x-h)^2+k$ 的图象和它的开口方向、对称轴、顶点坐标及增减性等。

（2）掌握二次函数 $y=a(x-h)^2+k$ 的图象的平移规律。

（3）能灵活运用二次函数 $y=a(x-h)^2+k\ (a\neq 0)$ 的知识解决简单的问题。

（二）教学重点和难点

教学重点：掌握二次函数 $y=ax^2$ 与 $y=a(x-h)^2+k\ (a\neq 0)$ 图象之间的联系。

教学难点：能灵活运用二次函数 $y=a(x-h)^2+k\ (a\neq 0)$ 的知识解决简单的问题。

（三）教学方法

实验教学法、类比分析法。

（四）教学过程

1. 复习回顾

二次函数 $y=ax^2+c$ 和函数 $y=ax^2$ 的图象有什么关系？

1）学生口头叙述：

二次函数 $y=ax^2$ 与二次函数 $y=ax^2+c$ 的关系：形状相同，当 $c>0$ 时，函数 $y=ax^2+c$ 的图象可由 $y=ax^2$ 的图象向上平移 c 个单位长度得到；当 $c<0$ 时，函数 $y=ax^2+c$ 的图象可由 $y=ax^2$ 的图象向下平移 $|c|$ 个单位长度得到（上加下减）。

2）教师画板演示，如图 8–27 所示：

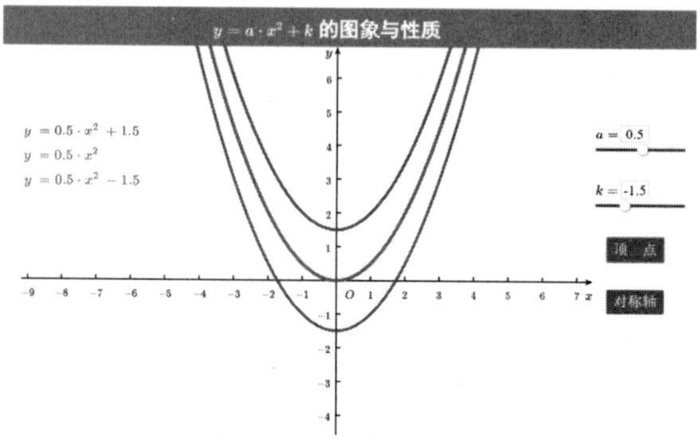

图 8–27

设计意图：通过几何画板的演示，使得所学知识更加直观、清晰，从而更好地为本节课打下基础。

2. 探究二次函数 $y=a(x-h)^2$ 的图象及性质

1）在同一坐标系中画出二次函数 $y=3(x-1)^2$ 与 $y=3x^2$ 的图象。

（1）列表，如表 8–3 所示：

表 8–3

x	…	−4	−3	−2	−1	0	1	2	3	4	…
$y=3x^2$	…										…
$y=3(x-1)^2$	…										…

描点：以表中各组对应值作为点的坐标，在直角坐标系内描出相应的点。

连线：把这些点依次联结起来，得到这两个函数的图象，如图 8–28：

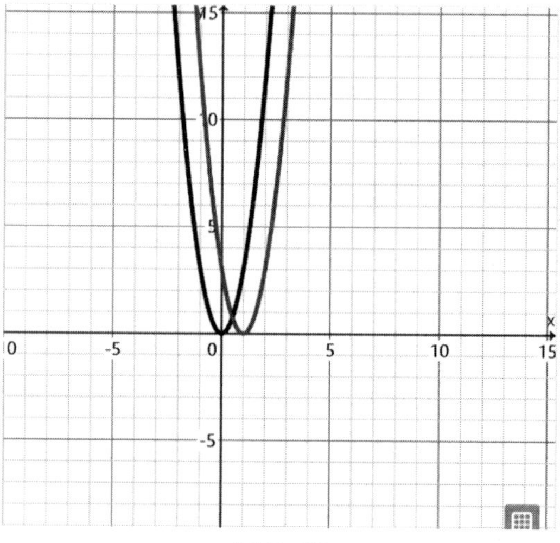

图 8–28

2）函数 $y=3(x-1)^2$ 的图象与 $y=3x^2$ 的图象有什么关系？

函数 $y=3(x-1)^2$ 的图象可以看作由函数 $y=3x^2$ 的图象向右平移 1 个单位得到的。

3）函数 $y=3(x-1)^2$ 的图象它的对称轴和顶点坐标分别是什么？ x 取哪些值时，函数 $y=3(x-1)^2$ 的值随 x 值的增大而增大？ x 取那些值时，函数 $y=3(x-1)^2$ 的值随 x 值的增大而减小？

对称轴：直线 $x=1$；顶点坐标：（1，0）；

$x>1$ 时，y 随 x 的增大而增大；$x<1$ 时，y 随 x 的增大而减小。

4）思考：二次函数 $y=a(x-h)^2$ 与二次函数 $y=ax^2$ 的图象之间有什么关系？二次函数 $y=a(x-h)^2$ 的图象，它的开口方向、对称轴和顶点坐标分别是什么？ x 取哪些值时，y 的值随 x 值的增大而增大？ x 取哪些值时，y 的值随 x 值的增大而减小？

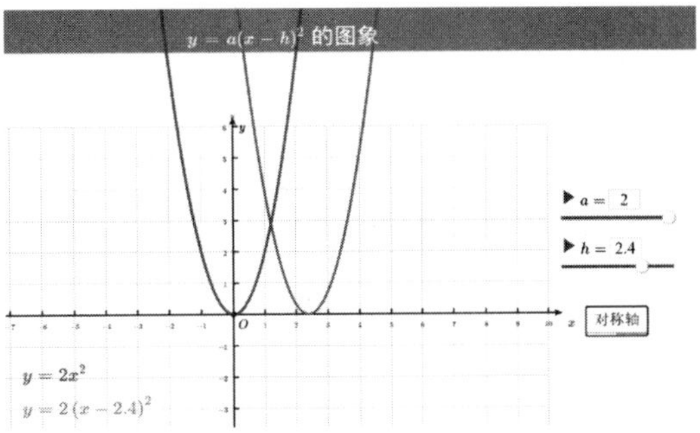

图 8-29

教师用希沃白板演示如：图 8-29，改变 a 和 h 的值，观察图象的变化。

5）归纳：

（1）它们的图象形状相同，$y=a(x-h)^2$ 可以看作是抛物线 $y=ax^2$ 整体沿 x 轴平移了 $|h|$ 个单位长度（当 $h>0$ 时，向右移 $|h|$ 个单位长度；当 $h<0$ 时，向左移 $|h|$ 个单位长度）得到的。简记为"左加右减"。

（2）二次函数 $y=ax^2$ 和二次函数 $y=a(x-h)^2$ 顶点坐标、开口方向、对称轴、增减性、最值如表 8-4：

表 8-4

抛物线	$y=ax^2$	$y=a(x-h)^2$
顶点坐标	$(0,0)$	$(h,0)$
开口方向	$a>0$ 时，开口向上；$a<0$ 时，开口向下	$a>0$ 时，开口向上；$a<0$ 时，开口向下
对称轴	直线 $x=0$	直线 $x=h$
增减性	$a>0$ 时，对称轴左侧，y 随 x 的增大而减小，对称轴右侧，y 随 x 的增大而增大； $a<0$ 时，对称轴左侧，y 随 x 的增大而增大，对称轴右侧，y 随 x 的增大而减小	$a>0$ 时，对称轴左侧，y 随 x 的增大而减小，对称轴右侧，y 随 x 的增大而增大； $a<0$ 时，对称轴左侧，y 随 x 的增大而增大，对称轴右侧，y 随 x 的增大而减小
最值	$a>0$ 时，y 取得最小值 0； $a<0$ 时，y 取得最大值 0	$a>0$ 时，y 取得最小值 0； $a<0$ 时，y 取得最大值 0

3. 探究二次函数 $y=a(x-h)^2+k$ 的图象及性质

（1）在上图的直角坐标系中作出二次函数 $y=3(x-1)^2+2$ 的图象，它与二次函数 $y=3x^2$ 的图象有什么关系，它是轴对称图形吗？它的对称轴和顶点坐标分别是什么？当 x 取哪些值时，y 随 x 值的增大而增大？当 x 取那些值时，y 的值随 x 值的增大而减小？

二次函数 $y=a(x-h)^2+k$ 的图象

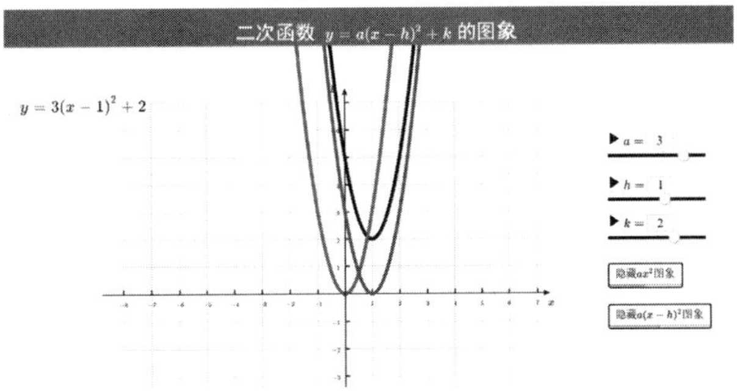

图 8-30

教师用几何画板演示如图 8–30：

（2）思考：二次函数 $y=a(x-h)^2+k$ 与二次函数 $y=ax^2$ 的图象之间有什么关系？二次函数 $y=a(x-h)^2+k$ 的图象，它的开口方向、对称轴和顶点坐标分别是什么？ x 取哪些值时，y 的值随 x 值的增大而增大？ x 取哪些值时，y 的值随 x 值的增大而减小？

归纳总结：

二次函数 $y=ax^2$ 、二次函数 $y=a(x-h)^2$ 与二次函数 $y=a(x-h)^2+k$ 顶点坐标、开口方向、对称轴、增减性、最值如表 8–5：

表 8–5

抛物线	$y=ax^2$	$y=a(x-h)^2$	$y=a(x-h)^2+k$
顶点坐标	$(0,0)$	$(h,0)$	(h,k)
开口方向	$a>0$ 时，开口向上； $a<0$ 时，开口向下	$a>0$ 时，开口向上； $a<0$ 时，开口向下	$a>0$ 时，开口向上； $a<0$ 时，开口向下
对称轴	直线 $x=0$	直线 $x=h$	直线 $x=h$
增减性	$a>0$ 时，对称轴左侧，y 随 x 的增大而减小，对称轴右侧，y 随 x 的增大而增大； $a<0$ 时，对称轴左侧，y 随 x 的增大而增大，对称轴右侧，y 随 x 的增大而减小	$a>0$ 时，对称轴左侧，y 随 x 的增大而减小，对称轴右侧，y 随 x 的增大而增大；$a<0$ 时，对称轴左侧，y 随 x 的增大而增大，对称轴右侧，y 随 x 的增大而减小	$a>0$ 时，对称轴左侧，y 随 x 的增大而减小，对称轴右侧，y 随 x 的增大而增大； $a<0$ 时，对称轴左侧，y 随 x 的增大而增大，对称轴右侧，y 随 x 的增大而减小
最值	$a>0$ 时，y 取得最小值 0； $a<0$ 时，y 取得最大值 0	$a>0$ 时，y 取得最小值 0； $a<0$ 时，y 取得最大值 0	$a>0$ 时，y 取得最小值 k； $a<0$ 时，y 取得最大值 k

4. 课堂练习

（1）二次函数 $y=(x-2)^2+3$ 的顶点坐标是______________。

（2）函数 $y=-2(x+2)^2$ 图象的顶点坐标是(　　)。

A.（−2，0）　　B.（−2，2）　　C.（2，0）　　D.（2，−2）

（3）二次函数 $y=x^2+4$ 的最小值是______________。

（4）确定下列抛物线的开口方向、对称轴及顶点坐标。

① $y=\frac{1}{3}(x-4)^2$；　　② $y=2(x-1)^2+3$；　　③ $y=-\frac{1}{3}(x+4)^2+5$.

5. 课堂小结

本节课都有哪些收获？

引导学生归纳二次函数 $y=ax^2$ 、二次函数 $y=a(x-h)^2$ 与二次函数 $y=a(x-h)^2+k$ 的顶点坐标、开口方向、对称轴、增减性、最值。

6. 作业布置

习题 2.4 第 1、2、3 题。

第九章　图形与几何实验课教学案例

一、探索轴对称的性质

（一）教学目标

（1）探索轴对称的基本性质，积累数学活动经验，发展空间观念。

（2）理解轴对称的性质：对应点所连的线段被对称轴垂直平分、对应线段相等、对应角相等。

（二）教学重点和难点

教学重点：探索轴对称的性质。

教学难点：理解"对应点所连的线段被对称轴垂直平分、对应线段相等、对应角相等"的性质。

（三）教学方法

利用动手操作和画板演示相结合的方式，组织学生探索、归纳总结。

（四）教学过程

1. 复习回顾

（1）如图 9–1，请判断下列图形中哪个图形是轴对称图形，哪两个图形成轴对称？

图 9–1

学生作出判断，对于第三幅图可以看作轴对称图形，也可以看成两个图形成轴对称。

教师用几何画板演示，加强学生对定义的理解。

（2）你能用文字语言叙述什么是轴对称图形吗？什么样的两个图形是成轴对称的？

①轴对称图形：如果一个平面图形沿着一条直线折叠后，直线两旁的部分能够完全重合，那么这个图形叫作轴对称图形，这条直线叫作对称轴。

②成轴对称：如果两个平面图形沿着一条直线对折后能够完全重合，那么称这两个图形成轴对称，这条直线叫作这两个图形的对称轴。

2. 探索性质

探究一：探究成轴对称的性质。

1）如图 9–2，自己用笔尖扎出"14"这个数字，将纸打开后铺平。

（1）图中的两个“14”有什么关系？

（2）扎字过程中，E 与点 E' 重合，点 F 与点 F' 重合，设折痕所在直线为 l，连接点 E 与点 E' 的线段与对称轴有什么关系？点 F 与点 F' 呢？

（3）线段 AB 与线段 $A'B'$ 有什么关系？CD 与 $C'D'$ 呢？

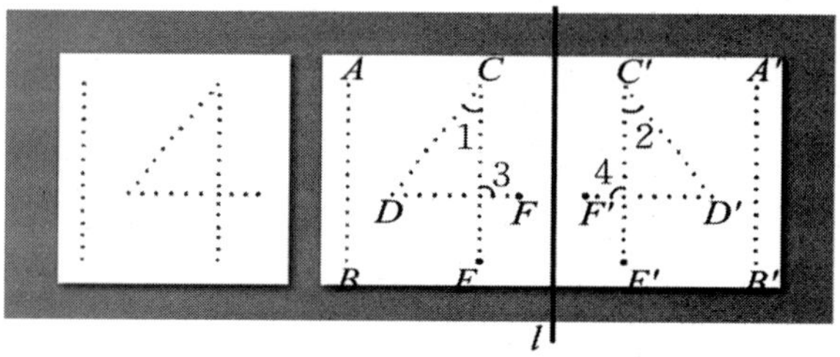

图 9-2

（4）∠1 与∠2 有什么关系？∠3 与∠4 有什么关系？

2）学生小组交流，并展示探究结果：

（1）图中的两个“14”成轴对称。

（2）线段 EE' 与线段 FF' 被对称轴垂直平分。

（3）线段 AB 与线段 $A'B'$ 相等，线段 CD 与线段 $C'D'$ 相等。

（4）∠1 与∠2 相等，∠3 与∠4 相等。

3）教师用几何画板演示，如图 9-3。

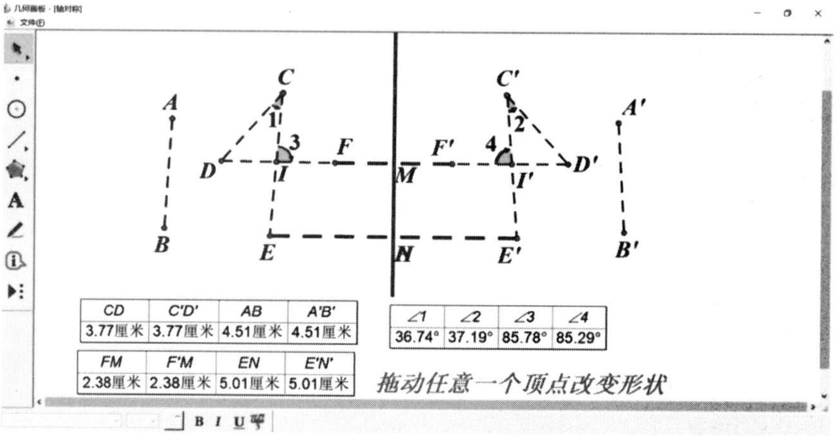

图 9-3

拖动图形的中的任意一个顶点，改变图形的形状和大小，观察测量数据。

发现：对应点所连的线段被对称轴垂直平分；对应线段相等，对应角相等。

探究二 轴对称图形的性质。

1）图 9-4，这个是一个轴对称图形。

（1）你能找出它的对称轴吗？

（2）连接点 A 与点 A' 的线段与对称轴有什么关系？连接点 B 与点 B' 的线段。

（3）线段 AD 与线段 $A'D'$ 有什么关系？线段 BC 与

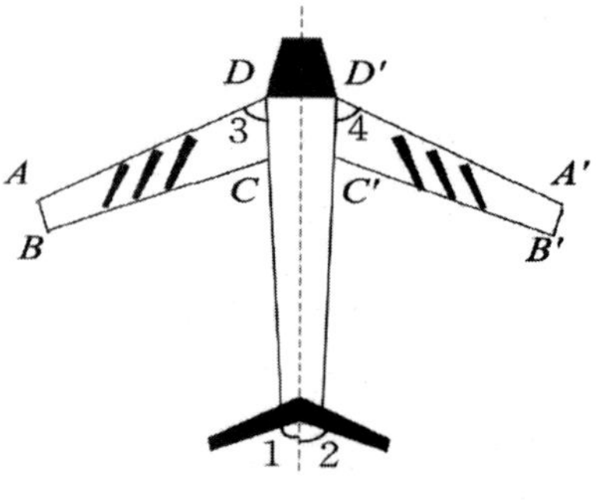

图 9-4

$B'C'$ 呢？为什么？

（4）∠ 1 与∠ 2 有什么关系？∠ 3 与∠ 4 有什么关系？为什么？

2）学生折叠探索并展示探究结果。

（1）这个图形的对称轴是虚线所在的直线。

（2）线段 AA' 与线段 BB' 被对称轴垂直平分。

（3）线段 AD 与线段 $A'D'$ 相等，线段 BC 与线段 $B'C'$ 相等。

（4）∠ 1 与∠ 2 相等，∠ 3 与∠ 4 相等；

得出结论：

轴对称的性质：

（1）对应点所连的线段被对称轴垂直平分。

（2）对应线段相等，对应角相等。

3. 例题解析

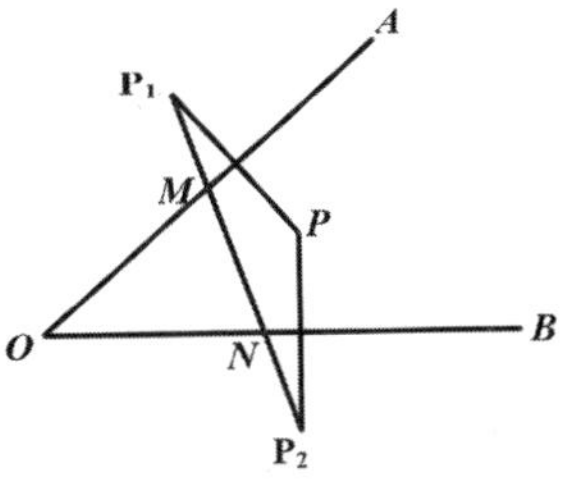

图 9-5

例题 1：如图 9-5，∠ AOB 内有一点 P，分别画出关于 P 关于 OA，OB 的对称点 P_1，P_2，连接 P_1P_2 交 OA 与 M，交 OB 与 N，若 P_1P_2=5 厘米，求△ PMN 的周长。

分析：∵ P 与 P_1，P_2 分别关于 OA 对称，

∴ $PM=P_1M$，$PN=P_2N$.

∴ △ PMN 的周长 $=PM+PN+MN=5$.

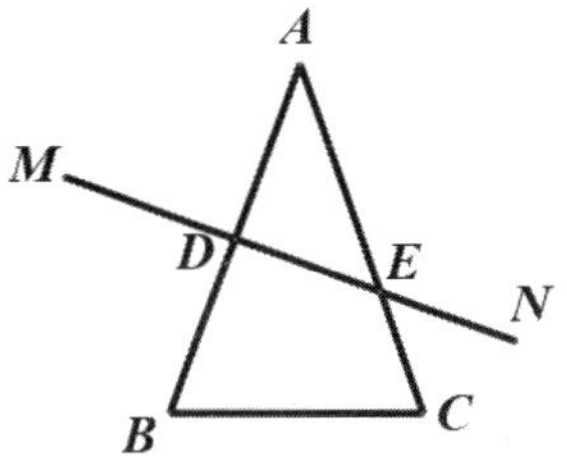

图 9-6

例题 2：在△ ABC 中，$AB=AC$，AB 的中垂线 MN 与 AC 所在的直线相交所得的锐角为 50°，求底角∠ B 的大小。

分析：分两种情况：

第一种：如图 9-6，∠ A 为锐角，

∠ B=（180°−40°）÷ 2=70°.

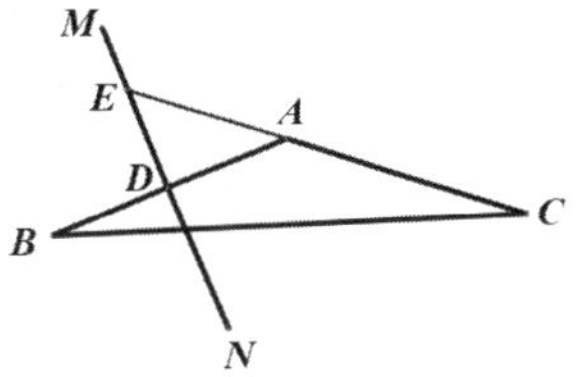

图 9-7

第二种：如图 9-7，∠ A 为钝角，

∠ B=（180° −140°）÷ 2=20°.

4. 议一议

如图 9-8，你能求出这七个角的和吗？

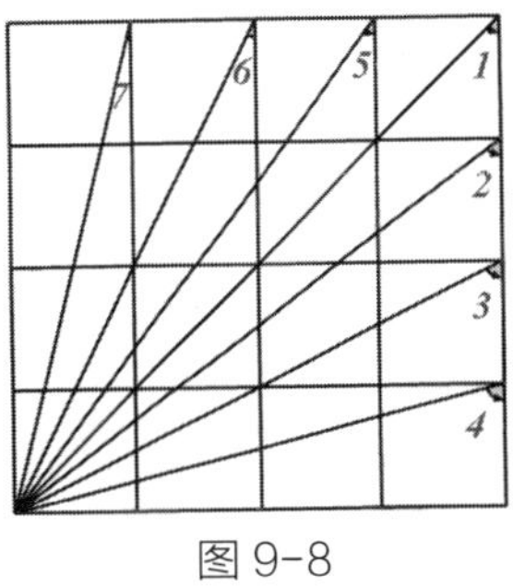

图 9-8

5. 试一试

一次晚会上，主持人出了一道题目：“如何把 2+3=8 变成一个真正的等式”，很长时间没有人答出，小兰拿出一面镜子，就很快解决了这道题目，你知道她是怎样做的吗？

6. 拓展提高

如图 9-9，在金水河的同一侧有两个村庄 A、B，要从河边同

一点修两条水渠到 A、B 两村浇灌蔬菜，问抽水站应修在金水河 MN 何处到两个村庄距离相等？

教师可以用几何画板探究，如图 9-10：

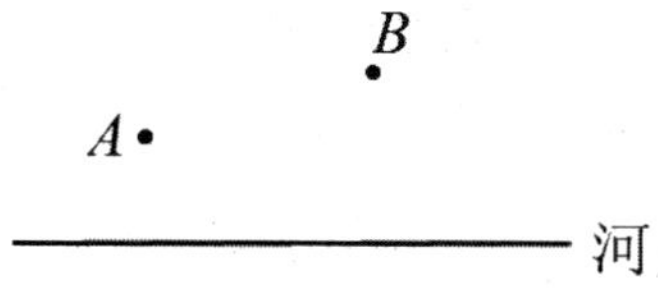

图 9-9

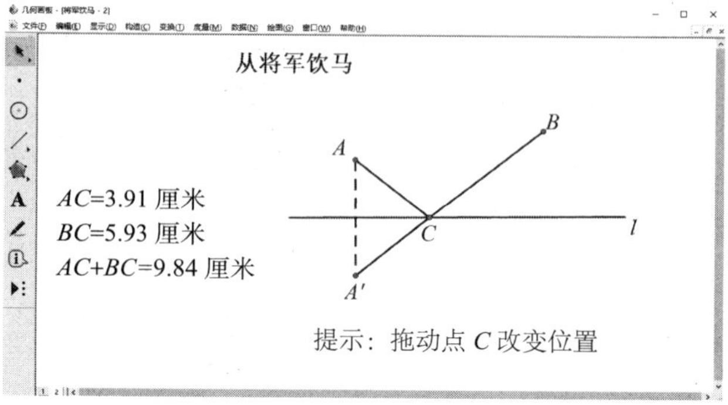

图 9-10

7. 课堂小结

本节课探索了轴对称性质“对应点所连的线段被对称轴垂直平分、对应线段相等、对应角相等”，并初步学习了性质的一些应用。

8. 布置作业

习题 5.2：第 1、2 题。

二、探索勾股定理（第 2 课时）

（一）学生起点分析

学生的知识技能基础：学生在上节课已经通过测量和数格子的方法，对特殊的直角三角形进行了探索并发现了勾股定理，但没有对一般的直角三角形进行一般性的验证。

学生活动经验基础：学生具有了一定的自主探究经验和合作学习的经验，具备了一定的探究能力和合作与交流的能力；尤其在七年级《图案设计》的学习中已经具备了一定的拼图活动经验。

（二）教学任务分析

本节课是八（上）勾股定理第 1 节第 2 课时，是在上节课已探索得到勾股定理之后的内容，具体学习任务：通过拼图验证勾股定理并体会其中数形结合的思想；应用勾股定理解决一些实际问题，体会勾股定理的应用价值并逐步培养学生应用数学解决实际问题的意识和能力，为后面的学习打下基础，为此，本节课的教学目标是：

（1）了解勾股定理的历史，感受数学文化。

（2）探究验证勾股定理的三类方法：①等面积，两算法；②无字的证明；③欧氏几何证明。

（3）能初步应用勾股定理解决一些实际问题。

（4）经历勾股定理的验证过程，体会数形结合的思想和从特殊到一般的思想，培养学生的探究能力和合作精神．

（三）教学重点和难点

教学重点：探究验证勾股定理的三类方法。

教学难点：理解验证勾股定理的三类方法。

（四）教学过程

本节课设计了七个教学环节：①史话勾股定理；②探究勾股定理的三类证明方法；③例题讲解，勾股定理的初步应用；④课堂练习；⑤拓展延伸；⑥反思小结；⑦布置作业。

1. 第一环节：史话勾股定理

观看关于勾股定理历史的视频，视频大致内容：3000 多年前，古巴比伦人和古埃及人都已经发现了勾股定理，在中国 1000 多年前，周朝数学家商高在提出了："勾广三，股修四，经隅五"的勾股定理的特例，最早给出证明的是公元前 6 世纪古希腊数学家毕达哥拉斯，公元前 4 世纪，欧几里得在《几何原本》中给出了一种很好的证明，在我国最早给出证明的是公元前 3 世纪的数学家赵爽，稍后一时期的刘徽在《九章算术》用"青朱出入图"这种无字的证明方法验证了勾股定理。直到现在勾股定理有 500 多种证明方法，今天就让我们沿着历史的足迹探究勾股定理。

2. 第二环节：探究勾股定理的证明方法

1）第一种类型：等面积，两算法。

方法一：毕达哥拉斯的证明

（1）问题背景，（结合图 9–11 介绍）。

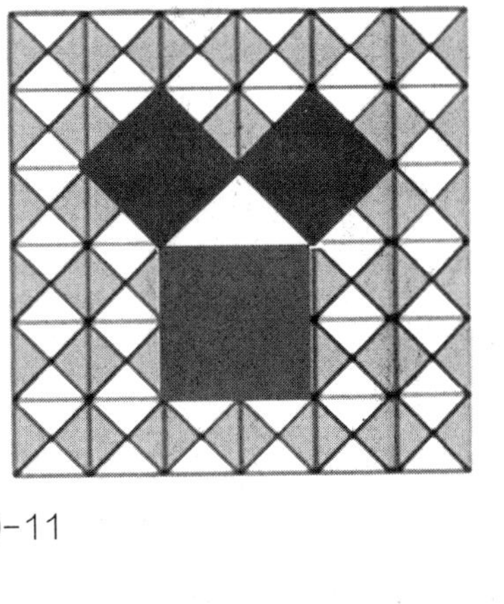

图 9–11

相传毕达哥拉斯去朋友家里作客，发现朋友家的地砖是等腰直角三角形，以等腰直角三角形的三条边向外做了三个正方形后发现：以直角边为边的两个正方形的面积的和等于以斜边为边的正方形的面积。由此，他大胆猜想：任意一个直角三角形，两条直角边的平方和都等于斜边的平方。

（2）探究思路与方法。

如图 9–12，几何画板动态演示。

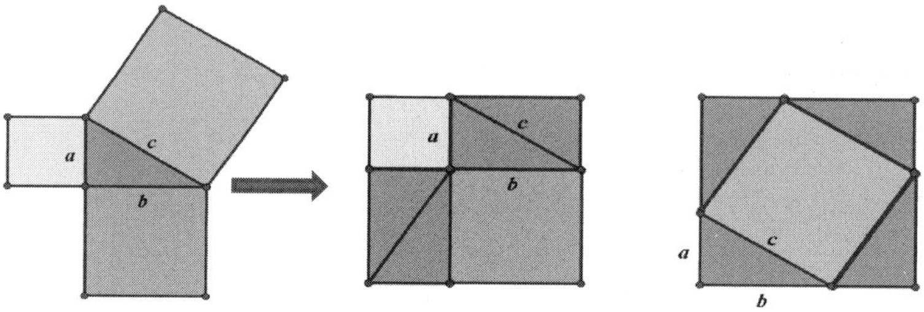

图 9–12

（3）动手实验。如图 9–13 所示。

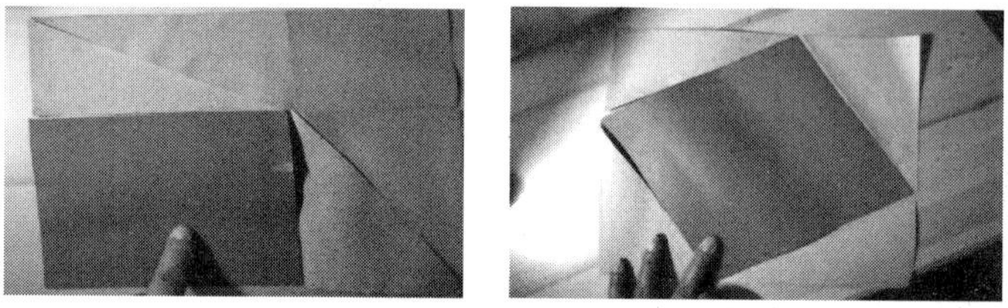

图 9–13

（4）等面积两算法证明。

$a^2+b^2+4\times\frac{1}{2}ab=c^2+4\times\frac{1}{2}ab^2$，得到 $a^2+b^2=c^2$.

方法二：赵爽弦图

（1）历史背景（结合图 9–14 介绍）。

在中国，最早给出证明的是公元前 3 世纪的数学家赵爽，他在周髀算经中用一张他所谓的弦图证明了勾股定理，2002 年全世界数学家大会的会徽就是这张弦图，以此纪念这位伟大的数学家。

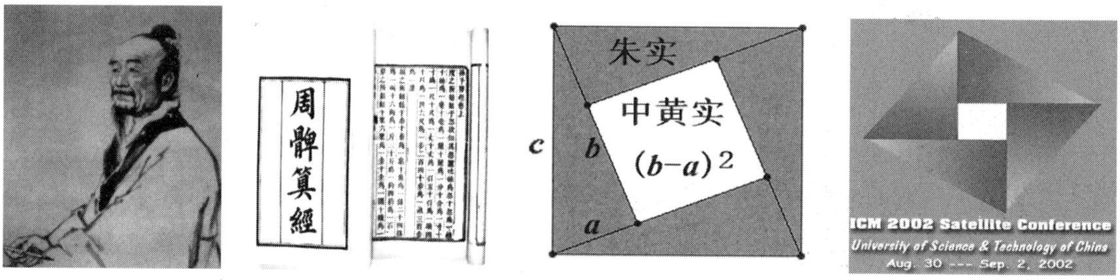

图 9–14

（2）探究赵爽弦图的思路与方法。

如图 9–15，几何画板演示将两个小正方形拼成赵爽弦图。

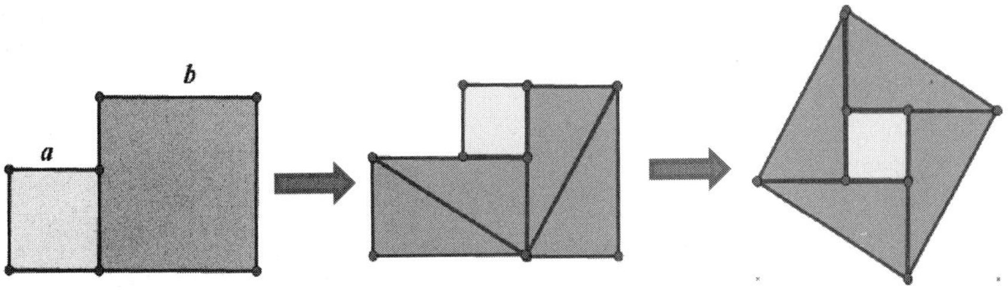

图 9–15

（3）动手实验。

如图 9–16，引导学生小组合作，动手操作实验。

图 9–16

（4）等面积两算法证明。

$(b-a)^2+4\times\frac{1}{2}ab=c^2$，得到 $a^2+b^2=c^2$.

2）第二种类型：无字证明

方法三：青朱出入图（无字的证明）

（1）历史背景（结合图 9–17 介绍）。

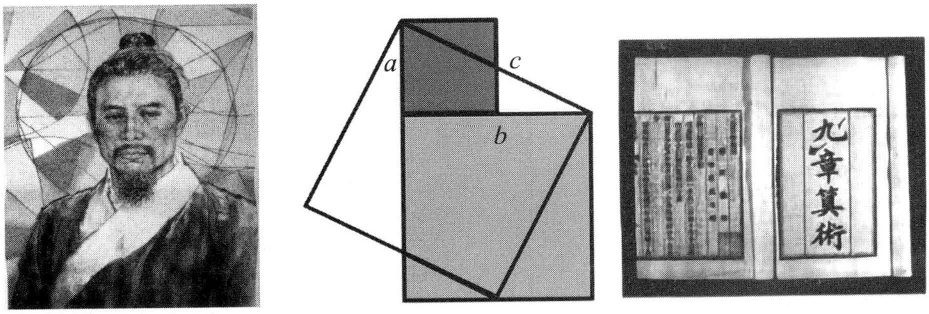

图 9–17

著名的数学家刘徽在《九章算术》用“青朱出入图”验证了勾股定理,由于证明过程没有用一个字,因此把这种证明又称为无字的证明。

(2)探究青朱出入图的与方法。如图 9-18,用几何画板演示青朱出入图验证勾股定理的过程。

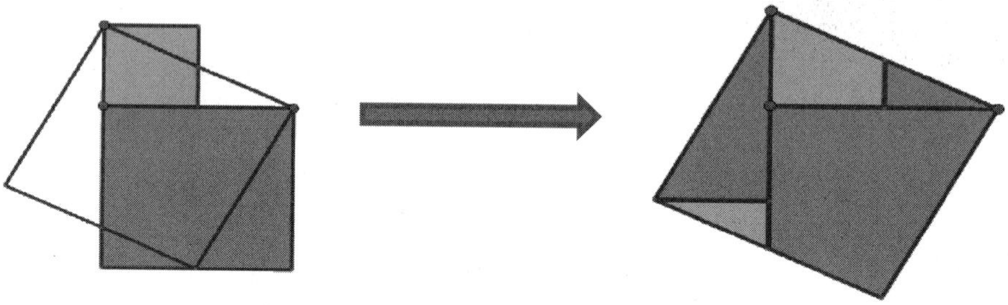

图 9-18

(3)小组合作动手实验探究青朱出入图。如图 9-19。

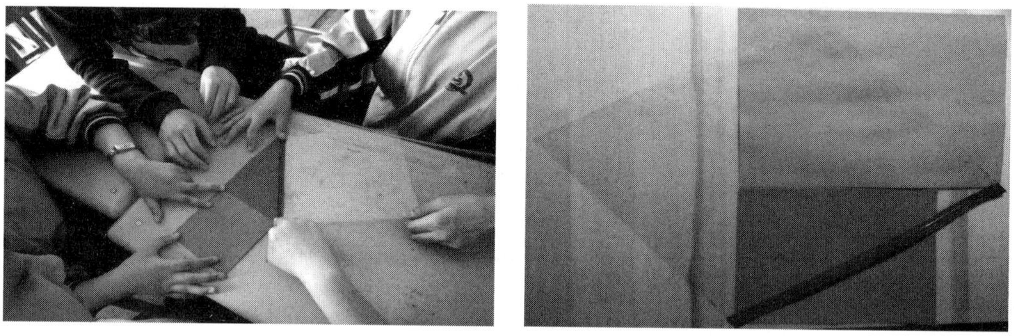

图 9-19

3)第三种类型:欧氏几何证明

方法四:欧几里得证明

(1)历史背景(结合图 9-20 介绍)

公元前 4 世纪,欧几里得在《几何原本》中给出了一种很好的证明。

(2)探究欧几里得证明的思路与方法

师生共同分析:

①如图 9-21,引导学生大胆猜想,并探究证明方法:如图 9-22,从 Rt $\triangle ABC$ 的三边向外各作一个正方形,作 $AN \perp BC$ 交 AB 于 N,那么正方形 $ABED$ 被分成两个矩形,连接 AH 和 EC。

②小组交流验证方法(多媒体展示)。

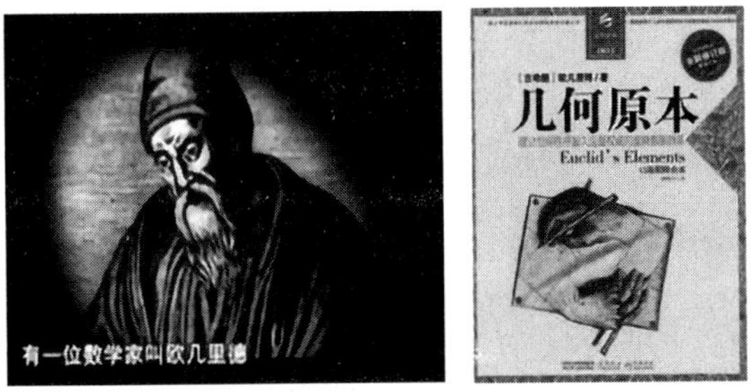

图 9-20

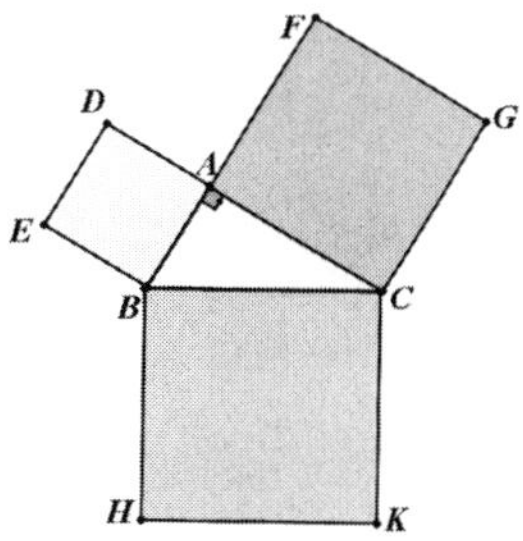

图 9-21

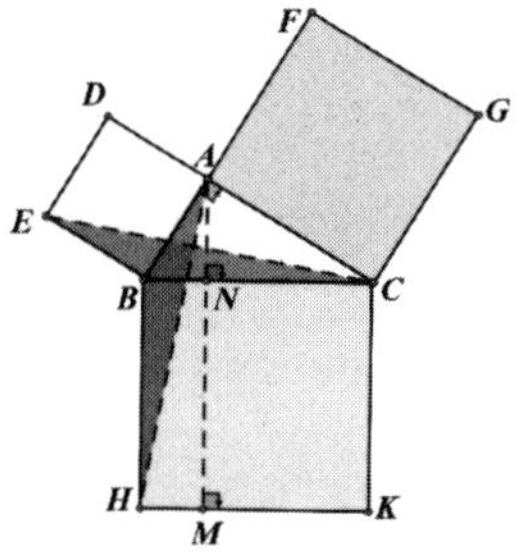

图 9-22

∵ 矩形 $BNHM$ 和△ ABH 同底等高，

∴ $S_{矩形\ BNHM}=2S_{\triangle ABH}$.

又∵ 正方形 $ABED$ 和△ EBC 同底等高，

∴ $S_{正方形\ ABED}=2S_{\triangle EBC}$.

∴ △ EBC ≌△ ABH.

由此可得 $S_{矩形\ BHMN}=S_{正方形\ ABED}$.

同理可证 $S_{矩形\ NCMK}=S_{正方形\ AFGC}$.

∴ $S_{矩形\ BHMN}+S_{矩形\ NCMK}=S_{正方形\ ABED}+S_{正方形\ AFGC}$.

即 $S_{正方形\ BHCK}=S_{正方形\ ABED}+S_{正方形\ AFGC}$，

也就是 $a^2+b^2=c^2$.

3. 第三环节：勾股定理的应用

例题：如图 9-23，飞机在空中水平飞行，某一时刻刚好飞到一个男孩子头顶上方 4 千米处，过了 20 秒，飞机距离这个男孩子头顶 5 千米，飞机每小时飞行多少千米？

解：Rt △ ABC 中，由勾股定理得：

$AB^2=BC^2+AC^2$，即 $5^2=BC^2+4^2$，

∴ $BC=3$.

飞机 20 秒飞行了 3 千米，那么 1 小时飞行的距离为：

$3\times3\times60=540$.

即飞机每小时飞行 540 千米。

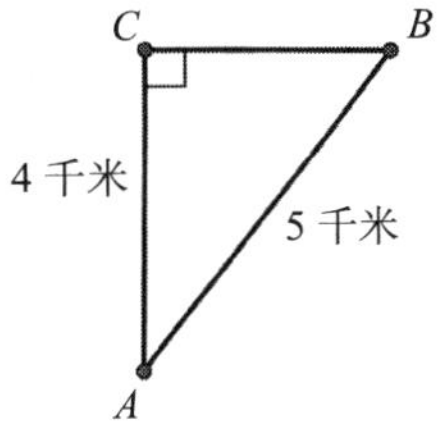

图 9-23

4. 第四环节：课堂练习

（1）如图 9-24，三个正方形中其中两个面积 S_2、S_3 分别为 144、169，则第三个正方形的面积 S_1 为__________。

（2）如图 9-25，是某沿江地区交通平面图，为了加快经济发展，该地区拟修建一条连接 B、C，E 三座城市的沿江高速，已知沿江高速的建设成本是每千米 100 万元，该沿江高速的造价预计是多少？

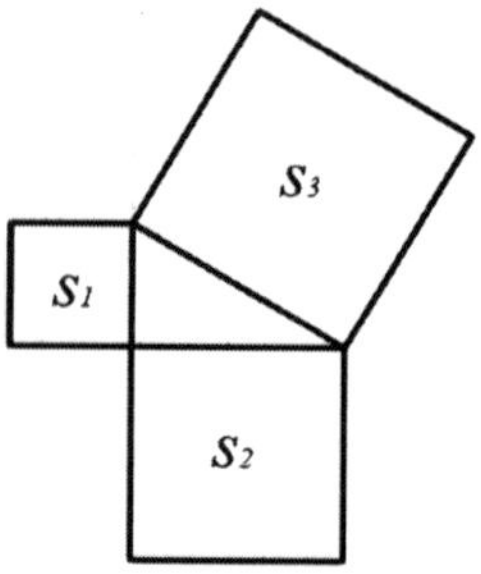

图 9-24

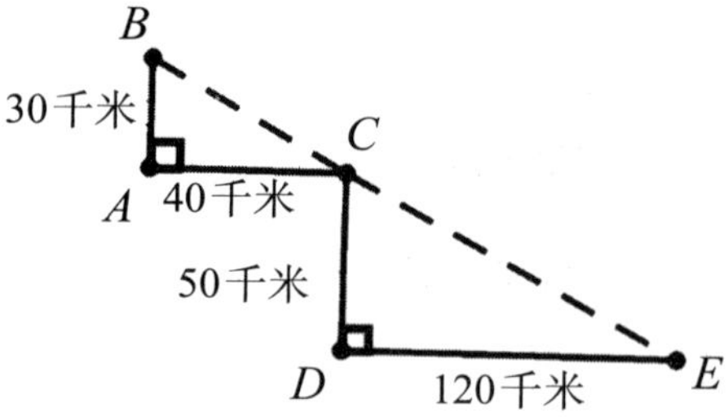

图 9-25

解：Rt△ABC中，由勾股定理得：$BC^2=AB^2+AC^2$，

即 $BC^2=30^2+40^2$，

$\therefore BC=50$.

Rt△CDE中，由勾股定理得：$CE^2=CD^2+DE^2$，

即 $CE^2=50^2+120^2$，

$\therefore CE=130$.

$\therefore BE=BC+CE=180$.

$180\times100=18000$.

即：该沿江高速的造价预计是 18000 万元。

5. 第五环节：拓展延伸

以小组为单位，用几何画板探究以下问题：

（1）如在前面已经讨论了直角三角形三边满足的关系，那么锐角三角形或钝角三角形的三边是否也满足这一关系呢？

（2）在任意一个三角形中，如果一个角是锐角，那么这个三角形中夹这个锐角两边的平方和与第三边的平方有怎样的大小关系呢？如果这个角是钝角呢？

6. 第六环节：课堂小结

（1）验证勾股定理的三类方法：

第一种类型：等面积，两算法；

第二种类型：无字证明；

第三种类型：欧氏几何证明。

（2）勾股定理的初步应用。

（3）欣赏美丽的勾股树。

如图 9-26，在几何画板中欣赏动态勾股树，感受数学中的美。

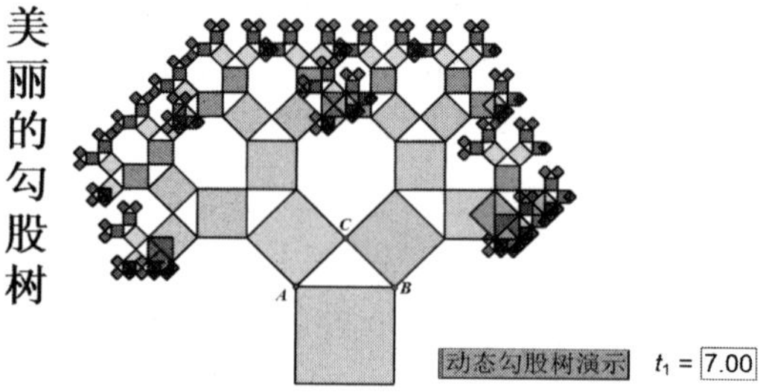

图 9-26

7. 布置作业

（1）必做题：习题 1.2 第 1、2、3 题。

（2）选做题：搜集有关勾股定理的证明方法，并选择其中一种方法仔细研究。

三、三角形内角和定理

（一）教学目标

（1）通过三角形撕拼方法的演示，借助基本事实和定理，能用自己的语言说出三角形内角和定理的证明思路。

（2）通过小组合作交流，能从不同角度证明三角形内角和定理。

（3）能借助三角形内角和定理，解决简单的几何问题。

（二）教学重点和难点

教学重点："三角形的内角和等于 180°" 定理的探究与应用。

教学难点：三角形的内角和定理的证明方法（添加辅助线）的讨论。

（三）教学方法

探究式教学、启发式教学。

（四）教学过程

1. 复习引入

问题：①三角形的内角和是多少度？②你可以用哪些方法得到的？

小组合作交流，引导学生动手操作实验。

（1）小组派代表向全班同学演示方法，如图 9-27 所示。

量角器测量　　剪拼法　　折拼法

图 9-27

（2）归纳。

方法一：测量法。使用量角器分别测量一个三角形的三个内角的值，然后加和计算。

方法二：剪拼法。将三角形的两个内角撕下来和剩下的角可以拼成一个平角。

方法三：折拼法。将三角形的三个内角拼成一个平角。

（3）几何画板验证：如图 9-28，拖动定点改变三角形 ABC 的形状时，三角形的内角和不变，一直是 180°。

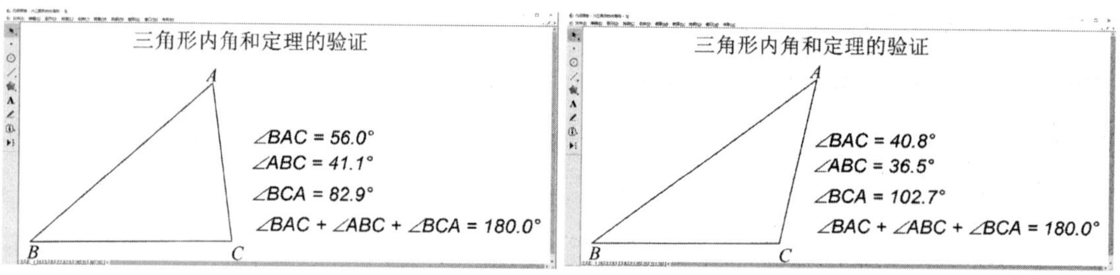

图 9-28

设计意图：引导学生回顾原来探究与验证三角形内角和的过程，力图从原来的探究与验证活动中获得证明思路，为本节课作铺垫。

2. 探究方法一

1）思路探究

（1）由剪拼法你有什么思路证明三角形的内角和是 180°？

（2）如图 9–29，当时我们是把∠ A 移到了∠ 1 的位置，∠ B 移到了∠ 2 的位置，如果不实际移动∠ A 和∠ B，那么你可以怎样作辅助线证明这个问题？

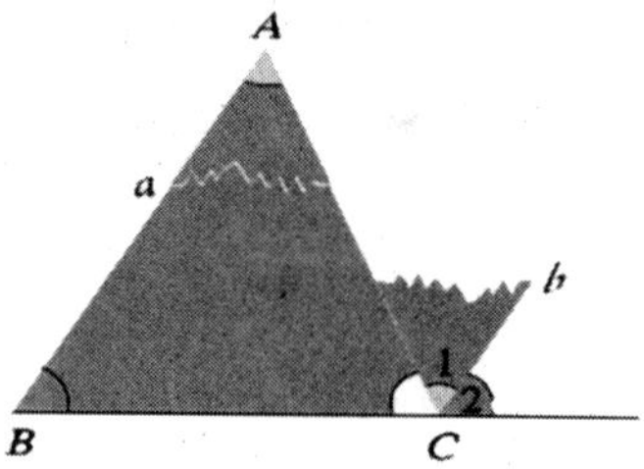

图 9–29

2）证明命题

（1）画出相应的图形，并写出已知和求证。

已知：如图 9–30，在△ ABC 中，求证：

∠ A+ ∠ B+ ∠ C=180°。

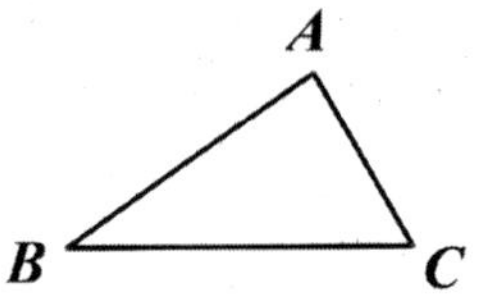

图 9–30

（2）分析：如图 9–31，延长 BC 到 D，过点 C 作射线 $CE//BA$，这就相当于把∠ A 移到了∠ 1 的位置，把∠ B 移到了∠ 2 的位置。

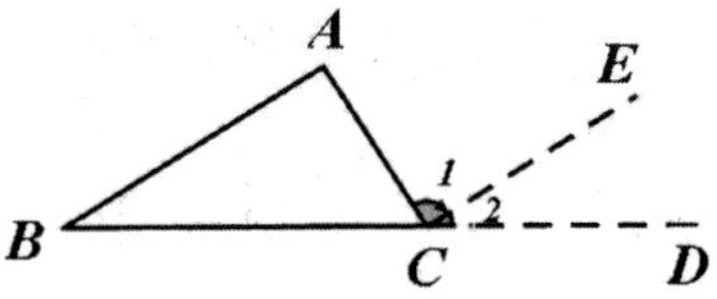

图 9–31

（3）证明命题。引导学生独立思考并写出证明过程。

证明：延长 BC 到 D，过点 C 作射线 $CE//BA$，则

∠ 1= ∠ A（两直线平行，内错角相等），

∠ 2= ∠ B（两直线平行，同位角相等）.

∵ ∠ 1+ ∠ 2+ ∠ ACB=180°（平角的定义），

∴ ∠ A+ ∠ B+ ∠ ACB=180°（等量代换）.

三角形内角和定理：三角形三个内角的和等于 180°。

3. 探究方法二

1）思路探究

除上面的剪拼法外，你还有什么思路可以证明三角形的内角和是 180°？

如图 9–32，我们是把∠ A 移到了∠ 1 的位置，∠ B 如果不移动，那么你可以怎么作辅助线证明这个问题？

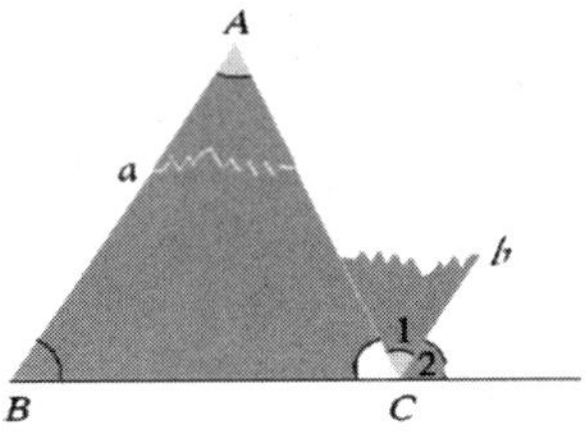

图 9–32

2）证明命题

（1）画出相应的图形，并写出已知和求证。

已知：如图 9–33，△ ABC 是任意的一个三角形。

求证：∠ A+ ∠ B+ ∠ C=180°。

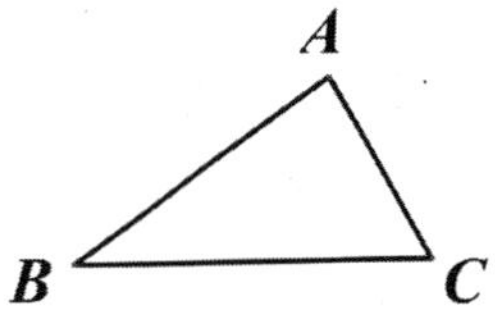

图 9–33

（2）分析：如图 9–34，过点 C 作射线 $CE//BA$，根据两直线平行，同旁内角互补，可以得到：∠ B+ ∠ ACB+ ∠ 1 的和为 180°，又因为∠ A 等于∠ 1，从而∠ A+ ∠ B+ ∠ ACB=180°。

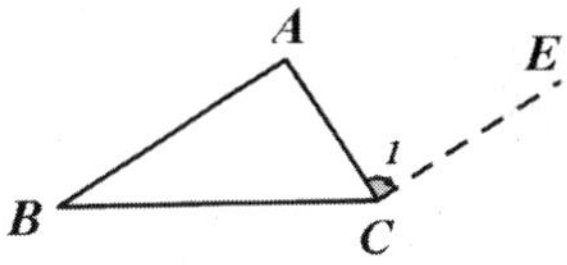

图 9–34

（3）证明命题。引导学生独立思考并写出证明过程。

证明：过点 C 作射线 $CE//BA$，则

∵ $CE//BA$，

∴ ∠ 1= ∠ A（两直线平行，内错角相等）.

∵ $CE//BA$，

∴ ∠ B + ∠ ACB + ∠ 1 =180°（两直线平行，同旁内角互补）.

∴ ∠ A+ ∠ B+ ∠ ACB=180°（等量代换）.

三角形内角和定理：三角形三个内角的和等于 180°。

4. 探究方法三

1）思路探究

（1）如图 9–35，用折拼法将三角形的三个内角拼成一个平角，同学们能得到哪些证明的思路？

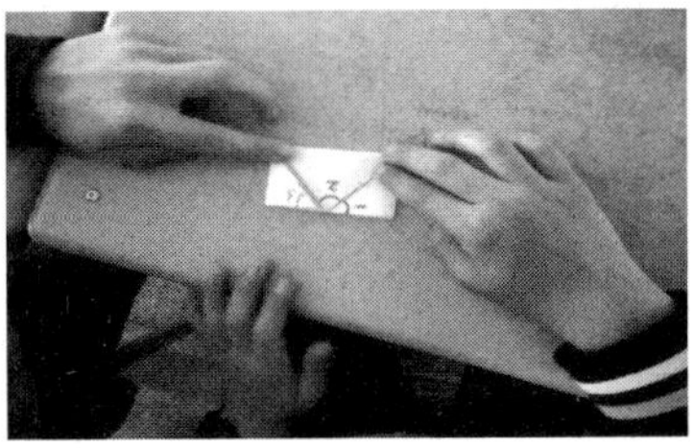
图 9–35

（2）思路归纳：如图 9–36，可以在三角形的顶点处、边上或者三角形的内部、外部任意找一个点，通过作平行线，将三角形的三个内角凑成一个平角。

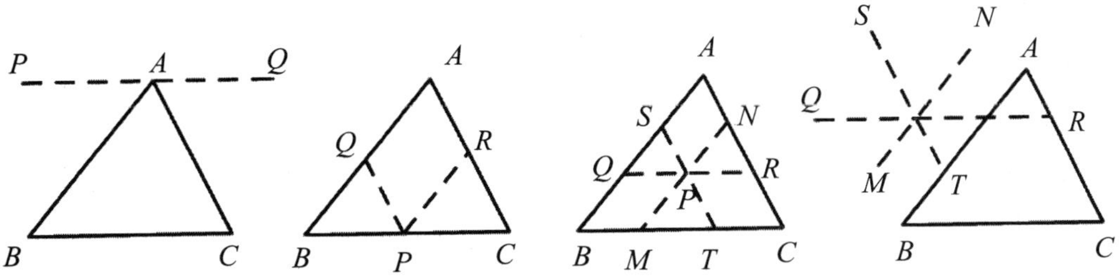

图 9–36

2）证明命题

（1）引导学生从以上方法中任选一个，证明并全班展示交流。

（2）画出相应的图形并写出已知和求证。

已知：如图 9-37，ΔABC 为任意一个三角形。

求证：$\angle A+\angle B+\angle C=180°$。

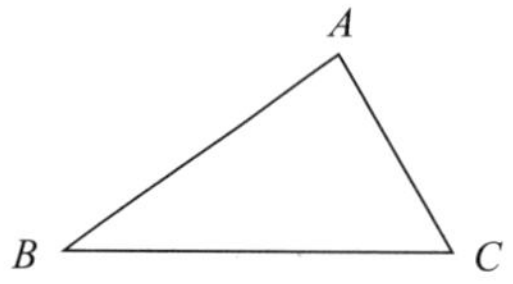

图 9-37

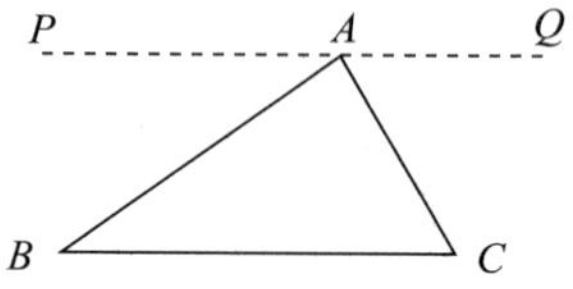

图 9-38

证明：如图 9-38，过 A 点作 $PQ\parallel BC$，

$\because$ $PQ\parallel BC$（已作），

$\therefore$ $\angle PAB=\angle B$，$\angle QAC=\angle C$（两直线平行，内错角相等）.

$\because$ $\angle PAB+\angle BAC+\angle QAC=180°$（1 平角 =180°），

$\therefore$ $\angle BAC+\angle B+\angle C=180°$（等量代换）.

（3）证明命题的一般步骤：

①理解题意：分清命题的条件（已知），结论（求证）。

②根据题意，画出图形。

③结合图形，用符号语言写出“已知”和“求证”。

④分析题意，探索证明思路。

⑤依据思路，运用数学符号和数学语言条理清晰地写出证明过程。

⑥检查表达过程是否正确，完善。

5. 典例精析

例题．如图 9-39，在△ ABC 中，$\angle B=38°$，$\angle C=62°$，AD 是△ ABC 的角平分线，求 $\angle ADB$ 的度数。

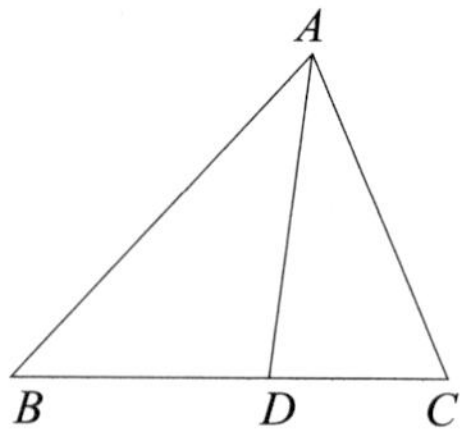

图 9-39

解：在△ ABC 中，$\angle B+\angle C+\angle BAC=180°$（三角形内角和定理），

$\because$ $\angle B=38°$，$\angle C=62°$（已知），

$\therefore$ $\angle BAC=180°-38°-62°=80°$（等式的性质）.

$\because$ AD 平分 $\angle BAC$（已知），

$\therefore$ $\angle BAD=40°$.

在△ ADB 中，$\angle B+\angle BAD+\angle ADB=180°$（三角形内角和定理）

$\because$ $\angle B=38°$，$\angle BAD=40°$，

∴ $\angle ADB=180°-38°-40°=102°$（等式的性质）.

6. 课堂练习

（1）在△ ABC 中，∠ A 的度数是∠ B 的度数的 3 倍，∠ C 比∠ B 大 15°，求∠ A，∠ B，∠ C 的度数。

（2）如图 9–40，点 O 是△ ABC 内一点，∠ $A=80°$，∠ $1=15°$，∠ $2=40°$，则∠ BOC 等于（　　）

A. 95°　　B. 120°

C. 135°　　D. 无法确定

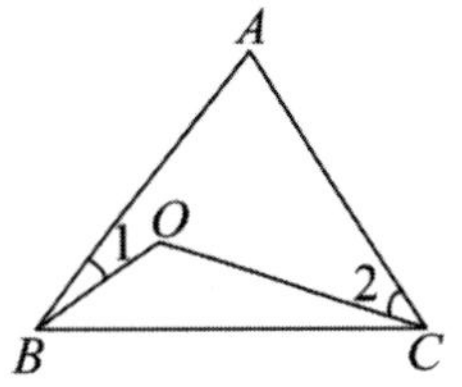

图 9–40

依据学习目标设置必要的练习，让学生通过练习，用所学知识解决问题，提升能力，再一次巩固，深化对性质的理解和把握。

7. 课堂小结

本节课有什么收获？

（1）定理：角形的内角和等于 180°。

（2）在本节课中辅助线的方法都是怎么想到的？

8. 作业布置

习题 7.6 第 1、2、3 题。

四、角平分线（第 1 课时）

（一）教学目标

（1）探索并理解角平分线的性质及判定。

（2）能灵活运用角平分线的性质和判定解决有关问题。

（二）教学重点和难点

教学重点：角平分线性质定理及判定定理的推导及运用。

教学难点：应用角平分线性质定理及判定定理进行求解与证明。

（三）教学方法

实验探究、归纳类比

（四）教学过程

1. 复习引入

1）什么叫角平分线？

从一个角的顶点引出的一条射线，把这个角分成两个相等的角，这条射线叫作这个角的平分线。

2）角平分线上的点有什么性质吗？

角平分线上的点到这个角的两边的距离相等。

2. 角平分线性质探究

角平分线的性质：角平分线上的点到这个角的两边的距离相等。

1）用实验验证定理

（1）同学们能用折纸的方法验证这个定理吗？

小组合作交流，每个小组派代表给全班同学展示。

（2）用几何画板验证，如图 9-41：

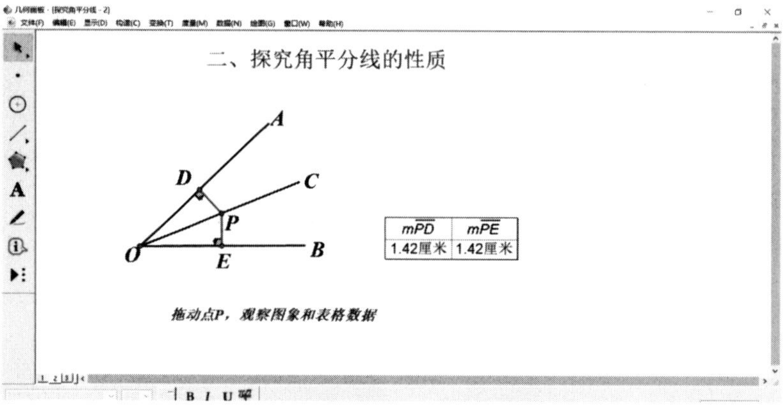

图 9-41

2）证明角平分线的性质定理

（1）引导学生画图并写出已知、求证。

已知：如图 9-42，OC 是$\angle AOB$ 的平分线，点 P 在 OC 上，$PD \perp OA$，$PE \perp OB$，垂足分别为 D，E。

求证：$PD=PE$。

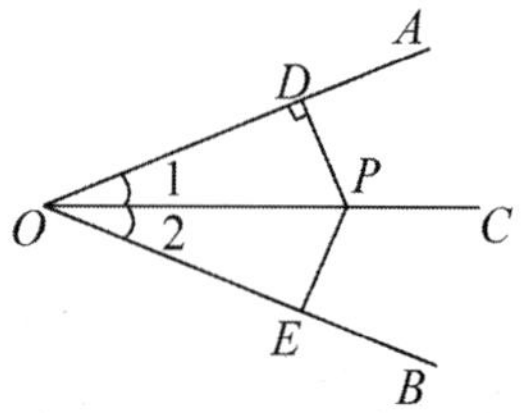

图 9-42

（2）师生共同分析思路：

师：要证明两条线段相等，你学过什么方法？

生：全等。

师：本题满足全等的条件吗？

生：满足，可以用角角边证明。

（3）写出证明过程。

引导学生叙述，教师板书。

证明：$\because$ $PD \perp OA$，$PE \perp OB$，垂足分别为 D、E，

$\therefore$ $\angle PDO=\angle PEO=90°$.

$\because$ $\angle 1=\angle 2$，$OP=OP$，

$\therefore$ $\triangle PDO \cong \triangle PEO$（$AAS$），

$\therefore$ $PD=PE$（全等三角形的对应边相等）.

（4）用几何语言怎么表示？

如图 9-43：

∵　OC 平分 $\angle AOB$，

又∵　$PD \perp OA$，$PE \perp OB$，

∴　$PD=PE$.

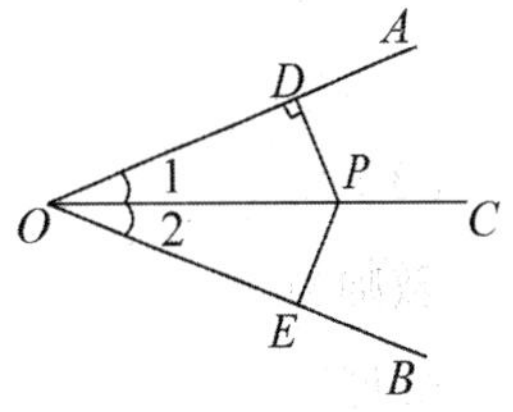

图 9-43

（5）想一想，这个定理有什么作用？

这个定理可以代替三角形全等来证明两条线段相等。

3. 角平分线判定定理的探究

1）思考：你能写出角平分线性质定理的逆命题吗？它是真命题吗？

大部分同学回答：到角两边距离相等的点在这个角的平分线上。

2）同学们认为这个逆命题成立吗？

用几何画板探究并验证。

（1）第一种情况：如图 9-44，当点在这个角内部的时候，当 $PD=PE$ 时，你能证明 $\angle AOC=\angle BOC$ 吗？

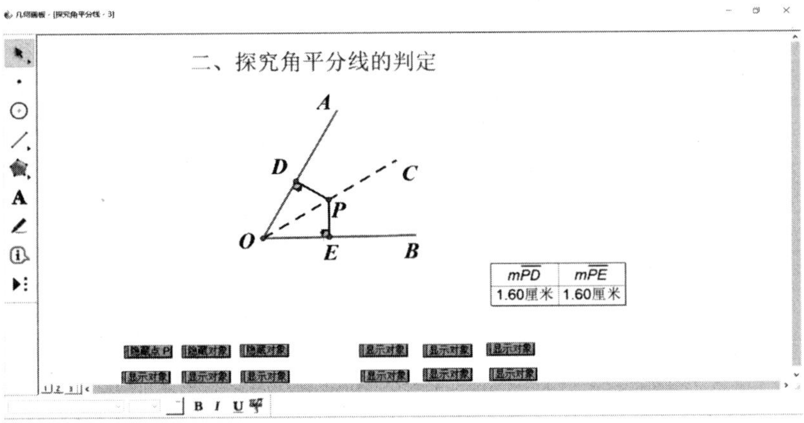

图 9-44

师生共同分析：

在 Rt△PDO 和 Rt△PEO 中：$OP=OP$，$PD=PE$，由 HL 定理可证 Rt△PDO ≌ Rt△PEO，所以 $\angle AOC=\angle BOC$。

（2）第二种情况：如图 9-45，延长 BO 至 N，由（1）可知到 $\angle AON$ 两边距离相等的点在这个角的角平分线上，也就是说射线 OK 上的点到的两边的距离也相等，而射线 OK 并不是 $\angle AOB$ 的角平分线。

（3）第三种情况：如图 9-46，延长 AO 至 G，可以得到射线 OH 上的点到两边的距离也相等。

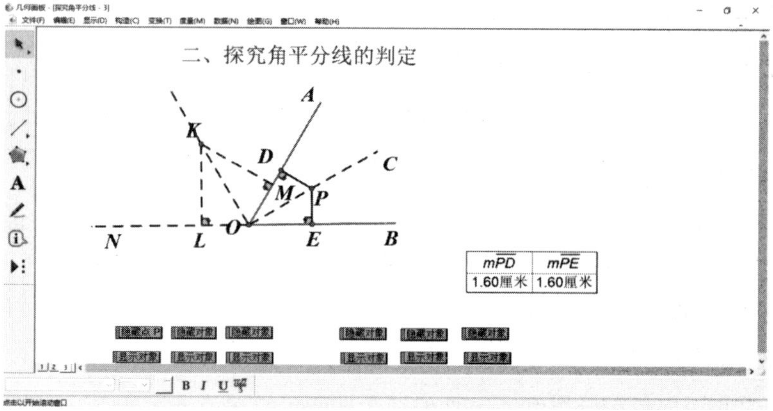

图 9-45

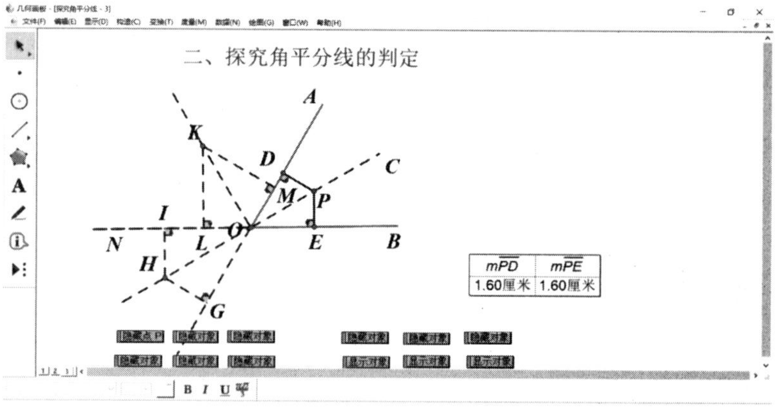

图 9-46

（4）第四种情况：如图 9-47，可以得到射线 OH 上的点到两边的距离也相等，和上述第二种情况、第三种情况一样。

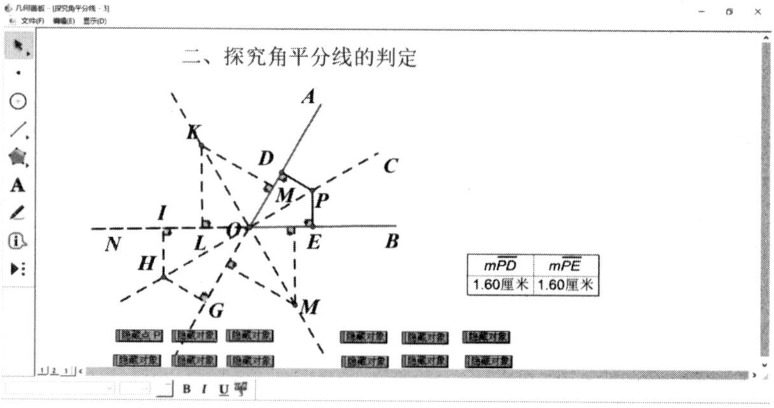

图 9-47

3）得出结论：这个逆命题不正确。

问：如何将这个错误的命题改为正确的命题？

生1：在一个角的内部，到角的两边距离相等的点在这个角的平分线上。

生2：到角的两边距离相等的点在这个角的平分线上或者在它的邻补角的角平分线上。

4）证明角平分线的判定定理

定理：在一个角的内部，到角的两边距离相等的点在这个角的平分线上.

（1）引导学生画图并写出已知、求证。

已知：如图9-48，在∠*AOB*内部有一点*P*，且*PD*⊥*OA*，*PE*⊥*OB*，*D*，*E*为垂足且*PD*=*PE*。

求证：点*P*在∠*AOB*的角平分线上。

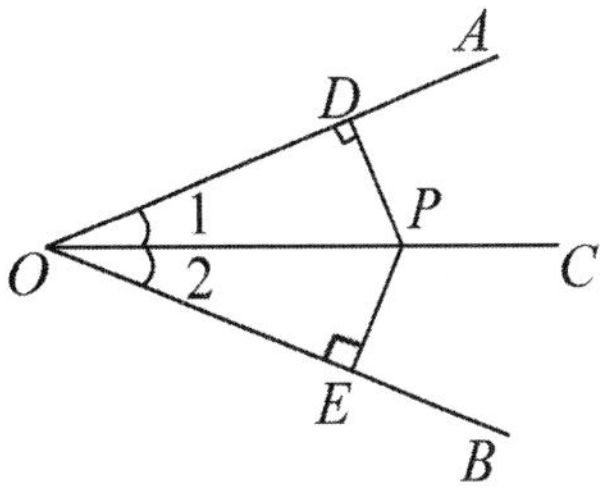

图9-48

（2）师生共同分析思路。

师：要证明两个角相等，你学过什么方法？

生：三角形全等。

师：本题满足全等的条件吗？

生：满足，可以用HL定理证明。

（3）写出证明过程。

引导学生叙述，教师板书。

证明：∵　在Rt△*PDO*和Rt△*PEO*中：

　　OP=*OP*，*PD*=*PE*，

∴　Rt△*PDO*≌Rt△*PEO*（*HL*）.

∴　∠*AOC*=∠*BOC*（全等三角形的对应边相等）.

（4）用几何语言怎么表示？

如图9-49：

∵　*PD*=*PE*，

又∵　*PD*⊥*OA*，*PE*⊥*OB*，

∴　*OC*平分∠*AOB*.

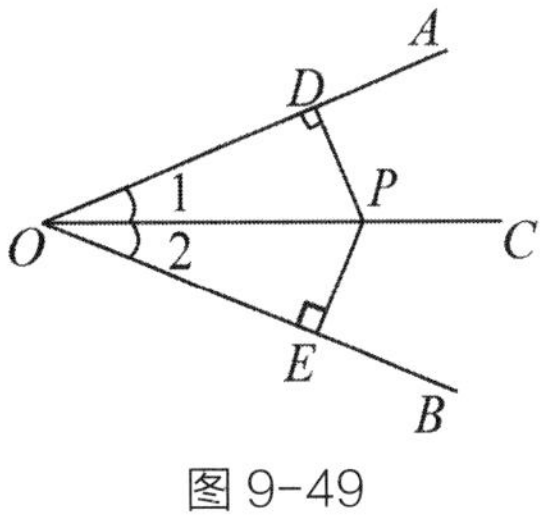

图9-49

（5）想一想，这个定理有什么作用？

这个定理可以代替三角形全等来证明两个角相等。

4. 知识应用

例题：已知：如图9-50，在△*ABC*中，*AD*是它的角平分线，*DE*⊥*AB*，*DF*⊥*AC*垂足分别为*E*，*F*，且*BD*=*CD*。

求证：*EB*=*FC*。

证明：∵　*AD*是∠*BAC*的角平分线，

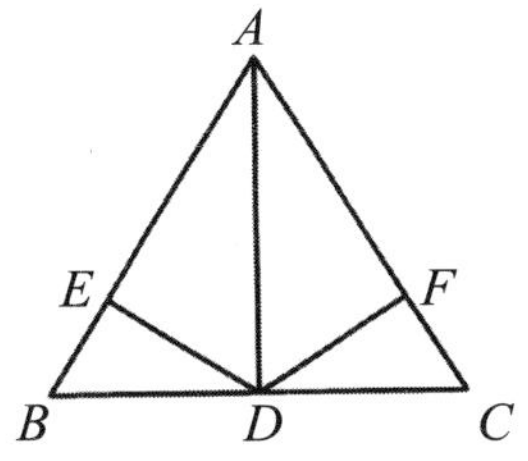

图9-50

又∵ $DE \perp AB$ 于 E，$DF \perp AC$ 于 F，

∴ $DE=DF$，$\angle DEB=\angle DFC=90°$.

在 Rt△BDE 和 Rt△CDF 中，

$BD=CD$，$BD=CD$，

∴ Rt△BDE ≌ Rt△CDF（HL）.

∴ $EB=FC$.

5. 课堂练习

（1）如图 9–51，AM 是∠BAC 的平分线，点 P 在 AM 上，$PD \perp AB$，$PE \perp AC$，垂足分别是 D，E，PD=4 厘米，则 PE=________厘米。

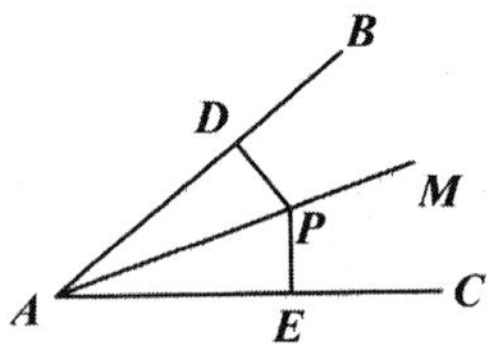

图 9–51

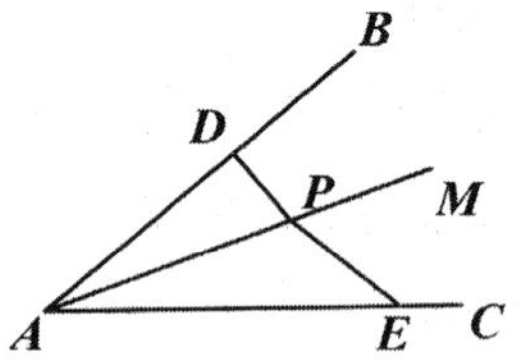

图 9–52

变式：如图 9–52，AM 是∠BAC 的平分线，点 P 在 AM 上，$PD \perp AB$，垂足为 D，PD=4 厘米，E 为射线 AC 上一点，AE=10 厘米，则△APE 的面积为________平方厘米。

（2）如图 9–53，OP 平分∠AOB，$PA \perp OA$，$PB \perp OB$，垂足分别是 A，B，下列结论中不一定成立的是(　　)。

A. $PA=PB$

B. PO 平分∠APB

C. $OA=OB$

D. AB 垂直平分 OP

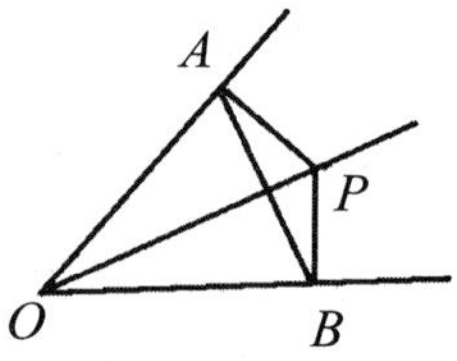

图 9–53

（对于选项 B、C 可以用多种方法去解，教师引导学生仔细思考，小组交流讨论。）

（3）如图 9–54，在△ABC 中，∠BAC=60°，点 D 在 BC 上，AD=10，$DE \perp AB$，垂足为 E，$DF \perp AC$，垂足为 F，且 $DE=DF$，求 DE 的长。

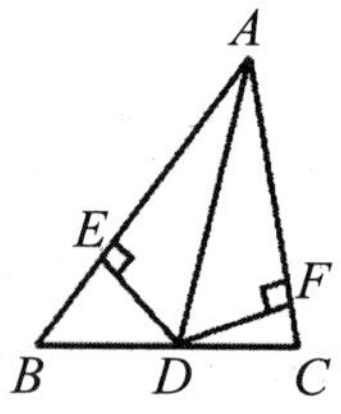

图 9–54

（4）如图 9–55，已知∠CBD 和∠BCE 的平分线相交于点 F，

求证：点 F 在∠DAE 的平分线上。

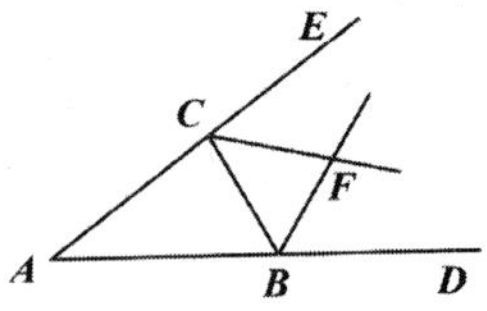

图 9–55

6. 课堂小结

本节课你学到了什么？

角平分线的性质定理：角平分线上的点到这个角的两边的距离

相等。

角平分线的判定定理：在一个角的内部，到角的两边距离相等的点在这个角的平分线上。

7. 作业布置

习题 1.9 第 1、2、3、4 题。

五、多边形的内角和与外角和（第 1 课时）

（一）教学目标

（1）掌握多边形内角和定理，进一步了解转化的数学思想。

（2）学生在积极参与过程中获得成功的体验，并积累一定的数学活动经验。

（二）教学重点和难点

教学重点：多边形内角和公式的探索和应用。

教学难点：推导多边形内角和公式时，如何把多边形转化成三角形。

（三）教学方法

实验探究、转化、分类讨论。

（四）教学过程

1. 新课引入

（1）三角形内角和是多少度？

（2）怎么证明三角形内角和是 180° 的？

方法总结：把三个角凑到一个点处。

2. 探究五边形的内角和

（1）问题：你能类比三角形内角和的方法求出它的五个内角的和吗？

小组合作交流、展示。

（2）如图 9-56，用希沃白板中的画板探究。点击画板中的分割，可以展现各种不同的分割方式。

（3）方法展示与归纳

引导学生独立思考，并鼓励学生用多种方法进行分割，从而培养学生的思考能力和解决问题的能力，鼓励学生展示自己的解题方法，并给同学们进行讲解。

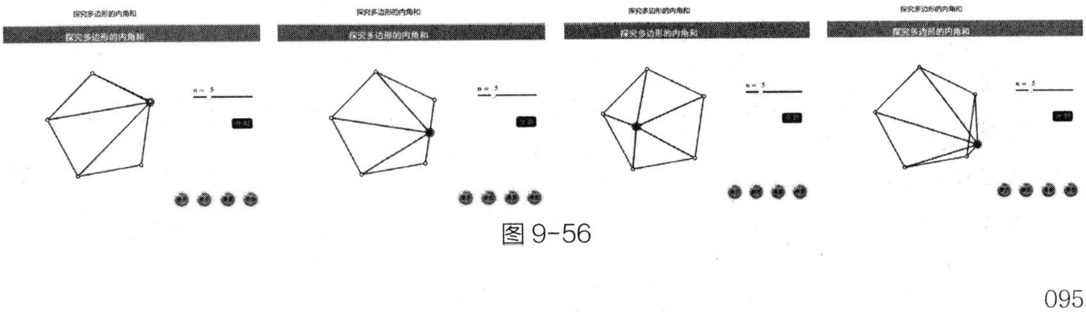

图 9-56

方法 1：如图 9-57，连接 AD，AC，五边形的内角和为：$3\times180°=540°$。

方法 2：如图 9-58，在 AB 上任取一点 F，连接 FC，FD，FE，则五边形的内角和为：$4\times180°-180°=540°$。

方法 3：如图 9-59，在五边形内任取一点 O，连接 OA，OB，OC，OD，OE，则五边形内角和为：$5\times180°-360°=540°$。

方法 4：如图 9-60，在五边开外任取一点 O，连接 OA，OB，OC，OD，OE，则五边形内角和为：$4\times180°-180°=540°$。

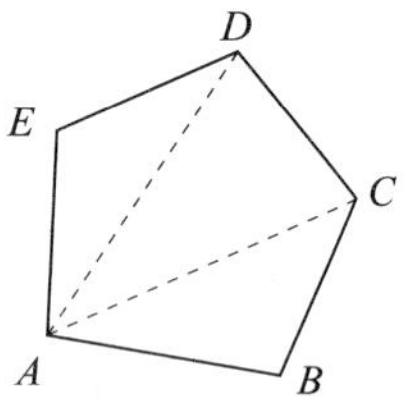

图 9-57

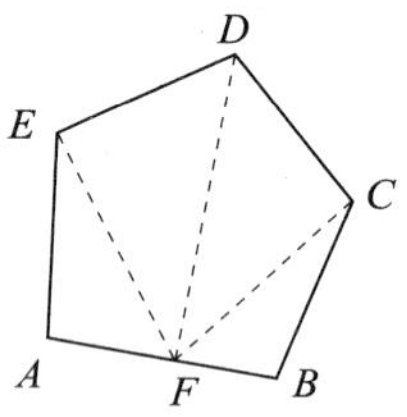

图 9-58

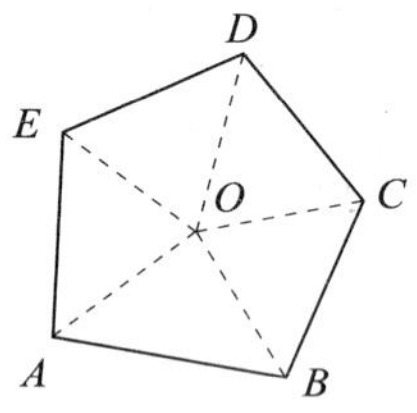

图 9-59

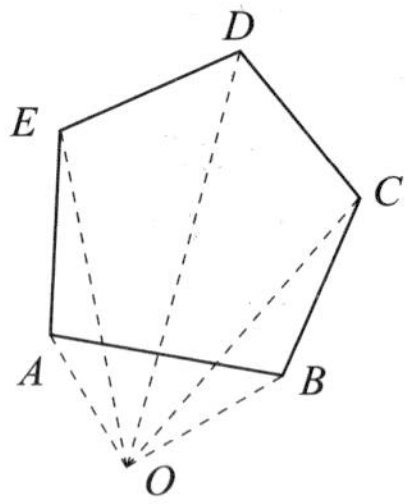

图 9-60

小结：以上各种证明思路，其共同点是通过图形分割，把五边形问题转化为熟悉的三角形问题来解决，在教学中渗透类比、转化的数学思想。

鼓励学生独立完成表格，并总结 n 边形的内角和 $(n-2)\cdot180°$，培养学生善于总结规律，构建知识体系的数学能力。

3. 探究多边形的内角和

（1）用西沃白板中的画板探究。

如图 9-61，在画板中可以任意选择多边形的边数和分割方式，引导学生观察与思考。

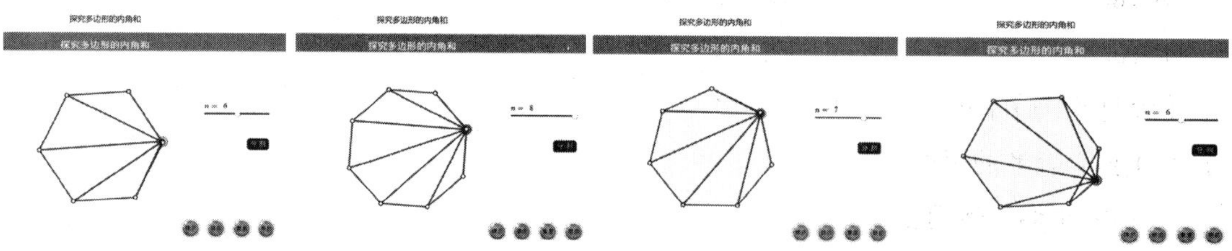
图 9-61

（2）同学们选择自己喜欢的一种探究方式，完成下表。

学生独立完成下表，并找学生展示自己的做法，并说明结论。

多边形边数	图形	分割成的三角形个数	多边形的内角和
三角形 （n=3）	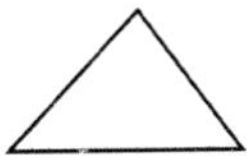		
四边形 （n=4）	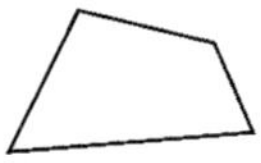		
五边形 （n=5）	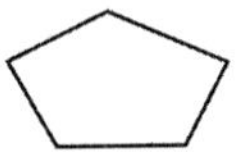		
六边形 （n=6）	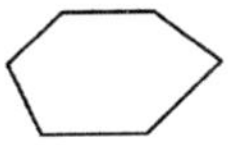		
…	…		
n 边形	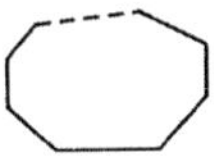		

（3）结论：n 边形的内角和是（n−2）· 180°。

4. 例题学习

例题 1. 如图 9-62，在四边形 $ABCDE$ 中，∠ A+ ∠ C=180°，那么∠ B+ ∠ D 的度数是多少？

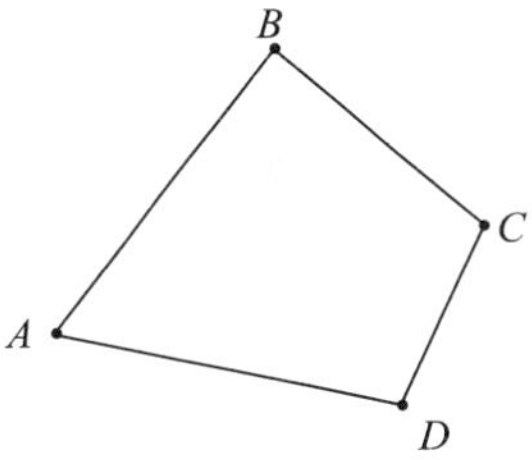

图 9-62

学生展示解题过程，教师纠正。

例题 2. 多边形的内角和不可能为（　　）。

A.180°　　　　B.540°

C.1080°　　　　D.1200°

【设计意图】本组练习的设计，巩固了多边形内角和公式的应用，培养学生应用知识的能力，养成独立思考的习惯。

5. 拓展延伸　运用新知

活动一：想一想①正三角形、正四边形（正方形）、正五边形、正六边形、正八边形的内角分别是多少度？②正 n 边形的内角是多少度？

活动二：议一议，剪掉一张长方形纸片的一个角后，纸片还剩几个角？这个多边形的内角和是多少度？与同伴交流。

6. 课堂练习

（1）从一个 n 边形的同一个顶点出发，分别连接这个顶点与其余各顶点，若把这个多边形分割成 6 个三角形，则 n 的值是(　　)。

A.6　　B.7　　C.8　　D.9

(2)从 n 边形的一个顶点出发可以连接 8 条对角线，则 n 的值为(　　)。

A.8　　B.9　　C.10　　D.11

(3)一个多边形截去一个角后，形成另一个多边形的内角和为 720°，那么原多边形的边数为(　　)。

A.5　　B.5 或 6　　C.5 或 7　　D.5 或 6 或 7

7. 课堂小结

1)知识归纳

(1)n 边形的内角和是多少？

n 边形的内角和等于$(n-2)\cdot 180°$。

(2)过 n 边形的某一个顶点的所有对角线有几条？被分成几个三角形？

有$(n-3)$条，被分成$(n-2)$个三角形。

2)数学思想和方法总结

(1)把复杂问题尽量简单化的数学思想。

(2)由特殊到一般的探究方法。

(3)类比、转化的思想方法的运用。

8. 作业布置

必做题：习题 6.7 第 1、2 题。

选做题：(1)探究五角星的五个角的度数之和。

(2)一个正多边形的每个内角都是 150°，求它的边数 。

六、图形的位似(第 1 课时)

(一)教学目标

(1)了解位似图形及其有关概念。

(2)利用图形的位似解决一些简单的实际问题。

(二)教学重点和难点

教学重点：探索位似图形的定义。

教学难点：运用位似定义进行简单的证明和计算。

(三)教学过程

1. 位似图形定义的探究

(1)如图 9–63，观察大屏幕上的这组图片(白塔山)，它们是相似图形吗？你发现图形中的各对应点的连线有什么特征？

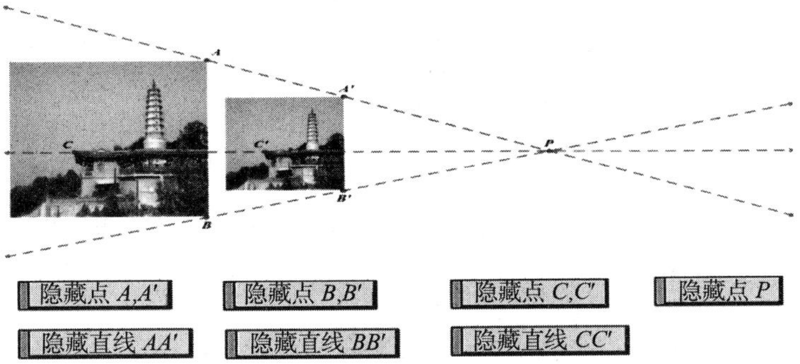

图 9-63

学生经过小组讨论交流的方式总结得出：

特点：

①两个图形相似。

②每组对应点所在的直线交于一点。

设计意图：这幅图是兰州的白塔山的图片，利用几何画板制作成位似图形，以学生已有的生活经验和观察能力为出发点，引出课题——图形的位似。

（2）如图 9-64，观察大屏幕上的这组图片，它们是相似图形吗？你发现图形中的各对应点的连线所在的直线交于一点吗？

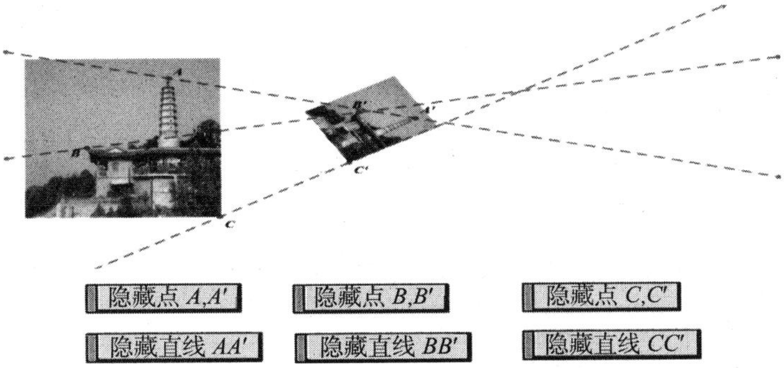

图 9-64

学生经过小组讨论交流的方式总结得出：

特点：

① 两个图形相似。

② 每组对应点所在的直线不一定交于一点。

设计意图：学生通过实验比较形成概念，并用自己语言表述，培养学生几何语言表达能力。

（3）动手测量。

如图 9-65，请用刻度尺测量并计算：

每小组同学拿出准备好的位似图形通过观察、测量试验和计算得出：

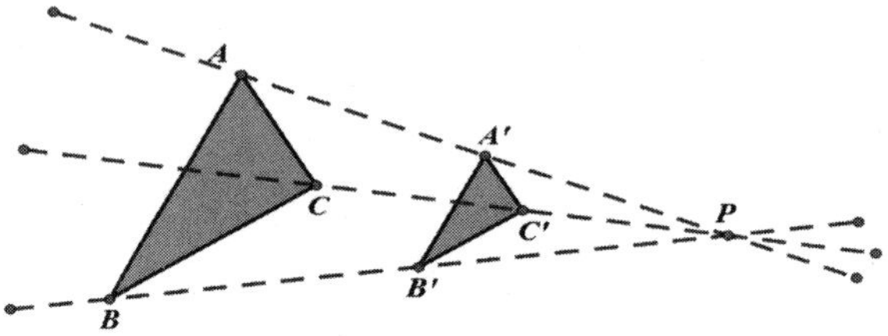

测量	$AB=$ $A'B'=$	$AC=$ $A'C'=$	$BC=$ $B'C'=$	$AP=$ $A'P=$	$BP=$ $B'P=$	$CP=$ $C'P=$
计算	$\frac{AB}{A'B'}=$	$\frac{AC}{A'C'}=$	$\frac{BC}{B'C'}=$	$\frac{AP}{A'P}=$	$\frac{BP}{B'P}=$	$\frac{CP}{C'P}=$

图 9-65

设计意图：从“听”数学转变为“探索”数学，在数学教学中运用探究式教学，让学生通过测量，计算等实践活动，获得知识，体验科学探究的过程，有利于培养学生数学思维能力，促进学生更好地掌握数学知识，提高学生发现并解决实际问题的能力，同时为教师提供了培养学生科学素质的途径。

（4）利用几何画板动态演示。

如图 9-66，利用几何画板提前制作下图，拖动三角形的任意一个顶点，三角形的形状发生变化，引导学生观察表格中数据的变化情况。

设计意图：学生在定理及图形的定义的学习方面，大多是简单地接受，以及枯燥的逻辑思维方面的证明。利用几何画板的画图、度量等动态功能给学生创造一个猜想、验证的探索过程，

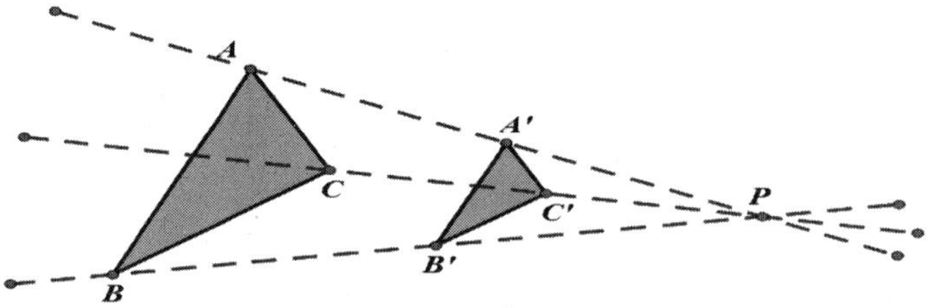

$AB=5.92$厘米 $A'B'=2.95$厘米	$AC=3.00$厘米 $A'C'=1.50$厘米	$BC=5.00$厘米 $B'C'=2.50$厘米	$AP=10.49$厘米 $A'P=5.23$厘米	$BP=12.59$厘米 $B'P=6.28$厘米	$CP=8.36$厘米 $C'P=4.17$厘米
$\frac{AB}{A'B'}=2.01$	$\frac{AC}{A'C'}=2.01$	$\frac{BC}{B'C'}=2.01$	$\frac{AP}{A'P}=2.01$	$\frac{BP}{B'P}=2.01$	$\frac{CP}{C'P}=2.01$

对应边的比　　对应点到P点比

图 9-66

使得这些知识的学习由被动学习变为主动探索，激发学生的学习兴趣，提高学生的数学学习能力。

（5）得出结论。

一般地，如果两个相似多边形任意一组对应点 P, P' 所在的直线都经过同一点 O，且有 $OP=k\cdot OP'$（$k\neq 0$），那么这样的两个多边形叫作位似多边形，点 O 叫作位似中心，实际上 k 就是这两个多边形的相似比。

2. 知识应用

例题．如图 9–67，D，E 分别是 AB，AC 上的点。

（1）如果 $DE\parallel BC$，那么△ ADE 和△ ABC 是位似图形吗？为什么？

（2）如果△ ADE 和△ ABC 是位似图形，那么 $DE\parallel BC$ 吗？为什么？

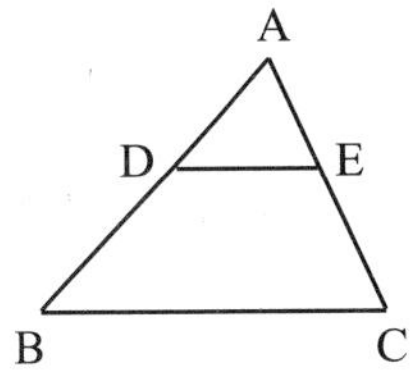

图 9–67

小组讨论如何解这道题：

分析解题思路：

问题 1：判断位似图形的根据是什么？需要哪几个条件？

问题 2：已知△ ADE 和△ ABC 是位似图形，我们根据位似定义又能得出什么结论？

设计意图：培养学生逆向思维的能力，使学生对位似的认识上升到更高的层次。

3. 反馈练习　落实新知

（1）如图 9–68，图（A）（B）（C）（D）是位似图形吗，如果是请指出位似中心。

（2）如图 9–69，下列每组图中的两个多边形，是位似图形的是（　　）

设计意图：利用几何画板准确地画出这几组图片，用练习检验学生对概念的掌握情况，由

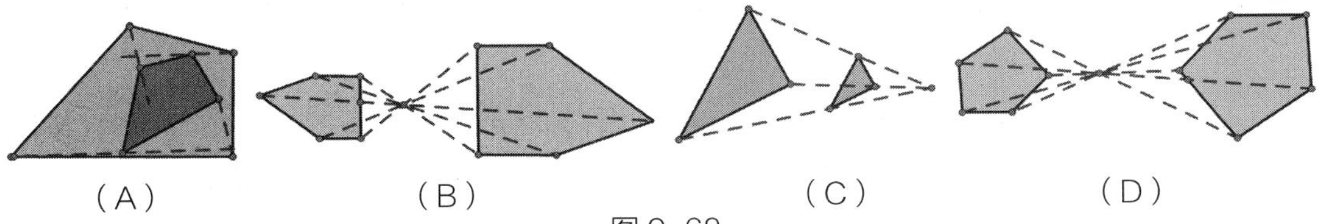

图 9–68

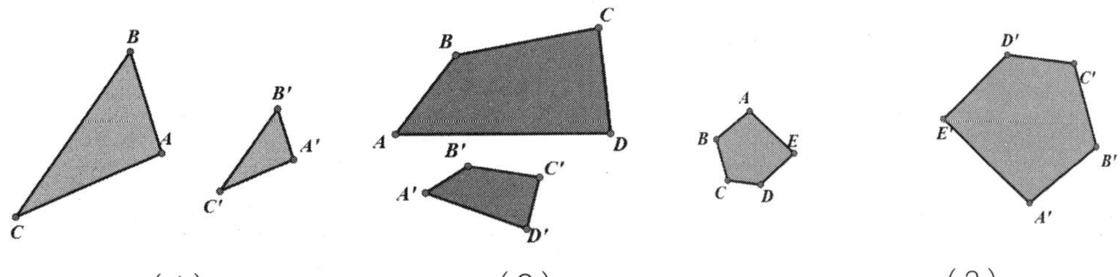

图 9–69

特殊到一般情况，完成对概念的巩固。从不同角度观察分析认识图形，理解概念的本质，对概念认识进一步清晰化。

4. 归纳小结　反思提高

请同学们谈一谈本节课的有什么收获和感想？

设计意图：回忆本节课知识点，体会本节课的思想方法。加强整体认识，提高数学能力。

5. 布置作业

课本第 157 页第 1、4 题。

设计意图：针对各层次学生的情况，设计梯度的作业，并将探究延伸到课外，为第 2 课时做铺垫。

七、特殊平行四边形——中点四边形

(一)教学目标

(1)经历由一般到特殊的思维进程，发现并证明特殊的平行四边形的中点四边形的特征。

(2)探索发现中点四边形的特殊性与原四边形的对角线的关系。

(二)教学重点和难点

教学重点：中点四边形形状判定和证明。

教学难点：对确定中点四边形形状的主要因素的分析和概括。

(三)教学方法

引导发现、讨论交流。

(四)教学过程

1. 复习引入

(1)什么是三角形的中位线？它的性质是什么？

(2)中位线定理在几何证明中有什么样的作用？

(3)你能说出中点四边形的定义吗？

师生共析：

(1)连结三角形两边中点所得到线段是三角形的中位线；三角形的中位线平行于第三边并且等于第三边的一半。

(2)中位线定理提供了一种证明线段之间平行及数量关系的依据。

(3)顺次联结一个四边形各边中点所得到的新四边形称为中点四边形。

设计意图：复习三角形中位线的定义及性质，并用几何画板动态演示，为本节课后面的探究与学习做好铺垫。

2. 探究新知

1）探索四边形的中点四边形的形状

提出问题：如图 9-70，四边形 $ABCD$ 中，点 E，F，G，H 分别为 AB，BC，CD，AD 各边的中点，四边形 $EFGH$ 时什么形状的四边形？

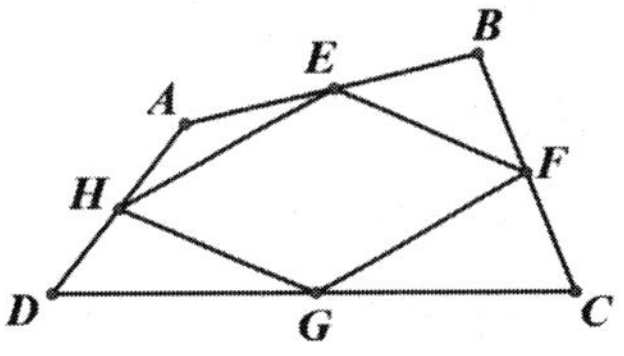

图 9-70

师生共同分析：

（1）引导学生猜想。

（2）几何画板演示：如图 9-71，拖动原四边形的任一个顶点，改变原四边形的形状，观察中点四边形的变化，你有什么发现？说说你的猜想。

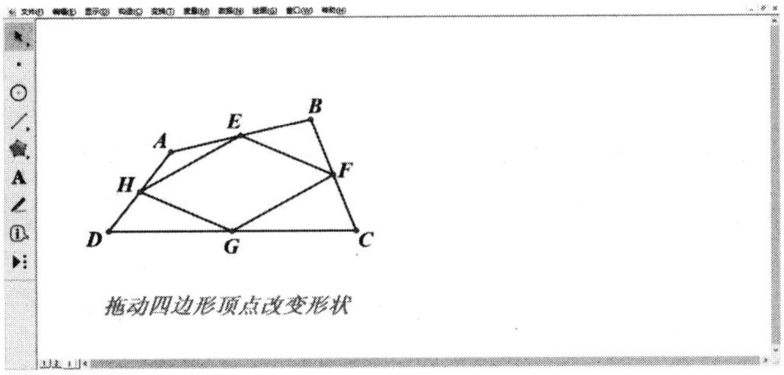

图 9-71

（3）得出结论：一个四边形的中点四边形是平行四边形。

（4）如何证明结论？

分析：连接一条对角线，充分利用三角形中位线定理中的位置和数量关系，证明一组对边平行且相等的四边形是平行四边形。

证明过程由学生讲解完成。

设计意图：利用几何画板演示，并设计观察、归纳、猜想、规范证明的探究过程，培养学生严谨的探究精神。

2）探索特殊四边形的中点四边形

提出问题：如图 9-72，当原四边形是特殊的四边形时，它们的中点四边形有没有变化？变化如何？以小组为单位讨论，提出猜想并陈述理由。

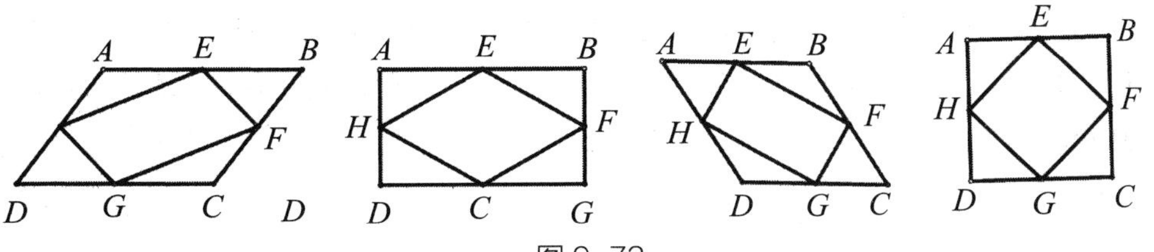

图 9-72

师生共同分析：

（1）引导学生猜想。

猜想 1. 平行四边形的中点四边形是平行四边形。

猜想 2. 矩形的中点四边形是菱形。

猜想 3. 菱形的中点四边形是矩形。

猜想 4. 正方形的中点四边形是正方形。

学生的猜想可能有各种情况，鼓励学生大胆发表自己的想法。

（2）几何画板演示。

如图 9–73 所示：当四边形的形状为平行四边形时，拖动四边形的顶点会发现，虽然这个平行四边形的大小、形状会发生变化，但是任意一个平行四边形的中点四边形都是平行四边形；接着分别拖动矩形，菱形，正方形的顶点，观察中点四边形的变化，引导学生仔细观察，并思考理由。

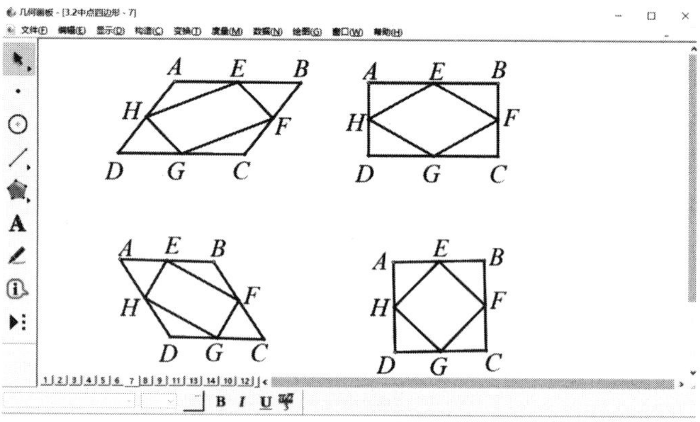

图 9–73

（3）得到结论。

平行四边形的中点四边形是平行四边形。

矩形的中点四边形是菱形。

菱形的中点四边形是矩形。

正方形的中点四边形是正方形。

（4）学生展示证明思路与过程。

设计意图：在推导中点四边形是平行四边形以及特殊平行四边形的中点四边形时，采用“讨论—交流”的教学方法，目的在于让学生学会倾听、理解与合作；用多种思路推理发现；设计由一般到特殊的探究过程，渗透给学生逐步加深探究的途径。

3）探究中点四边形与原四边形的对角线的关系

已知：在四边形 $ABCD$ 中，AC，BD 是对角线，E，F，G，H 分别是四边中点；

（1）如图 9–74，如果 $AC=BD$，则四边形 $EFGH$ 是什么形状的四边形？说明理由。

（2）如图 9–75，如果 $AC \perp BD$，则四边形 $EFGH$ 是什么形状的四边形？说明理由。

（3）如图 9–76，如果 $AC=BD$，$AC \perp BD$，则四边形 $EFGH$ 是什么形状的四边形？说明理由。

（1）教师几何画板演示，如图 9–77 所示，在各个图形中当拖动四边形的顶点时，能始终保持已有条件，在变化的过程中观察问题的结果。

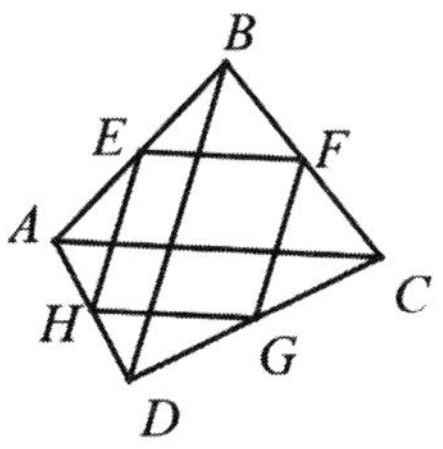

图 9-74

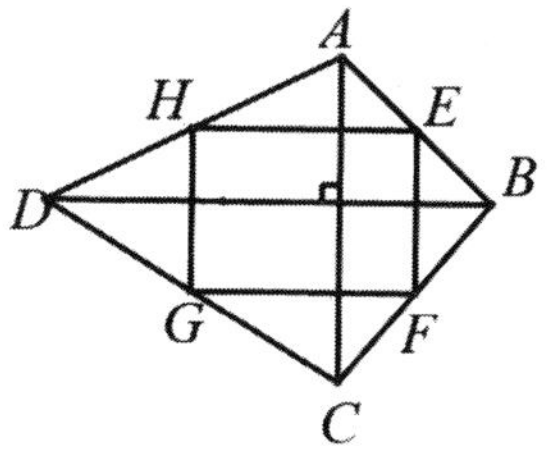

图 9-75

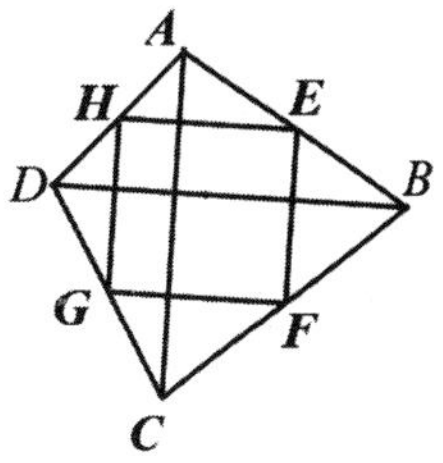

图 9-76

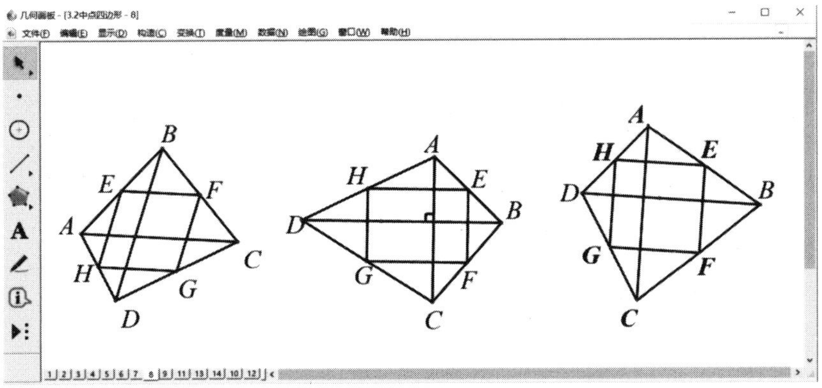

图 9-77

（2）学生分组交流并得出猜想。

①对角线相等的四边形的中点四边形是平行四边形；

②对角线互相垂直的四边形的中点四边形是矩形；

③对角线垂直且相等的四边形的中点四边形是菱形；

（3）在得出猜想的基础上引导学生小组交流并能证明。

学生展示证明思路与过程。

设计意图：在逆向探究中点四边形特殊性的决定因素时，采用“活动—参与”的教学方法，给学生留下了思考、探索的空间。由正向到逆向的探究活动，鼓励学生在已有学习经验的基础上，仔细观察，大胆猜想，敢于创新与应用，从多角度进行合情推理。

3. 例题学习

例题．如图 9-78，在四边形 $ABCD$ 中，AB 与 CD 不平行，E，F，G，H 分别是 AD，BC，BD，AC 的中点。

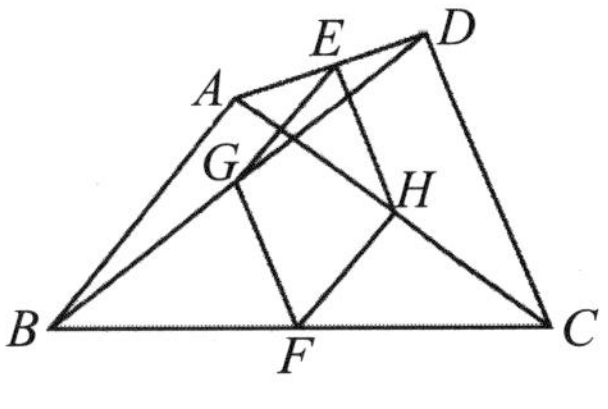

图 9-78

（1）判断四边形 $EGFH$ 的形状。

（2）①当 AB 与 CD 满足什么条件时，四边形 $EGFH$ 是菱形？

②当 AB 与 CD 满足什么条件时，四边形 $EGFH$ 是矩形。

本题引导学生独立思考，并请同学给大家说明解题思路。

（1）四边形 $EGFH$ 时平行四边形。

(2)当 AB 与 CD 满足 $AB \perp CD$ 时,四边形 $EGFH$ 是菱形。

当 AB 与 CD 满足 $AB=CD$ 时,四边形 $EGFH$ 是矩形。

4. 课堂练习

(1)四边形的中点四边形是(　　)。

(2)平行四边形的中点四边形是(　　)。

(3)矩形的中点四边形是(　　)。

(4)菱形的中点四边形是(　　)。

(5)正方形的中点四边形是(　　)。

(6)梯形的中点四边形是(　　)。

(7)等腰梯形的中点四边形是(　　)。

引导学生独立思考交流后回答。落实课堂所探究的结论。

5. 课堂小结

本节课的体会和感受是什么?

结合学生的见解归纳:

(1)利用三角形中位线定理,可以判定中点四边形的形状。

(2)中点四边形的形状都是平行四边形。

(3)中点四边形的特殊性取决于原四边形的两条对角线的位置关系与数量关系。

教师和学生共同总结方法与重要结论,帮助学生整理本节课所学内容,建立知识体系。

6. 课后作业

课本习题 3.5 第 1、2 题。

八、圆周角和圆心角的关系(第 1 课时)

(一)教学目标

(1)经历探索圆周角与圆心角及其所对弧的关系的过程。

(2)理解圆周角的概念、了解并证明圆周角定理及其推论。

(3)体会分类、归纳等数学思想方法。

(二)教学重难点

教学重点:理解圆周角的概念;掌握圆周角与圆心角之间的关系定理。

教学难点:圆周角和圆心角关系定理的证明。

(三)教学方法

实验探究法、分类、转化、归纳法。

（四）教学过程

1. 创设情境，导入新知。

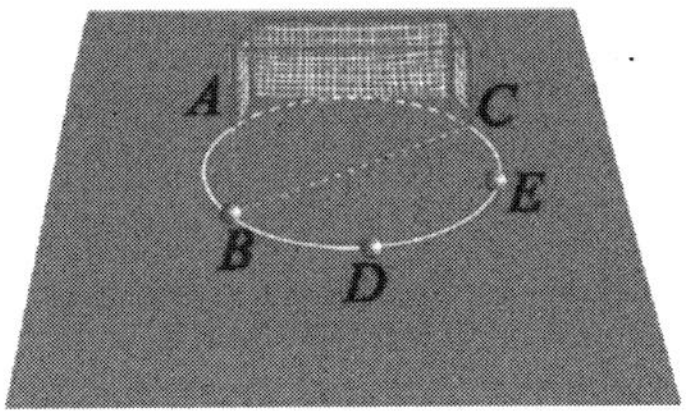

图 9-79

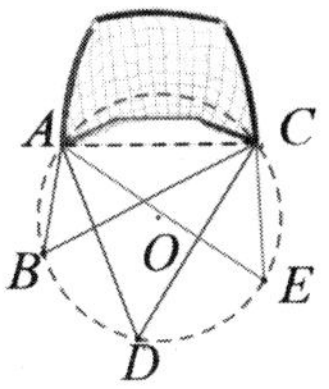

图 9-80

在射门过程中，如图 9-79，球员射中球门的难易与它所处的位置 B 对球门 AC 的张角（$\angle ABC$）有关，当球员在 B，D，E 处射门时，他所处的位置对球门 AC 分别形成三个张角 $\angle ABC$，$\angle ADC$，$\angle AEC$（如图 9-80），这三个角的大小有什么关系？

设计意图：从生活中的实例入手，让学生经历观察、分析，抽象出图形的共同属性，得出圆周角定义，理解圆周角概念的本质。

2. 圆周角的定义

（1）提问：图 9-80 中的三个张角 $\angle ABC$，$\angle ADC$ 和 $\angle AEC$ 的顶点都在圆的什么位置？

学生：顶点在 $\odot O$ 上，角的两边分别与 $\odot O$ 相交。

（2）圆周角的定义

顶点在圆上，并且两边都与圆相交的角叫作圆周角。

注意：两个条件必须同时具备，缺一不可。

3. 圆周角定理的探究

1）做一做

如图 9-81，$\angle AOB=80°$。

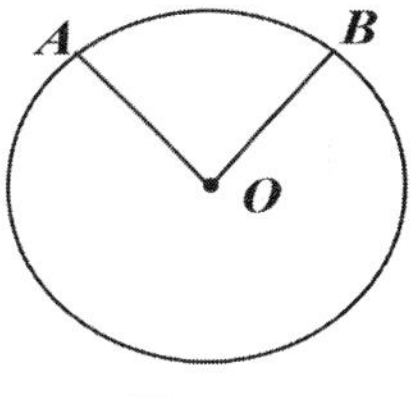

图 9-81

（1）请你画出几个弧 AB 所对的圆周角，这几个圆周角有什么关系？与同伴进行交流。

（2）这些圆周角与圆心角 $\angle AOB$ 的大小有什么关系？

2）师生活动

学生先独立思考、画图、测量，然后在小组内交流、汇总，并在全班交流、补充。

3）几何画板演示

如图 9-82，拖动点 C 在圆上移动，可以看到 $\angle ACB$ 的大小保持不变，都等于 $\angle AOB$ 的度数的一半，当改变 $\angle AOB$ 的大小时，仍有同样的结果。

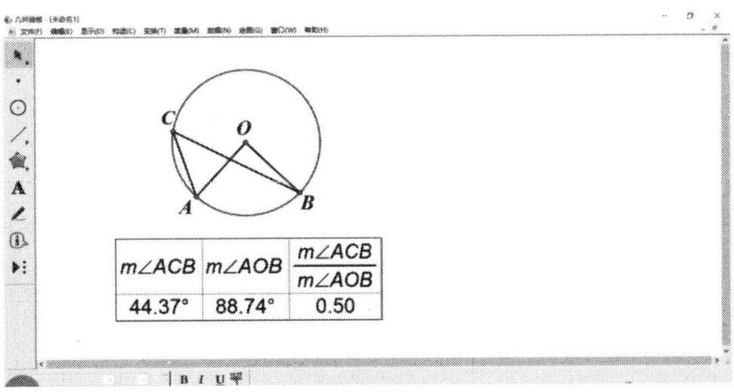

图 9-82

4）得出结论

圆周角的度数等于它所对的弧上的圆心角度数的一半。

5）证明

（1）探究证明思路。

如图 9-83，几何画板演示如下图：拖动点 C 在圆上移动，可以看到 $\angle ACB$ 相对 $\angle AOB$ 的位置不断发生变化，引导学生在观察的过程中进行分类。

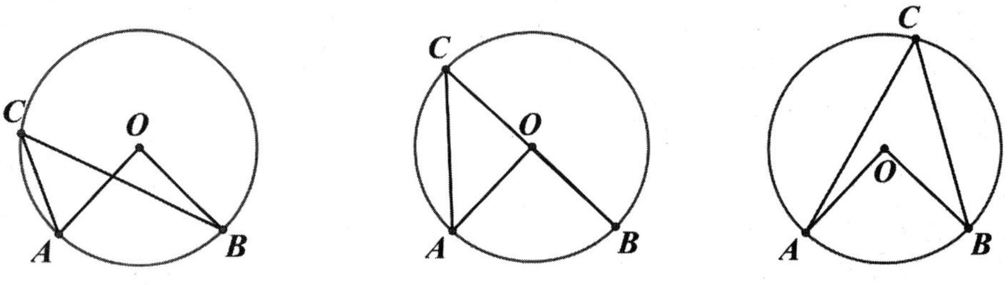

图 9-83

（2）证明。

第一类：如图 9-84，圆心 O 在 $\angle C$ 的一边上。

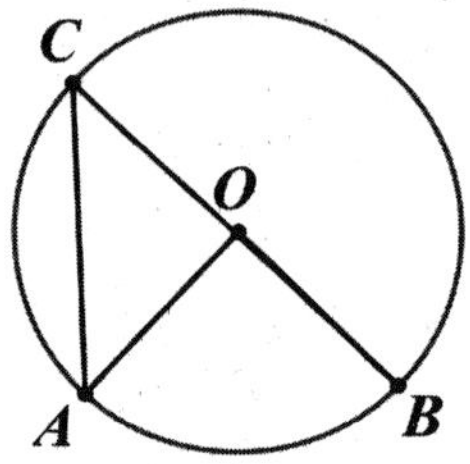

图 9-84

证明：（1）圆心 O 在 $\angle C$ 的一条边上，如图。

$\because$ $\angle AOB$ 是 $\triangle AOC$ 的外角，

$\therefore$ $\angle AOB=\angle A+\angle C$.

$\because$ $OA=OC$，

$\therefore$ $\angle A=\angle C$.

$\therefore$ $\angle AOB=2\angle C$.

第二类：如图 9-85，圆心 O 在 $\angle C$ 的内部。

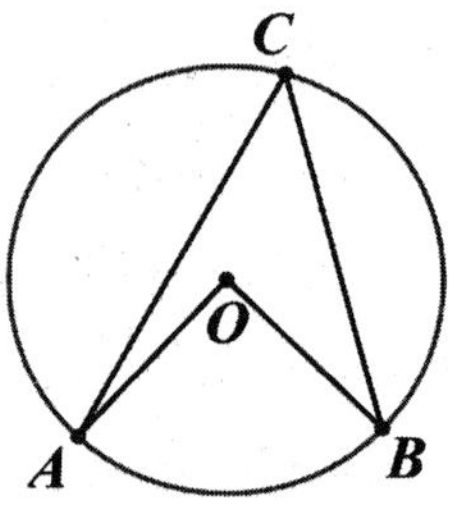

图 9-85

思考：如何将这种情况转化为第一种情况？

设计意图：充分给予学生探索与交流的时间和空间，体会将一般情况转化成特殊情况的思维过程，理解添加辅助线的必要性，达到突破难点的目的。

证明：如图 9-86，点 O 在 $\angle ACB$ 内部时，作出直径 CD，

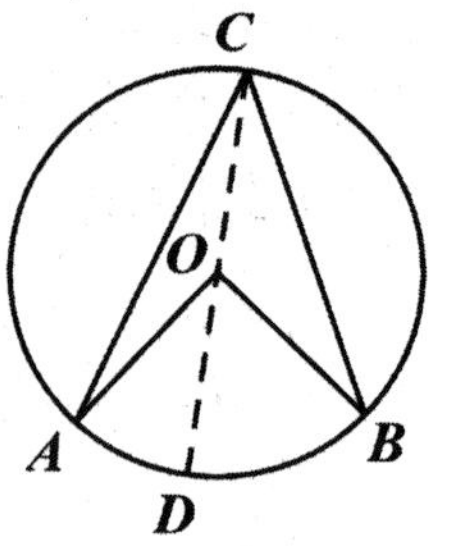

图 9-86

由（1）的结论可知：

$\because$ $\angle AOD=\frac{1}{2}\angle ACD$，$\angle BOD=\frac{1}{2}\angle BCD$，

$\therefore$ $\angle AOD+\angle BOD=\frac{1}{2}(\angle ACD+\angle BCD)$.

$\therefore$ $\angle ABC=\frac{1}{2}\angle AOC$.

第三类：如图 9-87，圆心 O 在 $\angle C$ 的外部。

思考：如何将这种情况转化为第一种或者第二种情况？

当点 O 在 $\angle ABC$ 外部时，仍然是作出直径 CE，将这个角转化成上述情形的两个角的差即可。由前面的结果可以证明。

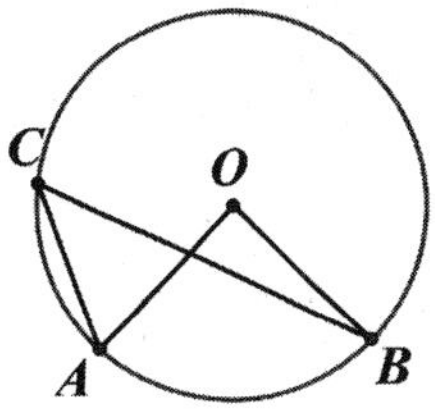

图 9-87

证明：如图 9-88，点 O 在 $\angle ACB$ 内部时，作出直径 CE，

$\because\ \angle ECB=\frac{1}{2}\angle EOB$，$\angle ECA=\frac{1}{2}\angle EOA$，

$\therefore\ \angle ECB-\angle ECA=\frac{1}{2}(\angle EOB-\angle EOA)$.

即 $\angle ACB=\frac{1}{2}\angle AOB$.

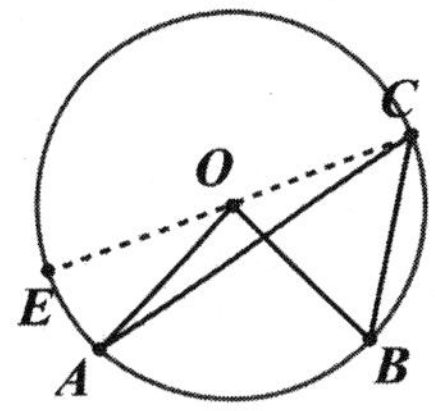

图 9-88

6）归纳总结

圆周角定理：圆周角的度数等于它所对的弧上的圆心角度数的一半。

4. 圆周角定理推论

（1）在上面的射门游戏中，当球员在 B，D，E 处射门时，所形成三个张角 $\angle ABC$，$\angle ADC$，$\angle AEC$ 的大小有什么关系？你能用圆周角定理证明你的结论吗？

（2）圆上一条弧所对的圆周角能作出几个？它们之间有什么关系？

（3）如果把上面的同弧改成等弧，结论成立吗？

（4）总结概括：

圆周角定理推论：同弧或等弧所对的圆周角相等。

5. 典例精析

例 1. 如图 9-89，OA，OB，OC 都是 $\odot O$ 的半径，

$\angle AOB=50°$，$\angle BOC=70°$，求 $\angle ACB$ 和 $\angle BAC$ 度数。

师生活动：让学生尝试解答，并互相交流、总结、归纳解题步骤，教师结合学生的具体活动，加以指导。

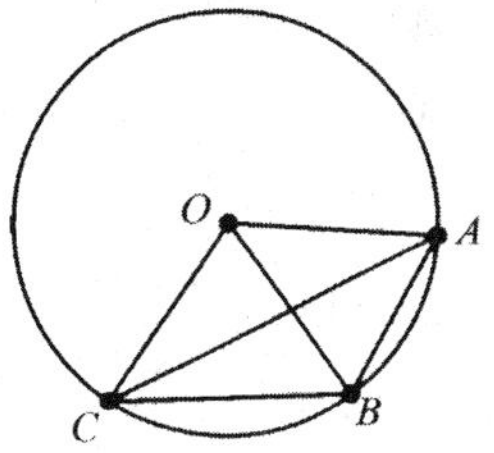

图 9-89

6. 课堂练习

1）判断

（1）同一个圆中等弧所对的圆周角相等。（　　）

（2）相等的弦所对的圆周角也相等。（　　）

（3）同弦所对的圆周角相等。（　　）

2）选择

如图 9-90，在 $\odot O$ 中，$ABC=50°$，则 $\angle AOC$ 等于（　　）。

A.50°　　B.80°　　C.90°　　D.100°

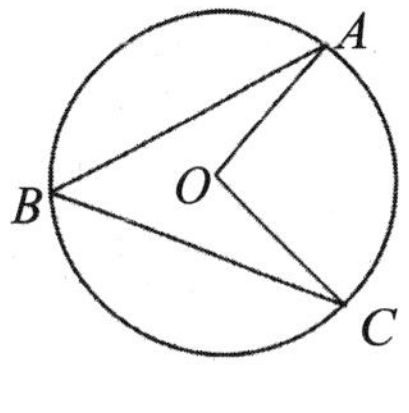

图 9-90

设计意图：通过练习使学生熟练地掌握圆周角与圆心角的关系。

让学生了解要找出圆周角与圆心角的关系，就必须找出它们所对的同一条弧。

7. 课堂小结

本节课有什么收获？

（1）知识点。

圆周角定理：圆周角的度数等于它所对的弧上的圆心角度数的一半。

圆周角定理推论：同弧或等弧所对的圆周角相等。

（2）数学方法。将未知的知识转化为已知的数学方法。

（3）数学思想。分类的数学思想。

8. 作业布置

习题 3.4 第 1、2、3、4 题。

第十章　统计与概率实验课教学案例

一、频率的稳定性（第 2 课时）

（一）教学目标

（1）学会根据问题的特点，用统计来估计事件发生的概率，培养分析问题、解决问题的能力。

（2）通过对问题的分析，理解用频率来估计概率的方法，渗透转化和估算的思想方法。

（3）通过对实际问题的分析，培养使用数学的良好意识，激发学习兴趣，体验数学的应用价值；进一步体会“数学就在我们身边”，发展学生应用数学的能力。

（二）教学重点和难点

教学重点：通过对事件发生的频率的分析来估计事件发生的概率。

教学难点：通过对事件发生的频率的分析来估计事件发生的概率。

（三）教学方法

猜想→实验→分析→交流→发现→应用。

（四）教学过程

1. 复习回顾

问：上节课我们学习了掷一枚图钉，它的钉尖朝上的可能性与钉尖朝下的可能性哪个大？为什么？

2. 探究新知

抛掷一枚均匀的硬币，硬币落下后，会出现正面朝上、正面朝下两种情况，你认为正面朝上和正面朝下的可能性相同吗？

1）同学们进行实验探究

（1）请同学们拿出准备好的一元硬币：同桌两人做 20 次掷硬币的游戏，并将数据填在表 10–1 中：

表 10–1

试验总次数	20
正面朝上的次数	
正面朝下的次数	
正面朝上的频率（正面朝上的次数 / 试验总次数）	
正面朝下的频率（正面朝下的次数 / 试验总次数）	

（2）各组分工合作，分别累计进行到 20、40、60、80、100、120、140、160、180、200 次正面朝上的次数，并完成表 10–2：

表 10–2

试验总次数	20	40	60	80	100	120	140	160	180	200
正面朝上的次数										
正面朝上的频率										
正面朝下的次数										
正面朝下的频率										

（3）在图 10–1 中，根据实验数据，绘制折线统计。

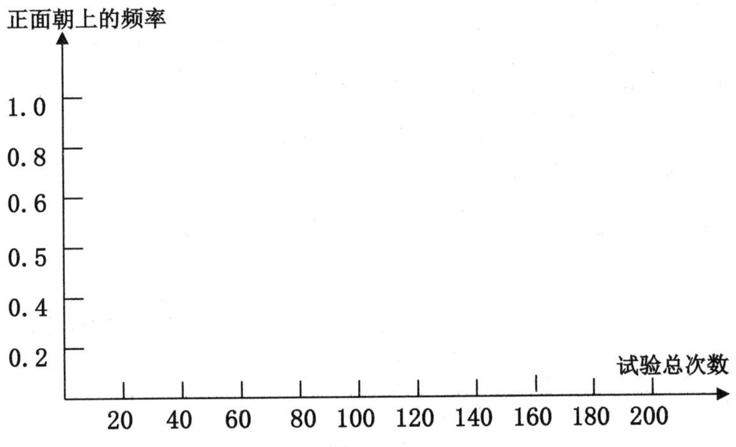

图 10–1

2）如表 10–3，了解一些历史上的数学家所做的掷硬币试验的数据。

表 10–3

试验者	投掷次数 n	正面出现次数 m	正面出现的频率 m/n
布　丰	4040	2048	0.5069
德・摩根	4092	2048	0.5005
费　勒	10000	4979	0,4979
皮尔逊	12000	6019	0.5016
皮尔逊	24000	12012	0.5005
维　尼	30000	14994	0.4998
罗曼诺夫斯基	80640	39699	0.4923

3）教师用希沃白板中的画板演示，如图 10–2 所示：

在实验中可以选择手动抛币，也可以选择自动抛币，观察硬币正面朝上的次数和频率，在这里同学们适当地记录一些试验次数较大的实验结果。

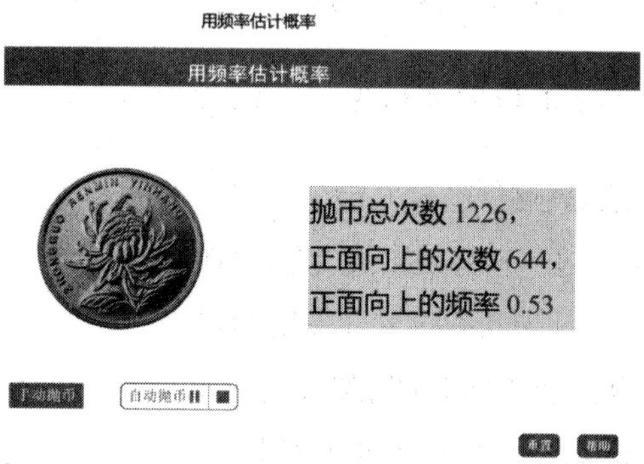

图 10–2

4）观察上面的折线统计图和希沃画板中的数据，你发现了什么规律？

5）总结新知

（1）在实验次数很大时事件发生的频率，都会在一个常数附近摆动，这个性质称为：频率的稳定性。

（2）我们把这个刻画事件 A 发生的可能性大小的数值，称为事件 A 的概率，记为 P（A）。

（3）一般情况下，大量重复的实验中，我们常用不确定事件 A 发生的频率来估计事件 A 发生的概率。

3. 想一想

事件 A 发生的概率 P（A）的取值范围是什么？必然事件发生的概率是多少？不可能事件发生的概率又是多少？

必然事件发生的概率为 1；

不可能事件发生的概率为 0；

不确定事件 A 发生的概率 P（A）是 0 与 1 之间的一个常数。

4. 课堂练习

（1）下列事件发生的可能性为 0 的是(　　　)。

A. 掷两枚骰子，同时出现数字“6”朝上

B. 小明从家里到学校用了 10 分钟，从学校回到家里却用了 15 分钟

C. 今天是星期天，昨天必定是星期六

D. 小明步行的速度是每小时 40 千米

（2）口袋中有 9 个球，其中 4 个红球、3 个蓝球、2 个白球，在下列事件中，发生的可能性为 1 的是(　　　)。

A. 从口袋中拿一个球恰为红球

B. 从口袋中拿出 2 个球都是白球

C. 拿出 6 个球中至少有一个球是红球

D. 从口袋中拿出的球恰为 3 红 2 白

（3）小凡做了 5 次抛掷均匀硬币的实验，其中有 3 次正面朝上，2 次正面朝下，他认为正面朝上的概率大约为 $\frac{3}{5}$，朝下的概率为 $\frac{2}{5}$，你同意他的观点吗？你认为他再多做一些实验，结果还是这样吗？

（4）给出以下结论，错误的有(　　　)。

①如果一件事发生的机会只有十万分之一，那么它就不可能发生；②如果一件事发生的机会达到 99.5%，那么它就必然发生；③如果一件事不是不可能发生的，那么它就必然发生；④如果一件事不是必然发生的，那么它就不可能发生。

A.1 个　　　　B.2 个　　　　C.3 个　　　　D.4 个

5. 课堂小结

本节课你有哪些收获？

（1）在实验次数很大时事件发生的频率，都会在一个常数附近摆动，这个性质称为：频率的稳定性。

（2）我们把这个刻画事件 A 发生的可能性大小的数值，称为事件 A 的概率，记为 $P(A)$。

（3）一般地，大量重复的实验中，我们常用不确定事件 A 发生的频率来估计事件 A 发生的概率。

（4）必然事件发生的概率为 1；不可能事件发生的概率为 0；不确定事件 A 发生的概率 $P(A)$ 是 0 与 1 之间的一个常数。

6. 作业布置

课本习题 6.2 第 1、2 题。

二、中位数与众数

（一）教学目标

（1）掌握中位数、众数等数据代表的概念，能根据所给信息求出相应的数据代表。结合具体情境体会平均数、中位数和众数三者的差别，能初步选择恰当的数据代表对一组数据作出自己的判断。

（2）结合具体情景体会平均数、中位数、众数三者的差别，能初步选择适当的数据代表来表示这组数据的集中趋势，并作出恰当的判断，从而培养学生的评判能力。

（3）情感态度价值观目标。

①发展学生自主探索与合作交流的意识与能力，同时让学生体会数字与现实的联系，培养学生的评判能力。

（二）教学重点和难点

教学重点：掌握众数和中位数的意义，会找出一组数据的中位数和众数。

教学难点：能在具体问题中理解意义，根据具体情境进行合理选择。

（三）教学方法

情境教学法、启发式教学。

（四）教学过程

1. 创设情境，提出问题

1）问题：悲情埃蒙斯

两届奥运会中国选手对战埃蒙斯的成绩如下表：

如表 10-5 所示，2004 雅典奥运会男子 50 米步枪 3×40 决赛贾占波 VS 埃蒙斯。

表 10-5

运动员	次数									
	1	2	3	4	5	6	7	8	9	10
埃蒙斯	9.4	10.4	9.3	10.4	9.5	10.1	9.9	9.4	10.0	0
贾占波	9.4	10.1	10.4	8.4	8.7	9.9	9.9	8.8	7.8	10.1

如表 10-6 所示 2008 北京奥运会男子 50 米步枪 3×40 决赛邱健 VS 埃蒙斯。

表 10-6

运动员	次数									
	1	2	3	4	5	6	7	8	9	10
埃蒙斯	9.7	10.2	10.5	10.1	10.5	10.0	10.1	10.0	9.8	4.4
邱健	10.2	8.8	10.5	10.6	9.3	9.4	10.0	8.8	7.8	10.1

由表 10-5 中数据可以看出，当第 9 次射击后，埃蒙斯以 5 环的优势遥遥领先于贾占波，

由表 10–6 中数据可看出，前 9 枪，埃蒙斯的表现近乎完美，以 1.4 环的优势领先于邱健，在对埃蒙斯惋惜的同时请大家思考下面的问题：

（1）以表 10–5 中数据为例，如果用 10 次射击的平均数来表示埃蒙斯的射击成绩的实际水平合适吗？

（2）如果你认为不合适，你能说出不合适的道理吗？

2）师生共同分析

在这两组数据中我们首先需要计算这两组数据的平均数，可以借助 EXCEL 中的数据分析快速、准确地帮助我们分析数据。

将上述两个表格中的数据分别计算出平均数，画出折线统计图，如图 10–3、10–4 所示，引导学生观察数据发现：

（1）如图 10–3 所示，贾占波与埃蒙斯的比赛中，埃蒙斯的大部分成绩都高于贾占波的成绩，但是由于受到最后一次成绩的影响，导致平均分下降。

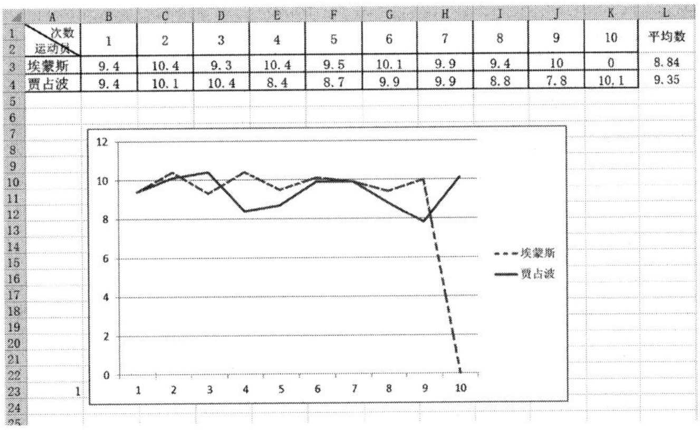

图 10–3

（2）如图 10–4 所示，邱健与埃蒙斯的比赛中，埃蒙斯的大部分成绩都高于贾占波的成绩，但是由于受到最后一次成绩的影响，导致平均分下降。

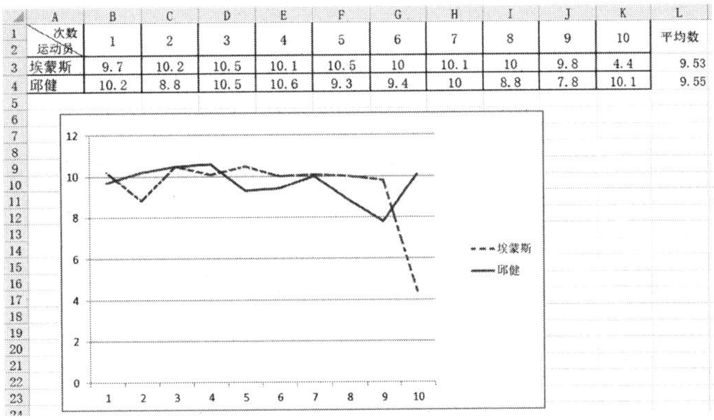

图 10–4

3）得出结论

一组数据的平均分容易受到极端数值的影响，从而不能很好地反映这组数据的平均水平。

2. 合作交流，探索新知

1）提出问题：小李应聘

小李大学毕业后去找工作，看到一则招工启事，月平均工资 2000 元。他觉得待遇还不错，就应聘去了这家公司。可在公司咨询了好几个职员的收入后，他找到公司经理说：你们欺骗了我，我已经找其他公司职员核对过，没有一个职员的工资可以拿到两千元的。月平均工资怎么可能是 2000 元呢？经理拿出了一张工资表，如表 10–7 所示：

表 10-7

员工	经理	副经理	职员 A	职员 B	职员 C	职员 D	职员 E	杂工
月工资 / 元	6000	4000	1700	1300	1200	1100	1100	500

问：请大家仔细观察表三中的数据，讨论回答下面的问题：

（1）经理说月平均工资 2000 元是否欺骗了阿冲？

（2）平均工资 2000 元能否客观地反映员工的平均收入？

（3）若不能，你认为哪个数据反映该公司员工工资的平均水平更为合理呢？

2）师生共同分析

（1）经理说月平均工资 2000 元没有欺骗阿冲。

（2）平均工资 2000 元不能客观地反映员工的平均收入。

（3）1300 元或 1100 元反映该公司员工工资的平均水平更为合理。

3）中位数与众数的定义

中位数：将一组数据大小顺序排列，处于最中间位置的一个数据（或最中间两个数据的平均数）叫作这组数据的中位数。

众数：一组数据中出现次数最多的那个数据叫作这组数据的众数。

3. 例题讲解

例题 1：求下列各组数据的中位数。

（1）7，5，4，8，5；

（2）8，2，4，8，8，9；

（3）某小组同学的身高：155 厘米，138 厘米，145 厘米，140 厘米，160 厘米。

思考：设一组数据共有 n 个数，如何求中位数？

求中位数时，先要排序，其次要判断这组数据的总数是奇数个还是偶数个，若 n 是奇数，中位数就是第 $\frac{n+1}{2}$ 个数；若 n 是偶数，中位数就是最中间的两个数即 $\frac{n}{2}$ 第个数和第（$\frac{n}{2}+1$）个数的平均数。

例题 2：求下列各组数据的众数

（1）1，2，3，2，4，2，5；

（2）2，5，6，5，2，1，3，8；

（3）1，2，3，4，5，6。

思考：众数有什么特点？

一组数据的众数不唯一，也有可能没有。

例题 3：他她鞋店店长统计了 8 月某款式女鞋销售情况如表 10-8 所示：

表 10-8

尺码／厘米	22	22.5	23	23.5	24	24.5	25
销售量／双	1	2	5	11	7	3	1

（1）哪种尺码的鞋是众数？

（2）你能根据上面的数据为这家鞋店提供进货建议吗？

4. 课堂练习

（1）数据 15，20，20，22，30，30 的众数是（　　），中位数是（　　）。

（2）在数据 −1，0，4，5，8 中插入一个数据 x，使得这组数据的中位数是 3，则 x=（　　）。

（3）（中考链接）5 个正整数从小到大排列，若这组数据的中位数是 3，众数是 7 且唯一，则这 5 个正整数的和是（　　）。

A.20　　B.21　　C.22　　D.23

5. 归纳小结，反思提高

（1）中位数、众数的概念

中位数：将一组数据大小顺序排列，处于最中间位置的一个数据（或最中间两个数据的平均数）叫作这组数据的中位数。

众数：一组数据中出现次数最多的那个数据叫作这组数据的众数。

（2）平均数、中位数和众数的特征

①平均数能充分利用所有数据，但容易受到极端值影响，因此当一组数据比较接近时，选它作为代表反映一组数据的总体平均水平。

②中位数的优点是计算简单，受到极端值影响较小，但不能充分利用所有的数据和信息。

③当一组数据中某些数据多次重复出现时，众数是一个受到关注的量，但各个数据的重复次数大致相等时，众数往往没有特别意义。

（3）求中位数的步骤

①排序。

②若这组数据的总数是奇数个：中位数就是第个数。

若这组数据的总数是偶数个：中位数就是最中间的两个数即第个数和第（ ）个数的平均数。

6. 作业布置

习题 6.3 第 1、2、4 题。

第十一章　综合实践教学案例

一、有趣的七巧板

（一）教学目标

（1）以七巧板为活动素材，进一步加深对边、角、平行、垂直、轴对称等概念的认识。

（2）综合应用平行、垂直、轴对称的概念和性质，从数学的角度进一步认识七巧板以及相关的操作活动。

（3）通过拼图活动，积累数学活动经验，反思数学活动过程，发展数学表达、数学交流等能力，进一步体验合作交流、自主探究的学习方式。

（二）教学重难点

教学重点：制作七巧板，并通过拼图活动进一步加深对平行、垂直、轴对称等概念的理解，深化学生对七巧板的认识。

教学难点：运用七巧板中的数学知识进行理性拼图。

（三）教学方法

实验教学。

（四）教学准备

（1）用彩色卡纸裁剪一个正方形。

（2）尺子，小剪刀。

（五）教学过程

1. 创设情境并映入七巧板的历史

1）微课播放七巧板的历史

宋朝有个叫黄伯思的人，对几何图形很有研究，他热情好客，发明了一种用 6 张小桌子组成的"宴几"——请客吃饭的小桌子。后来有人把它改进为 7 张桌组成的宴几，可以根据吃饭人数的不同，把桌子拼成不同的形状，比如 3 人拼成三角形，4 人拼成四方形，6 人拼成六边形……这样用餐时人人方便，气氛更好。后来，有人把宴几缩小改变到只有七块板，用它拼图，演变成一种玩具。因为它十分巧妙好玩，所以人们叫它"七巧板"。到了明末清初，皇宫中的人经常用它来庆贺节日和娱乐，拼成各种吉祥图案和文字，故宫博物院至今还保存着当时的七巧板呢！

设计意图：将数学史融入到课堂中，让学生了解七巧板是中国人智慧的产物，增强民族自豪感。

图 11-1

2）欣赏美图

如图 11–1，你能猜出下面图案是什么吗？

设计意图：出示由七巧板拼出的精美图案，激发学生想拥有这样一幅七巧板的欲望。

2. 七巧板的制作

学生根据课本制作方法将手中的正方形纸片做成一幅七巧板。

具体制作方法如下：

图 11-2

图 11-3

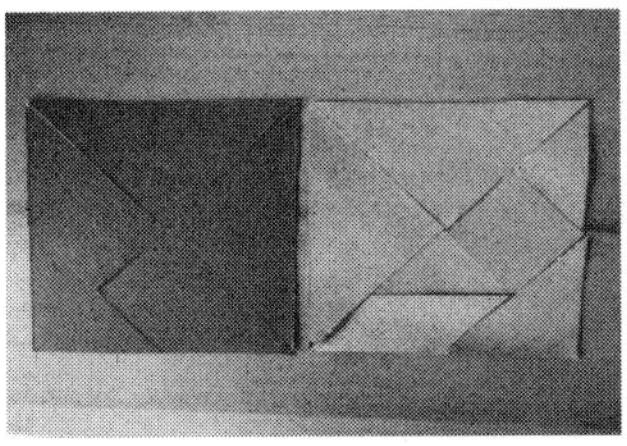

图 11-4

将提前准备好的正方形彩色纸片按照图 11–2 虚线所示对折，再按图 11–3 实线裁剪，这样就得到了一副七巧板，图 11–4 为学生制作的两副七巧板。

设计意图：以折叠的方式引入七巧板的制作，为下一步找出图形中线段的数量关系和位置关系以及角度和面积问题做铺垫。

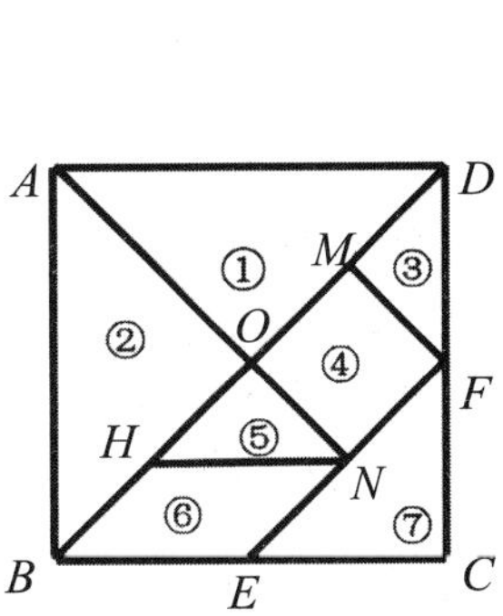

图 11-5

3. 探究七巧板的构造

1）为了方便表述，给七巧板标上号码，如图 11–5 所示，思考下列问题：

（1）七巧板由哪几个几何图形组成？有全等的图形吗？

（2）分别找出具有平行关系和垂直关系以及相等关系的线段，并说明理由。

（3）七巧板每一块中各角的度数分别是多少？你有什么发现？

（4）你能找到几对面积相等的图形？它们的面积有怎样的关系？为什么？

2）让学生通过回想制作七巧板的过程，得到一系列的平行、垂直、线段相等等关系。

在第（4）问中引导学生积极思考，用多种方式得出结论。

设计意图：在七巧板中蕴含了大量的数学奥秘，引导学生发现平行、垂直、相等的线段，还有角与面积的关系。

4. 七巧板拼图

1）动手操作

（1）在 7 块板中任选 2 块，你能拼出几种大小不同的三角形？ 你有几种不同的拼法？

如果选 3 块，你是怎么选择的？与同伴交流各自的拼图。

（2）想拼一个梯形，至少要用几块板？若多选几块，你还有哪些不同的拼法？

（3）如果将 7 块板都用上，你能拼成三角形吗？能拼成长方形、平行四边形吗？

2）先独立思考，然后小组合作交流，边思考、边拼图。

小组合作用多种方式拼出三角形、梯形、长方形、平行四边形，初次感受图形之美。

3）学生展示成果与思路

（1）三角形的拼法，如图 11–6 所示：

图 11–6

（2）梯形的拼法，如图 11–7 所示：

（3）用 7 块板拼成的，如图 11–8 所示：

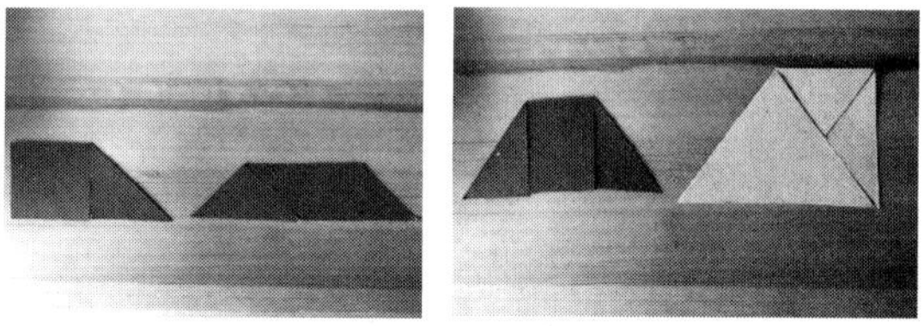

图 11–7

设计意图：七巧板的使用从部分到全部，块数逐渐增多，拼出的图形从三角形到四边

图 11–8

形，拼图中引导学生不要盲目地尝试，而是在一定的思考下进行活动。

5. 七巧板的创意应用

如图 11-9 所示：

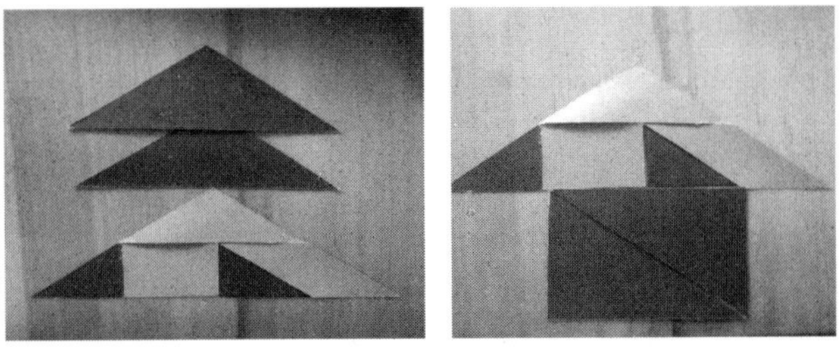

图 11-9

6. 欣赏七巧板拼成的各种图案

如图 11-10，子母类；如图 11-11，人物类；如图 11-12，动物类；如图 11-13，数字类。

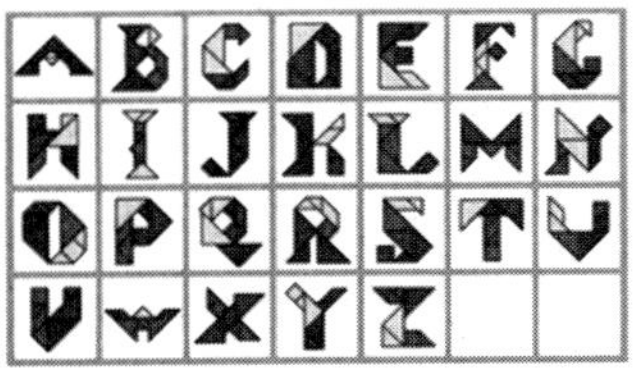

图 11-10

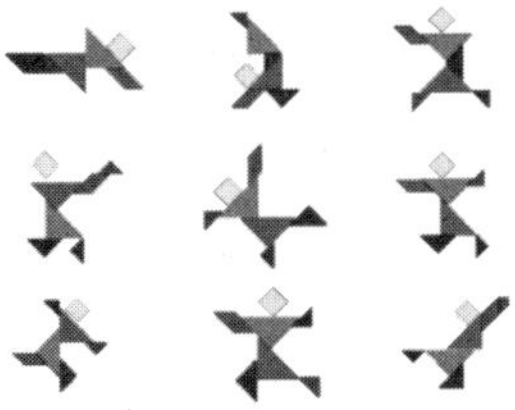

图 11-11

图 11-12

图 11-13

7. 课堂小结

本节课有什么收获？

本节课我们了解了七巧板的历史，学习了七巧板的制作，探究了七巧板中的图形的数量关系和位置关系，另外，我们还学习了七巧板的创意拼图，在拼图中学会根据依据理性拼图。

设计意图：通过小结，让学生对整节知识有一个完整而深刻的印象，强化目标意识，培养学生归纳和语言表达能力。

二、探究神秘的黑洞数

（一）教学目标

（1）综合运用所学数学知识探究黑洞数和西西费斯数，在问题解决过程中体会知识之间的内在联系，形成对数学整体性的认识。

（2）能运用所学知识和经验设计一些自己的运算程序。

（3）经历查阅资料、形成猜想、验证拓广的过程，完成研究报告的撰写，初步获得科学研究的体验。

（4）能够在解决问题的过程中与人合作和进行交流，并在交流过程中对自己的观点进行有条理的论述，增强学习数学的信心和兴趣。

（二）教学重点和难点

教学重点：探究黑洞数和西西费斯数。

教学难点：运用所学知识和经验设计一些自己的运算程序。

（三）教学方法

探究式教学

（四）教学过程

1. 对黑洞数的探究

1）对黑洞数的认识

黑洞数又称陷阱数，是一类具有奇特转换特性的整数。任何一个数字不全相同的整数，经过有限次“重排求差”操作，总会得到某一个或一些数，这些数即为黑洞数。“重排求差”操作即把组成该数的数字重排后得到的最大数减去重排后得到的最小数。

2）探究四位数的黑洞数

（1）请每位同学写下任意一个四位数，每个数位上的数字全都不相同，重新排列各位数字，组成一个最大的四位数和一个最小的四位数，然后用最大的数减去最小的数，得到差，重复这个过程……你得到了什么结果？你能提出进一步的猜想吗？

（2）引导学生小组合作，利用计算器进行探究。

例如，我们取数 8208，重新排列后最大数为 8820，最小数为 0288，8820−0288=8532；对 8532 重复以上过程：8532−2358=6174；对 6174 重复以上过程：7641−1467=6174……这里，经过两步变换就入 6174 这个“陷阱”。

需要略加说明的是：以 0 开头的数，例如 0288 也得看成一个四位数。再如，我们开始取数 2187，按要求进行变换：

2187→8721−1278=7443→7443−3447=3996→9963−3699=6264→6642−2466=4176→7641−1467=6174。

这里，经过五步变换就掉入了“陷阱”——6174。

拿 6174 本身来试，只需一步：7641−1467=6174，就掉入“陷阱”再也出不来了。

（3）结论：符合数字不全相同的所有的四位数都会掉入 6174 设的陷阱。

3）探究三位数的黑洞数

（1）请每位同学写下任意一个三位数，每个数位上的数字全都不相同，重新排列各位数字，组成一个最大的三位数和一个最小的三位数，然后用最大的数减去最小的数，得到差，重复这个过程……

你得到了什么结果？你能提出进一步的猜想吗？

（2）引导学生小组合作，利用计算器进行探究。

例如，我们取数 325，重新排列后最大数为 532，最小数为 235，532−235=297；对 297 重复以上过程：972−279=693；对 693 重复以上过程：963−369=594；对 594 重复以上过程：954−459=495；对 594 重复以上过程：954−459=495……这里，经过变换就入 495 这个“陷阱”。

(3)结论：三位数的黑洞数为 495。

2. 对西西费斯数的探究

1)认识西西弗斯数

西西弗斯数是另外一种简单的黑洞数。相传，西西弗斯是古希腊时一个暴君，死后被打入地狱。此人力大如牛，颇有蛮力，上帝便罚他去做苦工，命令他把巨大的石头推上山。他自命不凡，欣然从命。可是将石头推到临近山顶时，莫名其妙地又滚落下来。于是他只好重新再推，眼看快要到山顶，可又“功亏一篑”，石头滚落到山底，如此循环反复，没有尽头。

现在随便选一个很大的数，作为一块“大石头”43005798。我们以此为基础，按如下规则转换成一个新的三位数。百位数是 8 位数中的偶数个数(0 作为偶数)，十位数是 8 位数中奇数的个数，个位数是原数的个数。于是得出新数为 448，448 作同样的变换，3 个偶数，百位数是 3，奇数有 0 个，一共 3 位数。于是就得出 303，再经转换就得到 123。一旦得到 123 后，就再也不变化了。好比推上山的石头又落到地上，一番辛苦白费。

如果你有兴趣，可以换上别的自然数来试。尽管步数有多有少，但最后总归是 123。我们将黑洞数 123 也称为西西弗斯数。

2)实验探究

请同学们选一个的数进行探究，看看都有什么样的结果？

鼓励学生小组合作交流，小组派代表展示自己的探究结果。

(1)如：200308，偶数个数为 5，奇数个数为 1，一共 6 位数，则得新数为 516；因为只有 1 个偶数，2 个奇数，所以十位数为 3，一共 3 位数，则得新数为 123。一共 3 位数，进入“黑洞数”123。

再如：201612，偶数个数为 4，奇数个数为 2，一共 6 位数，则得新数为 426；因为有 3 个偶数，0 个奇数，一共 3 位数，则得新数为 303；因为有 1 个偶数，2 个奇数，一共 3 位数，则得新数为 123。这样，进入“黑洞数”123。

(2)如选 2，偶数个数为 1，奇数个数为 0，一共 1 位数，则得新数为 101；偶数个数为 1，奇数个数为 2，一共 3 位数，则得新数为 123，最后还是黑洞数 123。

再如选 15，偶数个数为 1，奇数个数为 1，一共 2 位数，则得新数为 112；偶数个数为 1，奇数个数为 2，一共 3 位数，则得新数为 123，最后还是黑洞数 123。

3)思考：如果将规则进行如下修改：任意取一个数字串，数出这个数字串中的奇数个数，作为一个三位数的百位数字；再数出偶数个数，作为这个三位数的十位数字；最后数出这个数的总位数作为个位数。最后的结果还是 123 吗？为什么？

3. 学以致用

1)先阅读下列内容再进行探究

一个三位数，百位数字乘以个位数字的积作为下一个数的百位数字，百位数字乘以十位数字的积作为下一个数的十位数字，十位数字乘以个位数字的积作为下一个数的个位数字，在上面每次相乘的过程中，如果积大于 9，则将积的个位数字与十位数字相加，若仍大于 9，则继续相加直到得出一位数，重复这个过程……请任意写下一个三位数，按照上述要求进行操作，你有什么发现？有何猜想？

2）设计自己的运算程序

（1）做一做。

每人设计自己的运算程序（运算结果不要超过三位数），以不同的三位数开始按照自己制定的程序进行运算，你能得到什么结果？小组交流各自的思考结果，有什么惊人的发现？

鼓励学生积极探究，对于有困难的同学可以根据学情适当降低难度，分层教学，给一些备用的例题。

（2）参考例题。

①从 1~9 这 9 个数字中任意选择三个不同的数字，由这三个数字组成 6 个不同的两位数（个位数字与十位数字不重复）、把这 6 个两位数相加，然后用所得的和除以这三个数字的和，结果总是 22。

②以任意一个百位数比个位数至少大 2 的三位数开始，将百位数和个位数互换得到另一个三位数，用较大的三位数减去较小的三位数，将所得差的百位数和个位数互换，再加上差本身，和一定是 1089。

③任意写下一个两位数，用它两个数位的数字和的 10 倍减去这个两位数，得到差，然后对差重复这一运算程序，你有什么发现？你能得到怎样的猜想？

4. 学有所思

（1）议一议：对于不同的起始数字，反复运用任何一个固定的“运算程序”，由此产生的果总是会停留在某个或某几个数字上，或者以某种重复的方式循环，你认为会这样吗？试着给出你的理由.

（2）鼓励学生充分地、有条理地表达自己的观点，同时也体会到合作的重要性，积累合作方法和经验。注意学习困难学生的努力，通过合理评价促进不同层次的学生得到相应的发展。

这里的基本依据是“抽屉原理”，由于起始布置的任务是制订得到三位或更少位数字的法则，因为在 0 到 999 之间有 1000 个整数，把这 100 个整数看成 1000 “抽屉”，那么按既定的程序得出的结果看成：“苹果”，则苹果必定属于某一抽屉，所以抽屉原理就保证了程序迟早会产生一个数列前面出现过的数字，因此，必然出现循环。学生可能会感到困惑，教师可以先引导学生观察、猜想、反思试验的过程，再以较为浅显的方式逐步呈现“原理”。

5. 总结提升

通过本节课的学习你有哪些收获？还有哪些困惑？

鼓励学生大胆表达自己个性化的观点，形成每个人独特的个性思维，珍视其间迸发的创新思维的火花。对于学生的困难要有切实可行的帮助措施，鼓励学生之间的互助。恰当引导学生提高理解数学的水平，发展其良好的数学观。

三、哪一款手机资费套餐更合适

（一）教学目标

（1）经历从实际问题（手机资费套餐）中抽象出一次函数模型，体会数学建模的过程。

（2）根据具体问题列出一次函数关系式，画函数图象；感受一次函数中 k、b 的意义，深化对一次函数的认识；会利用函数关系式和图象解决问题，进一步体会利用函数图象解决问题的直观性和便捷性。

（3）在经历主动寻找一次函数的生活背景的活动过程中，加强对数据的收集、分析、处理的能力，提高学生建模意识和建模能力，同时感受一次函数的广泛应用，增强数学的应用意识，丰富数学活动经验。

（二）教学重难点

教学重点：从手机资费套餐问题中抽象出一次函数模型，建立一次函数；利用一次函数的知识解决实际问题。

教学难点：从手机资费套餐问题中抽象出一次函数模型，建立一次函数。

（三）教学方法

数学建模。

（四）课前准备

调查家里人连续六个月的手机通话时间和流量使用情况，填写表 11–1

表 11–1

月份	1 月	2 月	3 月	4 月	5 月	6 月
通话时长 / 分钟						
使用流量 / 千兆字节						

（五）教学过程

1. 新课引入

问：手机已成为现代人生活的一个重要组成部分，它给人们的生活带来了许多方便，人们在使用手机的过程中，就会产生费用，那么怎么选择手机资费套餐也成了一个需要探究的问题。

2. 探究资费

1）表 11–2 是手机资费宣传单，阅读并思考后，回答下列问题：

表 11-2

套餐名称		A	B	C
资费内容	月租	0 月租	0 月租	0 月租
	本地主叫	0.2 元 / 分钟	0.18 元 / 分钟	0.15 元 / 分钟
	长途主叫	0.28 元 / 分钟	0.3 元 / 分钟	0.3 元 / 分钟
	本地以及长途被叫	免费	免费	免费
	基础定制	2 元来话宝 +3 元来电显示 +5 元炫铃		3 元来电显示 +3 元来话宝或新闻早晚报
备注		市话最低消费 40 元;套餐最低月消费 50 元	市话最低消费 60 元;套餐最低月消费 70 元	市话、国内长途月最低消费 66 元;套餐最低月消费 72 元

(1)宣传单中每月的资费受哪些因素影响?影响资费的通话时间有哪些?

(2)影响该手机资费变化的主要因素是哪项通话时间?

(3)固定其他通话时间,分别确定三种套餐下相应的资费和主要通话时间之间的函数表达式,并解释所得的函数表达式中次项系数 k 和常数项 b 的实际意义。

2)学生小组交流、合作,共同分析问题。

问题提示:

(1)每月的资费情况由两方面因素决定,一是基础定制业务费用,二是主叫时间的影响。影响资费的通话时间由本地主叫时间和长途主叫时间决定。

(2)分三种情况:

第一种:当手机的使用以本地通话为主,可忽略长途主叫情况进行研究;

第二种:当手机的使用以长途通话为主;可忽略本地主叫情况进行研究;

第三种:本地通话费基本稳定,长途通话费也基本稳定,由此关注到月平均通话时间。

(3)第一种情况:可设本地通话时间为 x 分钟,通话费用为 y 元,则:

$y_A=0.2x+10\ (x\geqslant 200)$,

$y_B=0.18x\ (x\geqslant 389)$,

$y_C=0.15x+6\ (x\geqslant 440)$.

k 为本地主叫每分钟的费用,b 为没有本地通话时的话费,即基础定制的费用。

第二种情况:设长途通话时间为 x 分钟,如果本地通话平均费为 a 元,总通话费用为 y 元,则:

$y_A=0.28x+10+a\ (a\geqslant 40)$,

$y_B=0.3x+a\ (a\geqslant 60,\ x\geqslant 34)$,

$y_C=0.3x+6+a\ (x\geqslant 220-\frac{10}{3})$.

k 为本地主叫每分钟的费用，b 为基础定制的费用和本地平均通话费用的总费用。

第三种情况：本地通话时间基本稳定，长途通话时间也基本稳定，分别代入三种套餐计算、比较可得。

3. 议一议

（1）所得的函数表达式中的 k、b 分别对每月资费有怎样的影响？

（2）一般地，什么情况下选择A套餐？说说你的理由。什么情况下选择B套餐、C套餐呢？

以小组为单位，把你们的分析过程和最终结论总结成一份课题报告，说明它所适用的消费群体，进行班级交流。

问题提示：

（1）所得的函数表达式中的 k、b 越大，每月资费总和越多。

（2）假设当手机的使用以本地通话为主，可忽略长途主叫情况，即第一种情况为例讨论：

首先设通话时间为自变量 x 分钟，则手机资费为因变量 y 元，则；

$$y_A=\begin{cases}50 & (x\leqslant 200)\\ 0.2x+10 & (x>200)\end{cases}$$

$$y_B=\begin{cases}70 & (x\leqslant 389)\\ 0.18x & (x>389)\end{cases}$$

$$y_C=\begin{cases}72 & (x\leqslant 440)\\ 0.15x+6 & (x>440)\end{cases}$$

其次，利用几何画板在同一坐标系中画出这三个函数的图象，如图 11-14 所示：

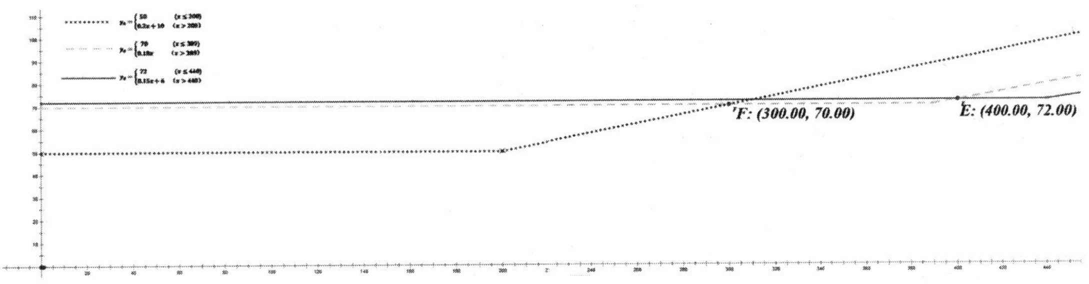

图 11-4

由于这三个函数图象都是复合函数，再加上数据偏大，所以函数的整体图形看起来比较模糊，为了便于观察将这个图象拆分成两个图象，如图 11-15、11-16 所示：

得出结论：

当本地通话时间小于等于 300 分钟时，选择套餐 A 最划算；

当本地通话时间在 30 至 400 分钟时，选择套餐 B 最划算；

当本地通话时间大于 400 分钟时，选择套餐 C 最划算。

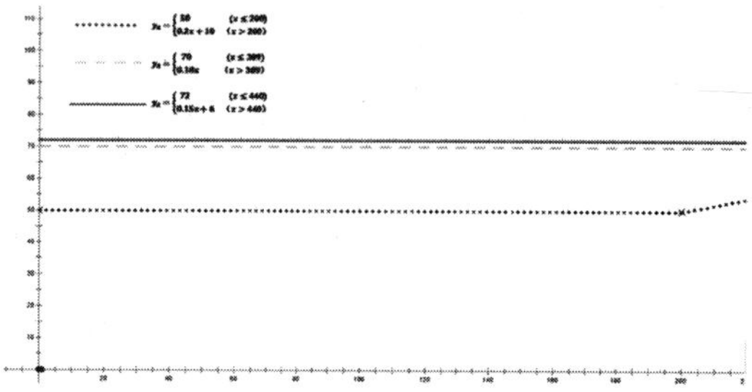

图 11-5

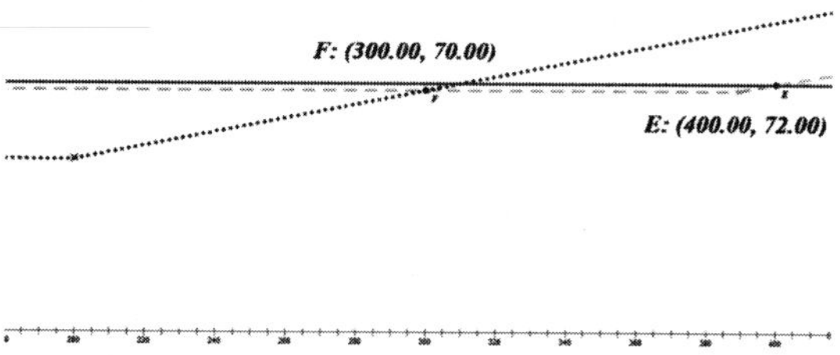

图 11-6

4. 做一做

在手机资费问题中，通话时间直接影响着资费的多少，而且在其他通话时间固定的情况下，在一定时段内手机资费与主要通话时间成一次函数关系。

（1）生活中有很多与上述“手机资费”类似的问题情境，其中变量之间的关系可以用一次函数来近似地表述，请你找出一些这样的问题。

（2）一次函数由两个系数 k、b 确定，在你所列举的具体背景中，k、b 的具体意义是什么？具体背景中哪些因素可以导致 k、b 的变化？

以小组为单位，探究上述问题，写出有关实践活动的报告，并进行班级交流。

5. 实际应用

1）下表是中国电信营业厅在兰州的 5G 套餐收费表，根据下表回答：

5G 套餐收费表					
套餐（按月计费的套餐费用）	国内通用流量	语音	服务	套餐外流量	套餐外语音
99 元	20 千兆字节	400 分钟	国内接听免费，赠送来电显示、天翼云盘－免费版账号、189 邮箱－免费版；可办理副卡，10 元 / 张，需符合工信部一证五卡要求	3 元 / 千兆字节	0.15 元 / 分钟
129 元	30 千兆字节	500 分钟			
169 元	40 千兆字节	800 分钟			
199 元	60 千兆字节	100 分钟			

（1）一位办公室工作人员，他平均每个月的通话时间约为 350 分钟，平均每个月的上网流量约为 16 千兆字节，请你帮他算一算选哪种资费更合算？

（2）一位野外工作者，他平均每个月通话时间约为 600 分钟，上网流量 50 千兆字节，请你帮他算一算哪种资费更合算？

（3）根据你前一天的调查表，帮家里人算算选哪种资费更合算？

2）从实际生活中，找到一个一次函数的模型，并通过测量或调查的数据得出一次函数的系数。

6. 小结

大家谈谈本节课都有什么收获？

本节课中我们感受现实问题数学化的过程，感受函数作为一种数学模型在分析、解决实际问题中的重要作用。

下　篇

初中数学实验的价值

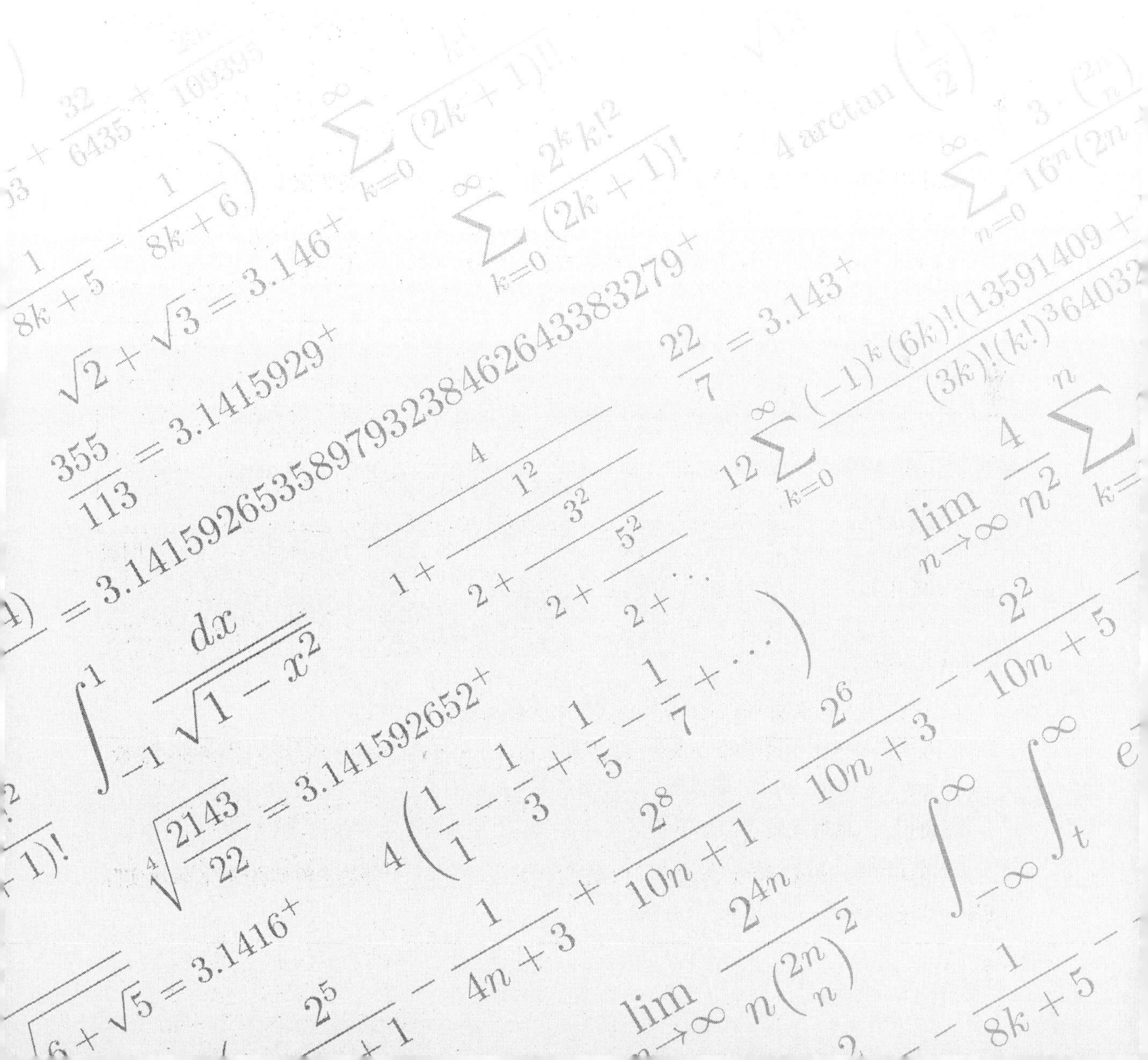

第十二章　初中数学实验的价值

一、用数学实验展示中国卓越的数学历史文化

从古至今数学一直都是一门重要的学科，中国历史有五千年，中国数学史也同样有悠久的历史。中国作为四大文明古国之一，数学领域也一直处于世界领先水平，成就非凡。

如何在初中数学教学中更好地展示中国卓越的数学历史文化，也是当代数学教育工作者思考的一个问题。数学这门学科具有高度的抽象性和严密的逻辑性，因此采用恰当的方式展现数学历史文化就尤为重要。在初中数学教学中我们可以用实验的方式更好地展现历史文化。

（一）用多媒体实验方式展现历史文化

现代的多媒体技术已经发展得非常成熟，在教学中可以应用多媒体技术展现定理的发现过程和探究过程，从而帮助学生探究定理的证明思路与方法。

比如在北师大版八年级下册第一章，学习勾股定理的证明时，可以用几何画板将赵爽在《周髀算经》中的弦图和刘徽在《九章算术》中的“青朱出入图”用几何画板做成动态的过程。一方面帮助学生找到定理的证明思路与方法，另一方面，也展现了中国优秀的历史数学文化底蕴。

在探究赵爽弦图证明勾股定理时，首先结合图片（如图 12–1）介绍历史背景：在我国最早给出证明的是公元前 3 世纪的数学家赵爽，他在周髀算经中用一张他所谓的弦图证明了勾股定理，2002 年全世界数学家大会的会徽就是这张弦图，以此纪念这位伟大的数学家。

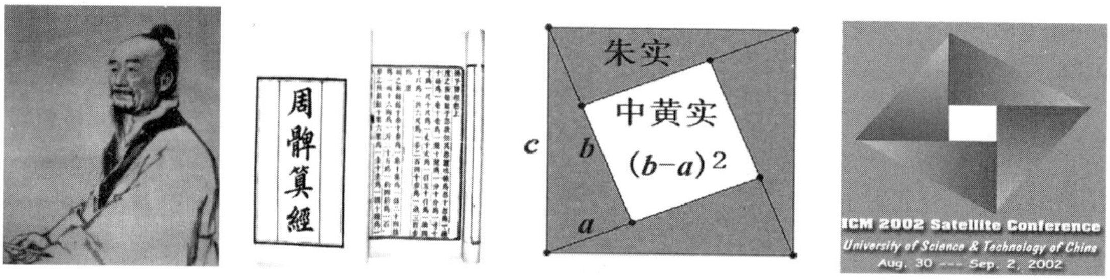

图 12–1

其次，探究赵爽弦图的思路与方法：教师提前用几何画板制作赵爽弦图的动态演示图，如图 12–2 所示：第一步，探究定理思路：先将以直角三角形为边的三个正方形移动，使三个正方形有重合的地方，此时发现两个较小的正方形有多余出来的两个小三角形，而最大的正方形也有空缺的部分，由此猜想，能否将多余出来的两个小三角形旋转到最大的正方形空缺部分，最后通过多媒体的旋转，验证了我们的猜想。

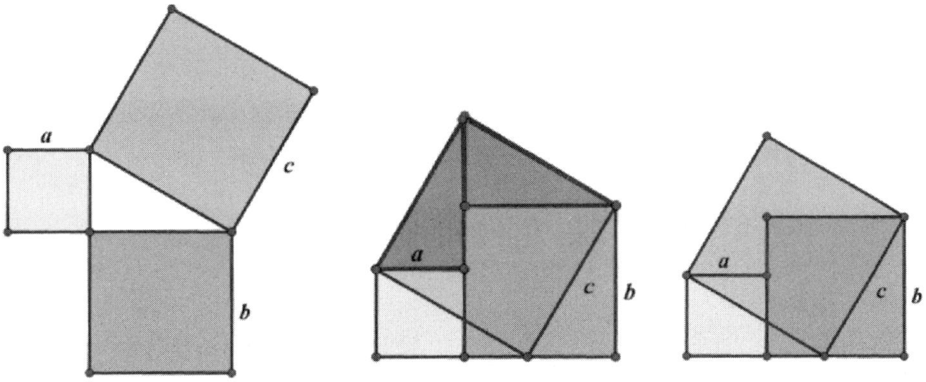

图 12-2

第二步：提出解决方法：如图 12-3，从第一步的探究得到启发，我们将两个小正方移到一起，再将这个图形分割为四个长方形和一个正方形，最后通过旋转，得到赵爽弦图，这样就证明了勾股定理。

在探究刘徽的“青朱出入图”证明勾股定理时，首先结合图片（图 12-4）介绍历史背景：比赵爽稍微晚些的数学家刘徽在《九章算术》用“青朱出入图”验证了勾股定理，由于证明过程没有用一个字，因此把这种证明又称为无字的证明。

其次，探究青朱出入图的思路与方法：教师提前用几何画板制作青朱出入图的动态演示图，如图 12-5 所示：第一步，先将以直角三角形为边的三个正方形移动，使三个正方形有重合

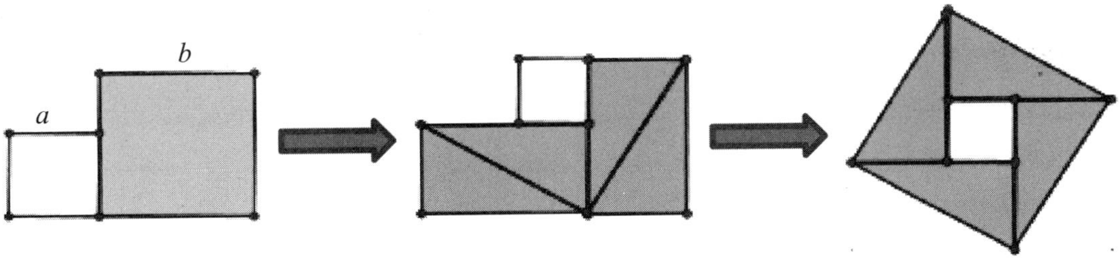

图 12-3

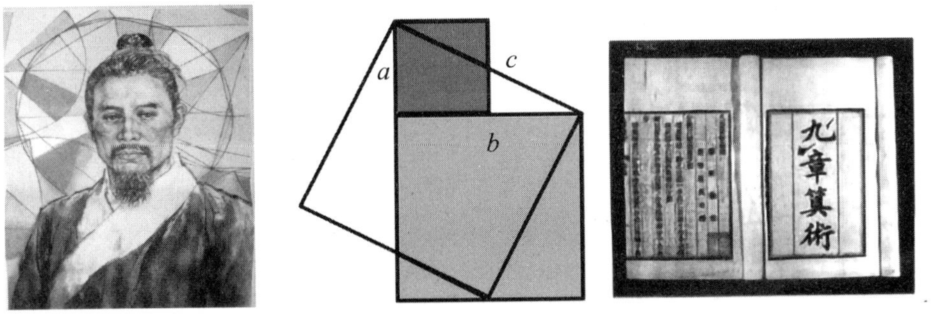

图 12-4

的地方，此时发现两个较小的正方形有多余出来的三个小三角形，而最大的正方形有空缺的部分，由此猜想，能否将多余出来的两个小三角形移动到最大的正方形空缺部分；第二步，鼓励学生在多媒体屏幕上将多余的三个小三角形移动出来；第三步，鼓励学生在多媒体屏幕上将三个小三角形填到最大的正方形空缺部分；这样就证明了勾股定理。

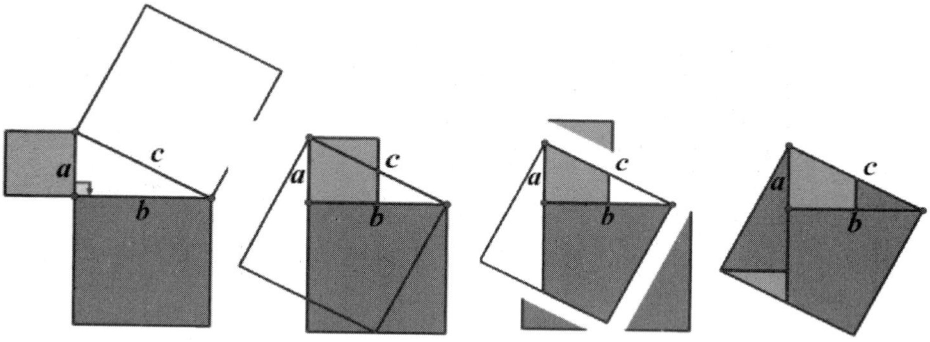

图 12-5

（二）用动手操作方式展现历史文化

在对数学知识的探究中，可以用动手实验操作来验证或者探索一些数学问题。比如在学习鸡兔同笼问题的时候，可以用动手操作实验，一方面提高学生对数学问题的理解，另一方面也展示了中国的数学历史文化。

鸡兔同笼问题是数学中非常著名而又典型的一个问题，但是大部分学生都对这个问题的算术解法存在一定的困难，在教学中，如果能够采用动手实验，那么这个问题就迎刃而解了。具体方法如下：首先，提出问题：有鸡和兔子关在同一个笼子里，共有 8 个头、22 只脚，问笼子里鸡和兔子各有几只？其次，用动手实验探究解题方法。

方法一：实验演示假设法

（1）如图 12-6，用 8 个长方形表示鸡和兔，用 22 个圆表示鸡和兔的脚。

（2）如图 12-7，先将脚给每个鸡或者兔子分配两个，剩余 6 只脚。

（3）将剩余的 6 只脚再一次分配，如 12-8 所示。

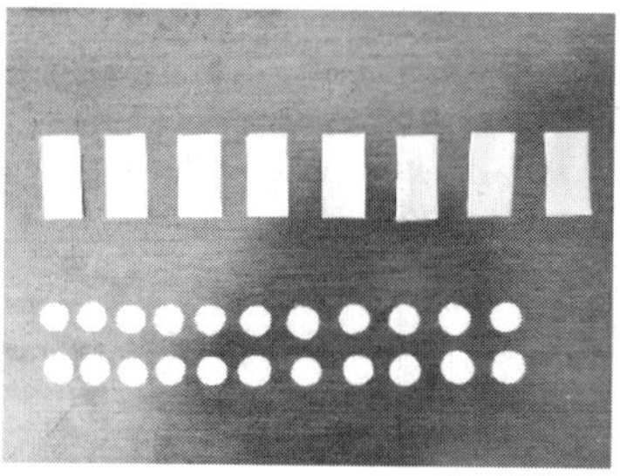

图 12-6

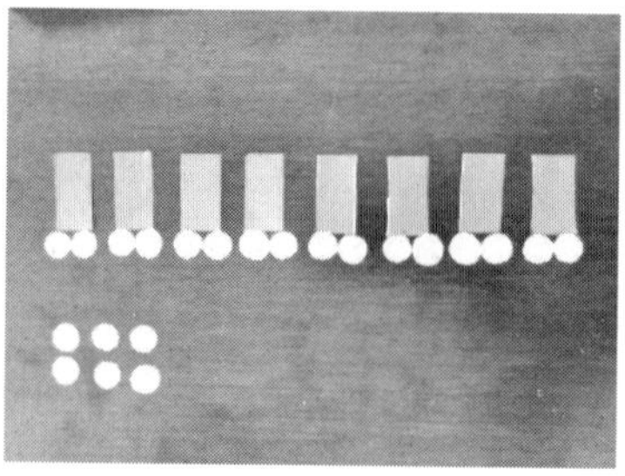

图 12-7

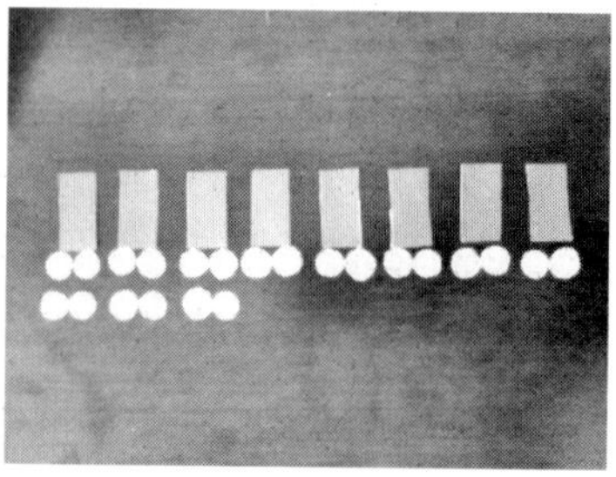

图 12-8

（4）结论：四只脚的为兔子，两只脚的鸡，因此，兔子 3 只，鸡 5 只。

方法二：实验演示“吹哨法”

（1）如图 12-9，用 8 个长方形表示鸡和兔，用 22 个圆表示鸡和兔的脚。

规则：吹一次哨子鸡和兔就要抬起一只脚。

（2）如图 12-10，在吹了两次哨子后，还剩 6 只脚。

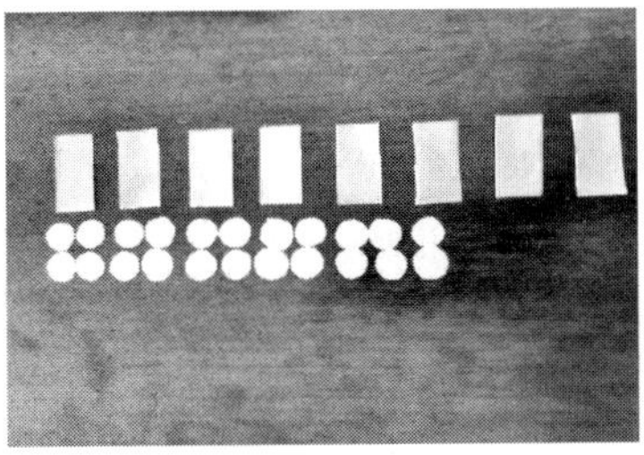

图 12-9

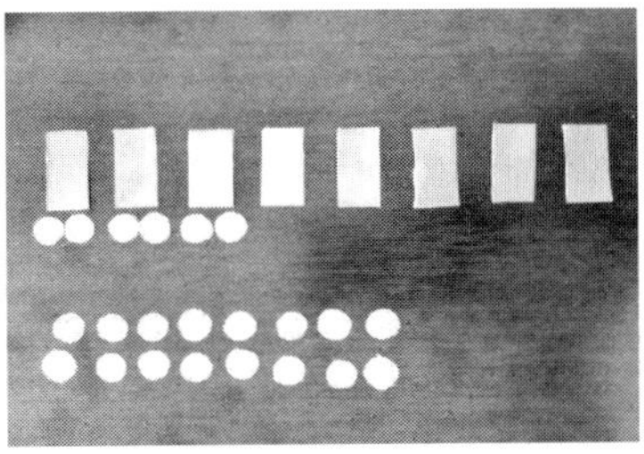

图 12-10

（3）结论：剩下的这 6 只脚只能是兔子的，因此有 3 只兔子，5 只鸡。

在初中数学教学中，这样的实验很多，比如对“七巧板”的动手操作实验、对“九宫格”的探究实验等，这样的数学实验，一方面让学生学习了相关知识、开阔了学生思路；另一方面也通过数学实验展现了中国数学历史文化的深厚底蕴和魅力，激发了学生对中华民族的自豪感和文化自信心，并意识到自身的责任感和使命感，同时也可以更好地鼓励他们去创新和追求卓越，为国家的进步和繁荣贡献自己的力量。

二、用数学实验改变学生的学习方式

数学实验，尤其是多媒体实验的精髓是：动态地保持了几何图形中内在的、恒定不变的几何关系及几何规律。这在数学上的意义非同寻常，它满足了数学教学之需，弥补了传统教学手段之不足。黑板上的图形是永远静止不动的，它掩盖了几何实质。在传统数学教学中，用圆规、三角板绘制的几何图形是静态的，要认识它的关系需要教师的语言描述和学生的理解和想象能力。“几何画板”画出的图形或者希沃白板中的图形与在黑板上画出的图形不同，它具有动态特征。教师可以在“动”中教，学生可以在“动”中学。

（一）激发学生学习兴趣，使得被动学习变为主动学习

通过创设直观、动态教学情境，激发学生的学习兴趣，使得被动学习变为主动学习。

美国教育家布鲁纳说过：“学习的最好动力是对学习材料的兴趣”。如何与学生进行很好的沟通，让课堂变得开放生动，如何引导学生主动参与，让学生乐学、好学，这是摆在我们教师面前最紧迫的问题，而解决上述问题的关键在于如何激发学生的学习兴趣。学生只有对几何感兴趣，才能够更好地学好几何。然而兴趣并不是天生的，而是通过外界事物的新颖性、独特性来满足学生的探究心理的需要而引起的。借助几何画板的动态感知可以激发学生浓厚的学

习兴趣和强烈的求知欲，使学生主动积极地参与学。比如在七年级教材中的正方体截面图中，其截面图形不是一种，要想学生全面想象和表达，几乎不可能。利用实物演示有其优势，但效率低，不能满足全班学生的视觉需要。但是利用几何画板制作的“正方体截面图”演示课件（如图 12–11）可以建构一个图形情境，将正方体截面图的各种情况模拟演示，促进学生对知识的主动建构和空间想象能力的发展。

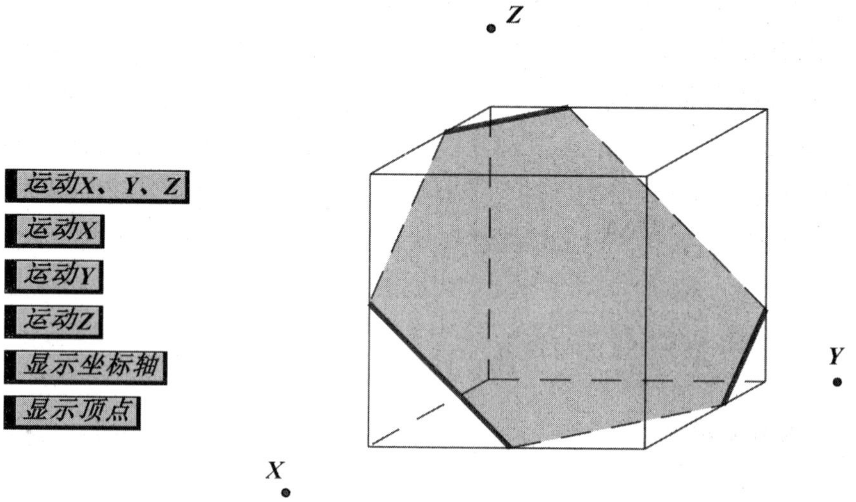

图 12–11　正方体截面图

再比如，两圆的位置关系是初中平面几何教学中的一个难点。一支粉笔、一块黑板无法再现其位置之间的相互关系。如图 12–12，在几何画板上画出两个不等的圆，然后移动其中一个圆，在此基础上，由学生总结其变化特征。这样学生通过感知、探索，很自然地将两圆的位置关系融入脑海里，进而激发学生的学习兴趣及动手能力。

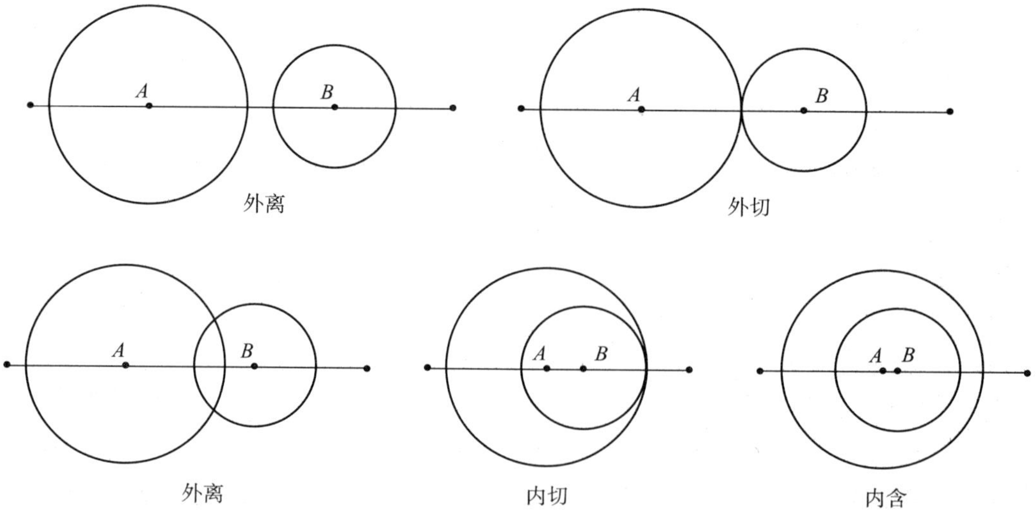

图 12–12　两圆的位置

根据心理学研究成果表明，初中生正处于形象思维向抽象思维过渡的阶段。在数学上，他们比较喜欢认识具体和形象的事物。重计算、轻概念、重记忆、轻理解，所以老师根据这一思维特征对数学概念的引入、法则的说明，特别注意加强直观形象和具体的教学，把教学内容处理成符合学生原有认识上的东西，用以激发学生的学习兴趣。

（二）通过尝试建立“数学实验室”，使“填鸭式”学习方式变为探究式学习方式

通过尝试建立“数学实验室”，应用数学实验和验证得出数学结论，这种教学方式能很好地促进学生进行探究式学习。

物理、化学、生物需要实验几乎所有人都知道，但很少有人了解数学也需要进行实验的。著名数学教育家 G·波利亚指出：“数学有两个侧面，一方面它是欧几里得式的严谨科学，从这方面看，数学像是一门系统的演绎科学；另一方面，创造过程中的数学，看起来却像试验性的归纳科学。在数学研究的过程中，数学家需要不断反复地实验才能发现其规律，然后再进行严格的逻辑推理证明。在学习数学的过程中一个重要环节就是了解数学背景、获得数学经验。例如，在验证三角形的三条线（中线、角平分线、高）的性质时，任意三角形这三条线（中线、角平分线、高）是否都交于一点，在传统的教学中显得无能为力，如果利用几何画板就不同了，如图 12-13，可以先在画板上任取三个点，然后用线段把它们连起来得到三角形。这时，我们可以拉动其中的一个点，同时图形的形状就会发生变化，但仍然保持是三角形。再进一步，我们还可以分别构造出三角形的三条中线、三条高、三条角平分线。这时再拉动其中任一点时，三角形的形状同样会发生变化，但三条中线、高、角平分线的基本性质却保持不变。

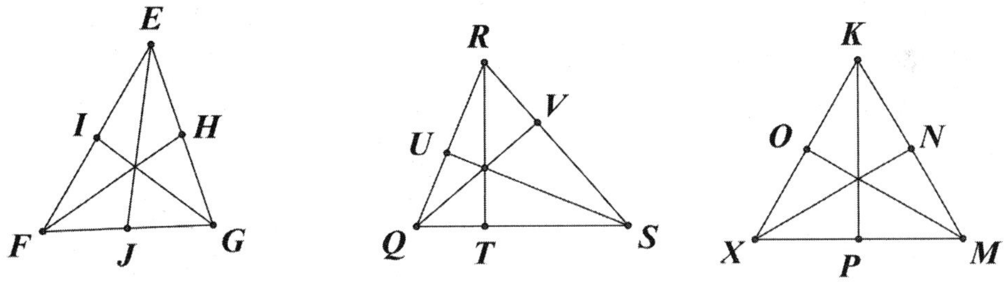

三条中线交与一点　　三条高线交与一点　　三条角平分线交与一点

图 12-13

这样我们就可以在图形的变化中引导学生观察到不变的规律：任意三角形的三条中线交于一点，三条角平分线也交于一点，三条高线所在直线也交于一点。

传统初中数学教学中，由于教学理念、教学方法、教学条件等的限制，学生在定理及图形的性质的学习方面，大多是简单地接受，以及枯燥的逻辑思维方面的证明。然而学生学习数学的过程其实就是数学知识“再发现、再创造”的过程，教师为了要让学生获得经验就需要有操作、实验的过程。利用几何画板的画图，度量等动态功能给学生创造一个猜想、验证的探索过程，学生可以随意拖动图形、观察图形，并作出猜测及验证，在观察、探究、发现的过程中增加对各种图形的感性认识，获得丰富的几何经验，有助于学生理解和证明，有助于发挥学生的主体性和创造性，充分体现了现代几何教学思想。使得这些知识的学习由被动学习变为主动探索，激发学生的学习兴趣，提高学生的数学学习能力。

初中数学实验在初中数学教学中有很重要的作用，一方面，能激发学生学习兴趣，提高学生的空间想象和探究能力，同时改变学生的学习方式，使学生由被动学习改为主动发现，另一方面，通过尝试建立“数学实验室”，使“填鸭式”学习方式变为探究式学习方式。

三、用数学实验渗透数形结合的思想方法

形与数是几何研究对象的两个相互联系的方面，借用著名数学家华罗庚先生的一首小词来表述：“数与形，本是相倚依，焉能分作两边飞。数无形时少直觉，形少数时难入微。数形结合百般好，隔离分家万事非；切莫忘，几何代数统一体，永远联系，切莫分离！”数形结合是学习数学的重要思想方法，数形结合就是使抽象思维和形象思维相互作用，实现数量关系与图形性质的相互转化，将抽象的数量关系和直观的图形结合起来研究数学问题。

在初中数学教学中应用实验渗透数形结合思想，可以将一些抽象的、概括的问题转化为具体化、形象化问题，从而提高学生的理解能力，同时也有助于学生更好地把握数学问题的本质。

（一）通过拼图实验探究数学算理

在初中数学教学中会发现，学生的计算出错率也很高，这时许多家长和同学都认为是粗心所导致的，其实细细想来，还是对算理的不理解以及应用不够熟练导致的。因此，在日常的教学中，加强对算理的理解和准确应用很重要。

比如在学习合并同类项时，为了让学生直观地理解同类项的概念和合并同类项的方法，设计了如下的教学过程：

1. 如图 12–14，两个长方形拼在一起，计算拼成的大长方形的面积是多少？你能用等式表示这个过程吗？

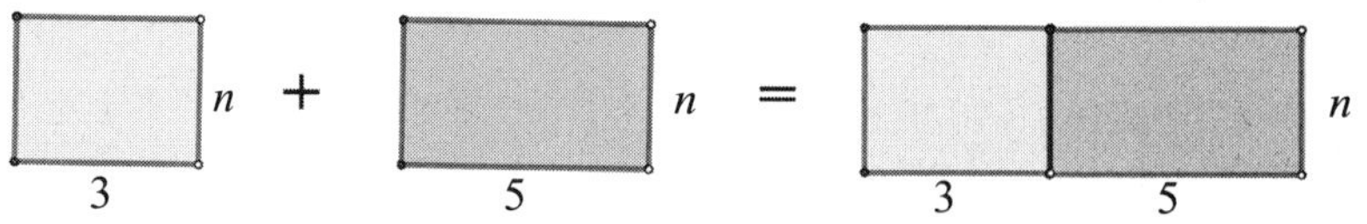

图 12–14

用等式表示：$3n+5n=(3+5)n=8n$

2. 如图 12–15 所示，将下面两个长方体拼在一起，计算拼成的大长方体的体积是多少？你能用等式表示这个过程吗？

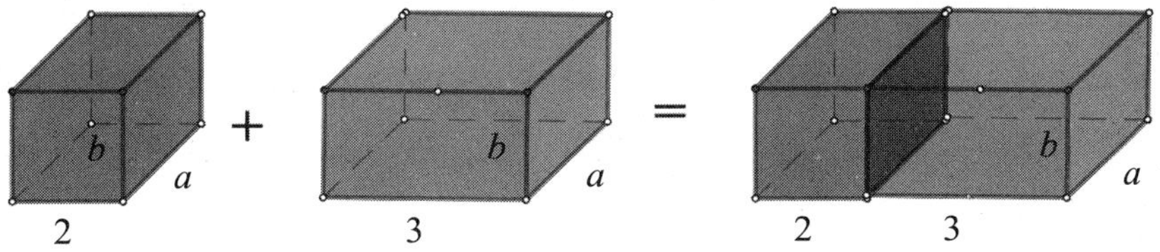

图 12-15

用等式表示：$2ab+3ab=(2+3)ab=5ab$

3. 思考与交流。

观察上述两个等式，想一想：能用分配律合并为一项的这些项具有怎样的特点？

通过这样的一个探究过程学生很容易理解同类项的概念和合并同类项的方法。

再比如学习平方差公式的时候，通过几何图形面积之间的数量关系可对平方差公式作出几何解释。如图 12-16 所示，当从边长为 a 大正方形的正中间挖去一个边长为 b 的小正方形后，可以拼成长方形、平行四边形；如图 12-17 所示，当从边长为 a 大正方形的角上挖去一个边长为 b 的小正方形后，可以拼成平行四边形、等腰梯形、长方形；如图 12-18 所示，当从边长为 a 大正方形的边上挖去一个边长为 b 的小正方形后，可以拼成不同的长方形；不管是哪种方法都可以得到平方差公式：$(a+b)(a-b)=a^2-b^2$。

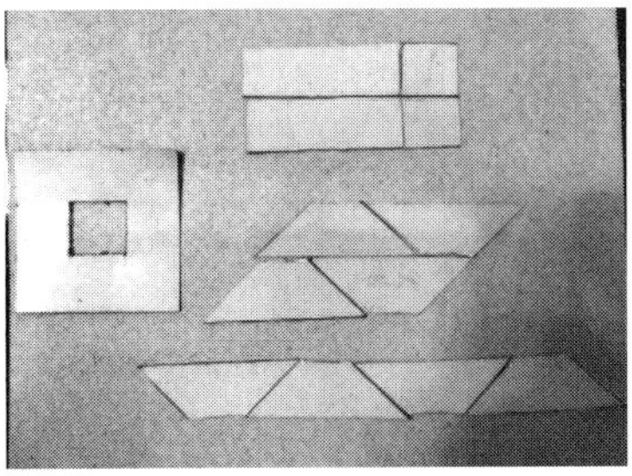
图 12-16

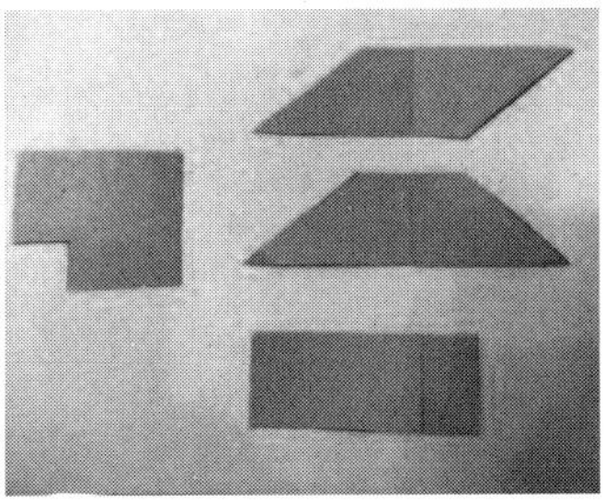
图 12-17

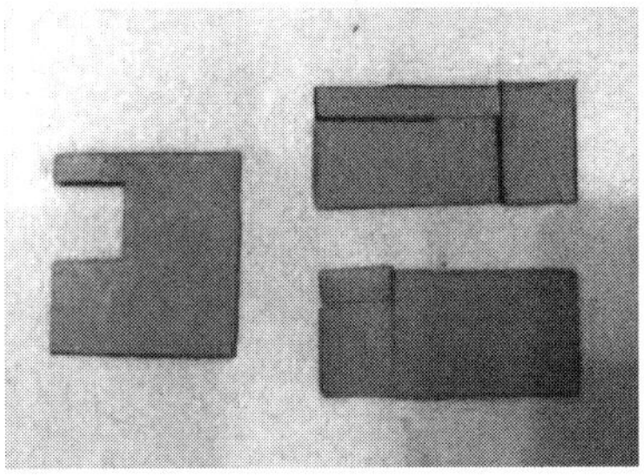
图 12-18

再比如在学习多项式乘以多项式时，为了学生只直观地理解多项式乘以多项式时乘法法则，利用希沃白板中的数学画板展示设如下的图形，如图 12-19 所示，学生通过两种方法计算长方形的面积，很容易理解多项式乘以多项式时乘法的法则。

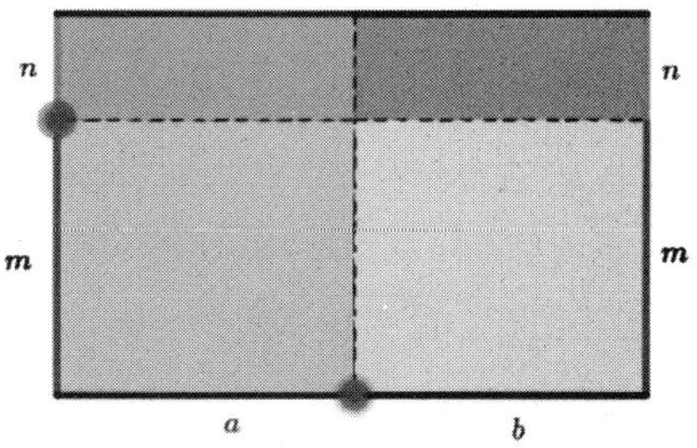

图 12-19

在初中数学代数的运算中，设计一些形象直观的数学实验，能够将一些枯燥的数学算通过拼图演示出来，这种数形结合思想在教学中的渗透，能帮助学生从根本上解决数学计算粗心的问题，从而提高学生的运算能力。

（二）利用几何画板的画图、度量、计算等功能将抽象的数量关系和直观的图形结合起来

学生在学习数学的过程中，对于一些太过抽象的知识，只记住生硬的文字、符号、公式，而对文字背后蕴含的具体事实及事物的本质特征并没有完全的感知，显然理性与感性之间脱节，在几何教学中尤其明显。因此，对于一些常见的几何图形的变形与识别，我们可以通过相应的动画，使学生得到充分感受。

比如，在北师大版九年级数学中，我们学习垂径定理时，在传统教学中，我们只能通过三角板 + 圆规 + 黑板 + 粉笔的形式向学生说："垂直弦的直径平分弦，且平分弦所对的两段弧"。对于，圆中的两段弧和平分的弦的度量，在三角板 + 圆规 + 黑板 + 粉笔的教学中，我们无法准确地说明这一点。可在几何画板中，沟通"数"与"形"，就是通过"度量"菜单来实现的，"度量"菜单重要的功能是：①通过度量和计算相关的数据来揭示图形的本质；②更精确地作出图形。验证垂径定理，以点 A 为圆点，AB 长为半径画圆，点 C 为圆 A 上一点，连接 BC，过 A 点作垂直于弦 BC 的直线，度量弧 BE，弧 CE，弧 BD，弧 CD 的长度，如图 12-20 所示。

拖动点 A、B 可以改变圆 A 的半径大小，拖动点 C 时，点 C 只能在圆上移动，但弧 BD 和弧 CD 的度量值始终相等，弧 BE 和弧 CE 的度量值始终相等，弦 BG 和弦 GC 的度量值也始终相等。通过观察可知"垂直弦的直径平分这条弦，并且平分弦所对的弧"。

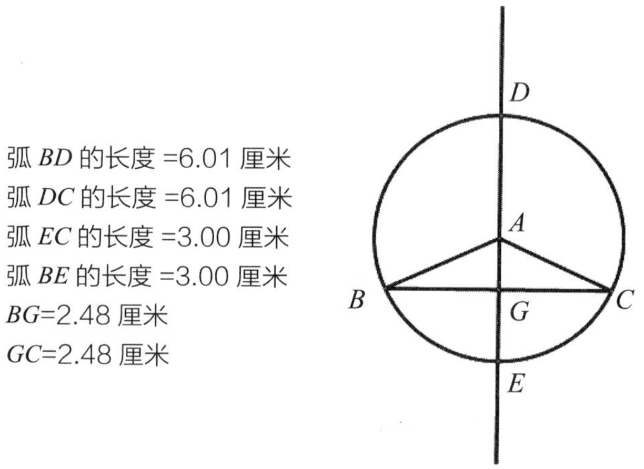

图 12-20　垂径定理的验证

（三）利用几何画板构造"动态参数"，将抽象的数量关系和直观的图形结合起来

例如，在学习二次函数时：学生从学习数、式、方程等常见的计算问题，到函数研究变量的变化规律，是认识上的一次重大飞跃。二次函数的解析式，对称轴方程，顶点坐标及图象的开口方向、形状的变化与各常量之间的相互关系，学生不易把握，学习起来往往达不到很好的效果。通过《几何画板》所绘制的函数图象，加上利用测算所显示的数量关系，动画观察图象随着数值的变化而变化，使学生能得到具体、生动、直观的感性认识，更好地理解函数图象的开口、形状、对称轴、顶点与函数解析式中系数 a，b，c 的关系，如图 12-21 所示。利用几何画板的画图功能以及动态演示功能可以生动地将函数与图象，曲线与方程等的对应关系直观形象地展示出来，给学生渗透数形结合的思想。

“几何中‘数’与‘形’的关系是几何学习中的重要内容，几何图形的许多计算往往离不开特定的‘形’，而图形之间又通过‘数’建立起特定的‘形’……”。几何画板是一块动态的黑板，它能够在动态的情况下实时保持几何元素的位置关系或数量关系，准确地体现几何元素的“数”与“形”的关系。

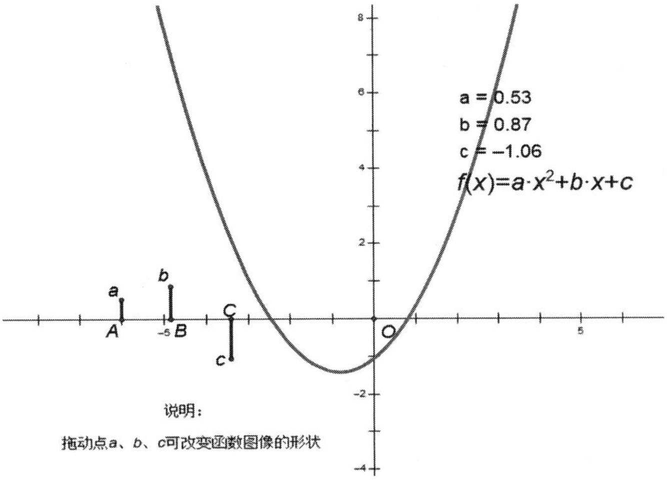

图 12-21　二次函数图象

数和形向来就是客观事物不可分离的两个数学表象。作为教师应千方百计地培植学生的数形相依的观念，有意识地体现数形结合思想，使学生头脑中形成数形统一的意识，从而提高解题能力。数形结合是数学解题中常用的思想方法，数形结合的思想可以使某些抽象的数学问题直观化、生动化，能够变抽象思维为形象思维，有助于把握数学问题的本质；另外，由于使用了数形结合的方法，很多问题便迎刃而解，使得题目解法简洁。

四、用实验提升教师原创命题的能力

数学原创命题指的是在数学领域中，由数学家、教师或研究人员首次提出或构思的、具有创新性和独特性的数学题目或命题。在初中数学教学中，通常为了考查学生对某些特定的知识、特定的数学思维的掌握情况，同时也为了避免学生的死记硬背，这时就需要教师进行原创命题，那么如何进行原创命题就成了当下教师需要思考的问题。

（一）通过数学实验探究已有的数学知识来命题

通过数学实验我们可以对已有的数学知识进一步探究，从而形成新的命题思路与方法。

比如学习有理数的乘方的定义时，用了情境引入教学：如图 12-22，某种细胞每过 30 分钟便由 1 个分裂成 2 个，经 5 小时后这种细胞由 1 个分裂成几个？填表 12-1（结合分裂示意图，探索规律）。

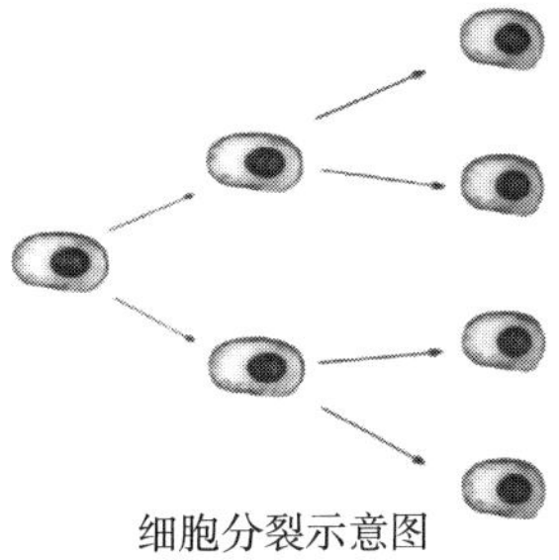
细胞分裂示意图

图 12-22

表 12-1

时间	30 分钟	1 小时	1.5 小时	2 小时	…	5 小时
个数	2	2×2	2×2×2		…	
分裂次数	1	2	3		…	

从而得到了乘方的定义：求 n 个相同因数 a 的积的运算叫作乘方。

受到这个探究过程的启发，我用几何画板实验探究了勾股树，如图12-23，通过改变 t 的值(变换次数)可以发现正方形总的个数也不断发生变化。

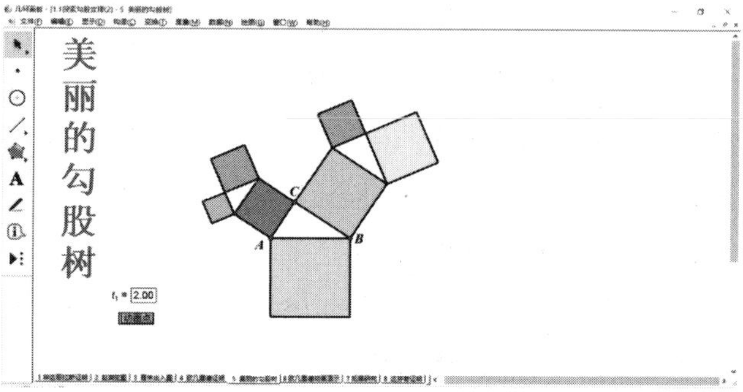

图 12-23

在此基础上，在七年级上学期的期末考试中命制了如下的题目：

试题 1. 勾股树是由毕达哥拉斯根据勾股定理所画出来的一个可以无限重复的图形，形状好似一棵树，如图 12-24：第①个图形有 1 个正方形，第②个图形有 3 个正方形，第③个图形有 7 个正方形，第④个图形有 15 个正方形，以此类推，第⑦个图形有(　　)个正方形。

A.127　　B.255　　C.120　　D.64

参考答案：B。

图 12-24

解析：

表 12-2

图形	正方形个数
第 1 个	1
第 2 个	$1+2$
第 3 个	$1+2+2^2$
第 4 个	$1+2+2^2+2^3$
……	……
第 7 个	$1+2+2^2+2^3+2^4+2^5+2^6$

命题意图：考查学生对乘方定义是否真正地理解。

再比如，在学习勾股定理时，我们用数学实验演示“青朱出入图”来证明勾股定理，如下图所示：在实验的过程中发现，有很多直角三角形，这些三角形中，有几组全等的，还有几组相似的，另外，从位置关系上也很特殊，所以我们可以利用这个图形设计关于图形的平移，相似三角形，三角函数等综合知识应用的试题。

试题 2. 勾股定理是“人类最伟大的十个科学发现之一”，它是用代数思想解决数学问题的重要工具之一，也是数形结合的纽带之一，很多数学家、数学爱好者都不断探索它的证明方法，据不完全统计，到目前已有 500 多种证明方法，东汉末年数学家刘徽用“青朱出入图”巧妙地证明了勾股定理，这种证明方法被称为：“无字的证明”，证明方法如下：如图 12–25 所示：直角三角形较短的直角边用 a 表示，较长的直角边用 b 表示，斜边用 c 表示，分别以这三条边为边向外作出三个正方形，将以 a 为边的正方形称为“朱方”，以 b 为边的正方形称为“青方”，移动图 12–25 中三个正方形的位置到达如图 12–26 所示位置，如图 12–27 如果能将两个小正方形没有被最大的正方形覆盖的部分①②③切割下来，并用这三部分恰好补在大正方形的空缺位置上，那么两个小正方形恰好拼成最大的正方形，这样就能证明勾股定理。

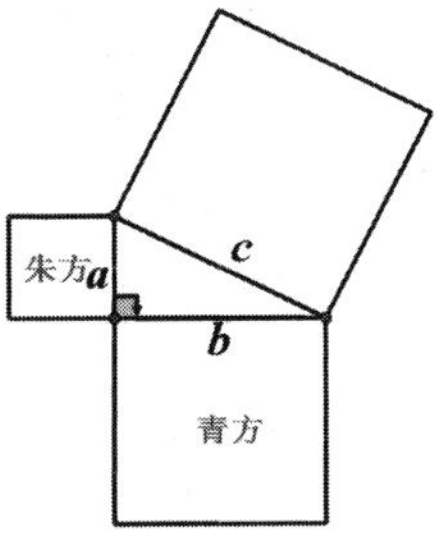

图 12–25

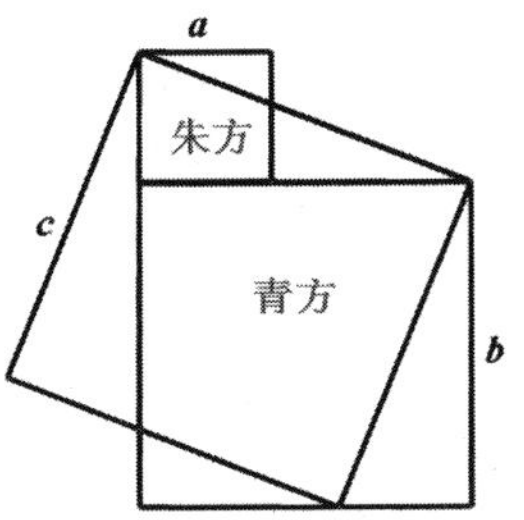

图 12–26

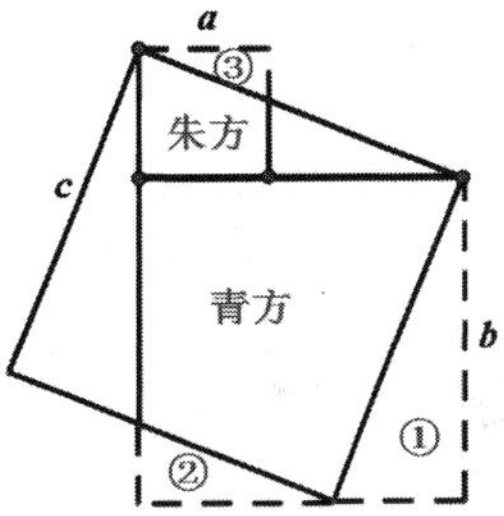

图 12–27

（1）聪明的同学们，你能根据图 12–28 的提示将三角形①②③放入合适的位置吗？（将序号①②③填入图 12–28 中合适的位置即可）

（2）图 12–29 为拼好的图形，请你写出两组相似的三角形（不写证明过程）；

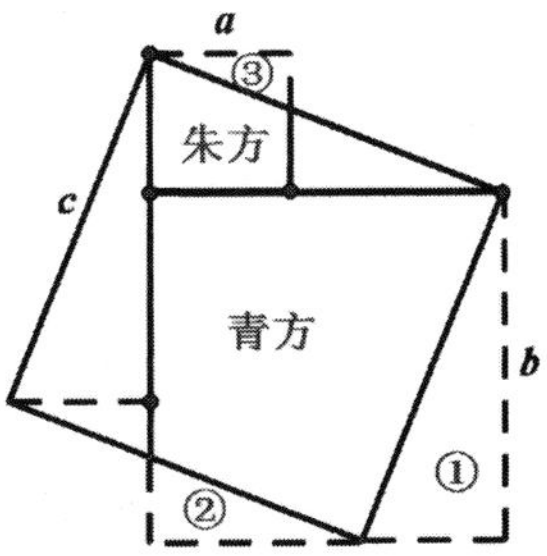

图 12–28

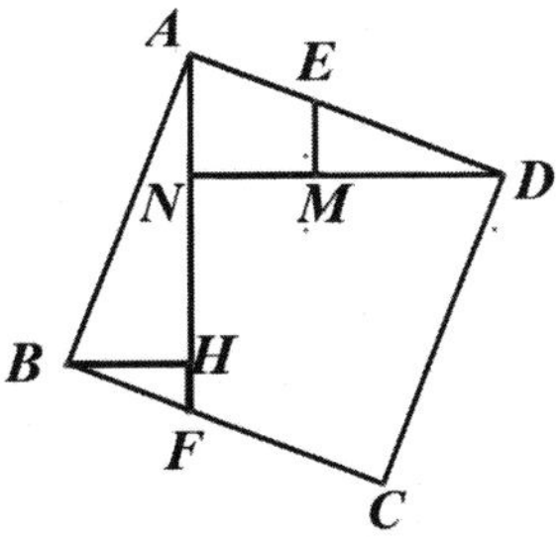

图 12–29

（3）如图 12–29 所示，若 $\tan\angle ADN=\frac{5}{12}$，$AB=26$，求 BF 的长。

参考答案：

（1）如图 12–30 所示：

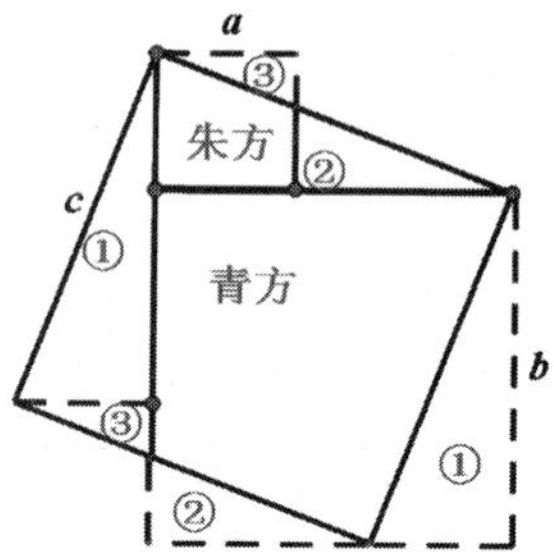

图 12–30

（2）答案不唯一：$\Delta ABH\backsim\Delta AFB$ $\Delta DEM\backsim\Delta DAN$；

（3）$\frac{65}{6}$。

解析：如图 12–29：

$\because\ \tan\angle ADN=\frac{5}{12}$，

$\therefore\ \sin\angle ADN=\frac{5}{13}$，$\cos\angle ADN=\frac{12}{13}$.

又 $\because\ AB=26$，

$\therefore\ AD=26.$

在 $Rt\Delta ADN$ 中：$AN=AD\ \ \sin\angle ADN=10$，

$\therefore\ BH=AN=10.$

又 $\because\ \angle HBF=\angle ADN$，

$\therefore$ 在 $Rt\Delta BHF$ 中：$BF=BH\div\cos\angle ADN=\frac{65}{6}$.

命题意图：第一问的设置更重要的是让学生参与到“青朱出入图”巧妙的证明过程当中，了解中国优秀的数学史，培养学生的民族自豪感，从而激发学生的学习兴趣，本题考查了图形的平移、相似三角形、三角函数等综合知识的应用。

（二）通过数学实验对实际生活中的数学数据分析来命题

一些大型的体育赛事是全国人民都关注的焦点。比如每一届的奥运会、世界杯比赛等。如果我们通过计算机对比赛的一些相关数据做一些调查、统计等一些数据分析，就可以设计试题。

试题 3. 2022 年卡塔尔世界杯比赛，是第 22 届国际足联世界杯，随着阿根廷队员梅西在绚丽烟火中捧起大力神杯，足球世界又留下一段佳话。小凡同学上网查阅了第 1 届至第 20 届的世界杯冠军获得的国家，并根据查阅资料绘制成如图 12–31 所示的条形统计图和如图 12–32 所示的扇形统计图（部分信息未给出），请你根据以上信息解决下列问题：

（1）在第 1 届至第 20 届世界杯比赛中，阿根廷共获得冠军多少次；

（2）在扇形统计图中，请计算巴西和意大利分别所对应的圆心角的度数；

（3）若该扇形统计图所在的圆的半径为 5，那么意大利所对应的扇形的面积是多少？（结

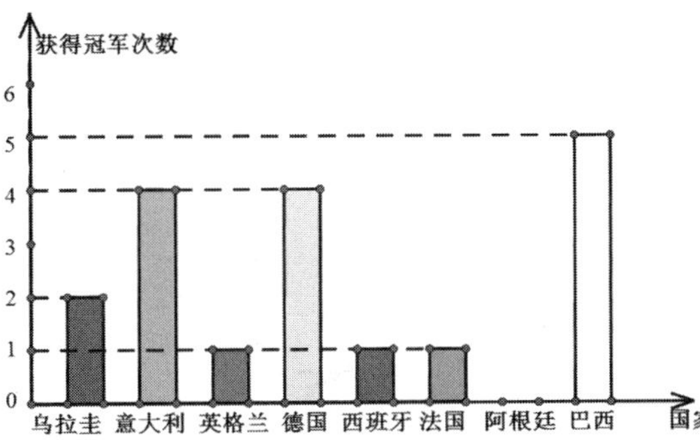

图 12-31

图 12-32

果保留 π）

参考答案：

（1）2；

（2）90°，72°；

（3）5π。

命题意图：通过热点问题。激发学生的学习兴趣，初步培养学生从实际生活中建立数学模型的能力。

（三）通过数学实验探究数学实质来命题

在学习中点四边形的知识时，我们在实验探究过程中发现了决定中点四边形形状的实质因素：四边形对角线相等，那么它的中点四边形四条边相等；如果原来的四边形对角线互相垂直，那么它的中点四边形的四个角都是直角。

试题 4.（原创）下列说法不正确的是（　　）

A. 以任意一个四边形各边中点为顶点所组成的新四边形一定是平行四边形

B. 以矩形各边中点为顶点所组成的新四边形是菱形

C. 如果以一个四边形的各边中点为顶点所组成的新四边形是矩形，那么原来的这个四边形一定是菱形

D. 以一个对角线互相垂直的四边形各边中点为顶点所组成的新四边形一定是矩形

参考答案：C。

解析：

A 正确，由三角形的中位线性质可证明；B 正确，矩形的对角线相等，以矩形各边中点为顶点所组成的新四边形各边长度都等于矩形对角线长度的一半，所以新四边形各边长度相等，所以新四边形为菱形；C 错误，只要原来的四边形的对角线互相垂直，那么以这个四边形各边中点为顶点所组成的新四边形就是矩形；D 正确，只要原来的四边形的对角线互相垂直，那么以这个四边形各边中点为顶点所组成的新四边形就是矩形。

命题意图：本题主要考查中点四边形的形状与原四边形的对角线的关系。

在探究很多公式、等式的证明时，发现一种重要的方法"等面积，两算法"，其实这种证明方法在数学中很常见，比如用图形验证分配律、用图形验证平方差公式、完全平方公式等。理解了这种方法，在用实验探究勾股定理时，受到启发设计了如下的试题。

试题 5.（原创）如图 12-33，下列图形中不能够证明勾股定理的是(　　)。

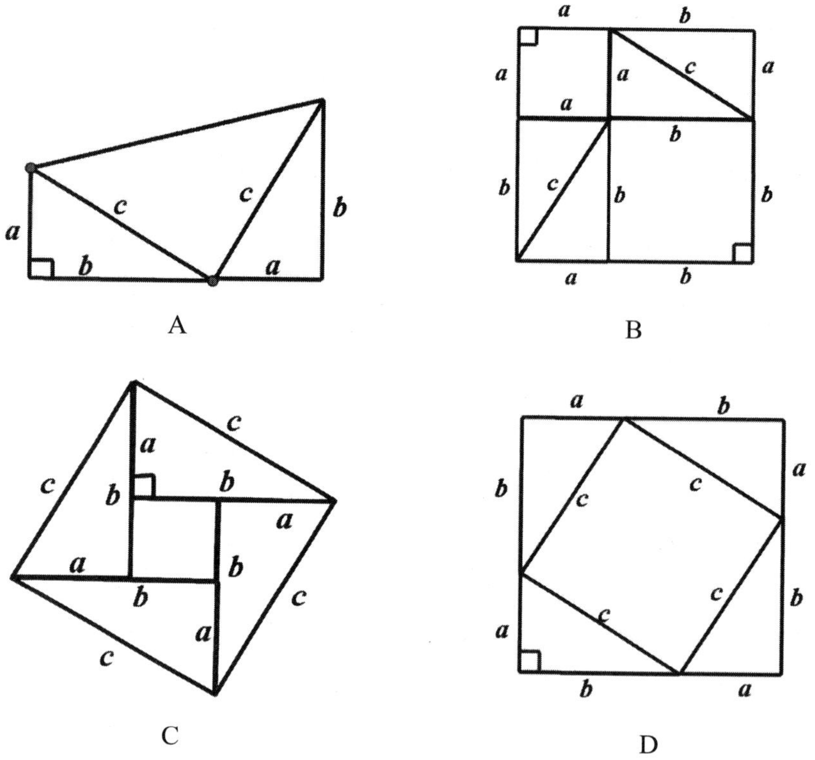

图 12-33

参考答案：B。

解析：

A 方法一：$S=\frac{1}{2}ab+\frac{1}{2}c^2+\frac{1}{2}ab$.

方法二：$\because$ $S=\frac{1}{2}(a+b)^2$,

$\therefore$ $\frac{1}{2}ab+\frac{1}{2}c^2+\frac{1}{2}ab=\frac{1}{2}(a+b)^2$ ，化简得：$a^2+b^2=c^2$.

因此该图形可以证明勾股定理。

B 方法一：$S=a^2+b^2+4\times\frac{1}{2}ab$.

方法二：$\because\ S=(a+b)^2$，

$\therefore\ a^2+b^2+4\times\dfrac{1}{2}ab=(a+b)^2$，化简得：$2ab=2ab$．

因此该图形不可以证明勾股定理。

C 方法一：$4\times\dfrac{1}{2}ab+(b-a)^2$．

方法二：$\because\ S=c^2$，

$\therefore\ 4\times\dfrac{1}{2}ab+(b-a)^2=c^2$，化简得：$a^2+b^2=c^2$．

因此该图形可以证明勾股定理。

D 方法一：$S=4\times\dfrac{1}{2}ab+c^2$．

方法二：$\because\ S=(a+b)^2$，

$\therefore\ 4\times\dfrac{1}{2}ab+c^2=(a+b)^2$，化简得：$c^2=a^2+b^2$．

因此该图形可以证明勾股定理。

命题意图：勾股定理是几何学基石，本题主要考查学生用“等面积两算法”验证勾股定理。

在探究函数与方程的关系时，在几何画板的演示下，我们可以清晰地看到，两个函数交点的横坐标分别就是由这两个函数组成的方程的解，再联想到等式的基本性质，设计了如下试题。

试题 6. 如图 12–34，一次函数 $y_1=kx+b$（$k\neq0$）与反比例函数 $y_2=\dfrac{n}{x}(n\neq0)$ 交于点 A（1，m），B（−3，n），那么关于 x 的一元二次方程 $kx^2+bx-n=0$ 的解是______________。

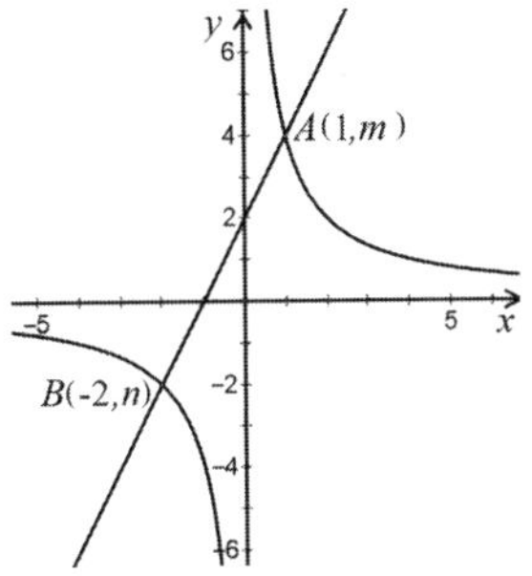

图 12–34

参考答案：$x_1=-2$，$x_2=1$。

解析：由图象可知 $k\neq0$，$k\neq0$，所以将方程 $kx^2+bx-n=0$ 两边同除以 x 降次得：$kx+b-\dfrac{n}{x}=0$，这样从两个函数图象交点可直接看出：$x_1=-2$，$x_2=1$。

命题意图：这个方程从代数角度去求解，无从下手，但如果从函数图形角度看，先将方程两边同除以 x 降次得：$kx+b-\dfrac{n}{x}=0$，从而将这个代数问题转化为函数图象问题，使得问题简单、易于求解。本题考查学生能否实现数量关系与图形性质的相互转化，以及对数形结合的思想的领悟和灵活应用。

（四）通过数学实验探究已有的数学模型来命题

在初中数学教学中，有很多经典的数学模型，如果能采用恰当的数学实验进一步探究，就会得到很多新的命题思路与方法。如："一线三垂直"是初中几何学习中一个重要的模型，可以用来证明三角形全等或相似。三垂直全等模型具体内容如下：如图 12-35 所示：

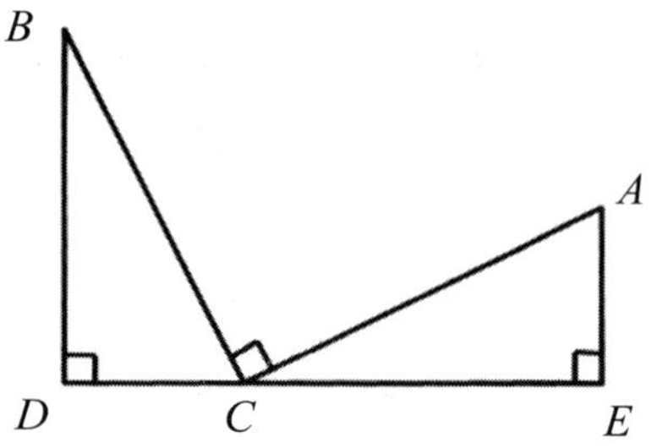

图 12-35

（1）如果：∠ D= ∠ BCA= ∠ E=90°，BC=AC，结论：Rt △ BDC ≌ Rt △ CEA.

（2）如果：∠ D= ∠ BCA= ∠ E=90° ，结论：Rt △ BDC ∽ Rt △ CEA.

如图 12-36，在几何画板中，任意画一个二次函数，并在它的顶点处构造三垂图，会发现当这个三垂图大小、形状发生变化时，最中间这个直角三角形的斜边和抛物线的对称轴的交点是恒定不变的，有了这个结论，我设计了如下试题：

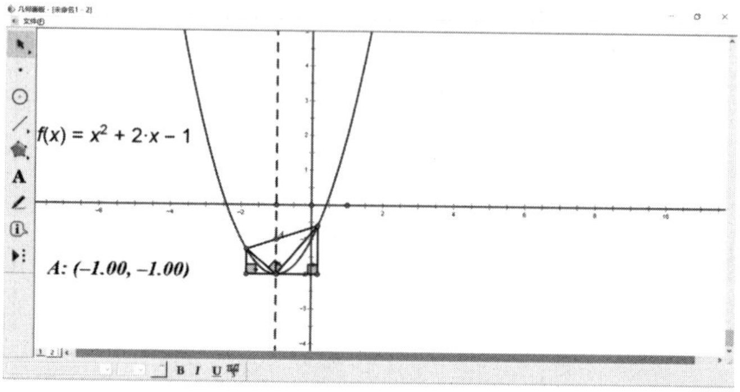

图 12-36

试题 7. 如图 12-37，已知二次函数 $y=x^2+bx+c$ 的图象与它的对称轴所在直线 l 相交与点 M（2，3），点 E 为这个二次函数上一个动点，过点 M 作 EM 的垂线与该二次函数相交与点 F，连接 EF；

（1）求二次函数 $y=x^2+bx+c$ 的解析式；

（2）当点 E 的横坐标为 1 时，求 F 点的坐标，并根据图象观察直接写出 EF 所在直线与直线 l 的交点 N 的坐标；

（3）若关于 x 的一元二次方程 $ax^2+bx+c=0$（$a\neq0$）的两个根 x_1，x_1 和系数 a，b，c 有如下关系：$x_1+x_2=-\dfrac{b}{a}$，$x_1\bullet x_2=\dfrac{c}{a}$，把这个结论称为一元二次方程根与系数关系定理，参考以上结论探索，当点 E 在这个二次函数上运动时，EF 直线与对称轴直线 l 是否相交与一个定点，如果是写出理由并求出这个点的坐标，如果不是，请写出理由。

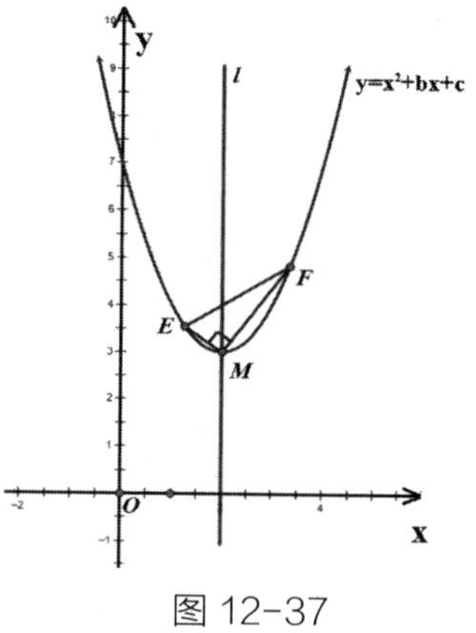

图 12-37

参考答案：

（1）$y=x^2-4x+7$；

解析：由题意点 $M(2,3)$ 为该二次函数顶点，因此设 $y=(x-2)^2+3$，

化简得：$y=x^2-4x+7$.

（2）$F(3,4)$，$N(2,4)$；

解析：当点 E 的横坐标为 1 时，纵坐标为 4，

设 F 点的坐标为：(x,x^2-4x+7)，

如图 12–38，分别过点 E，F 向 x 轴作垂线并与直线 $y=3$ 相交于点 A，B.

$\because \triangle EAM \backsim \triangle MBF$，

$\therefore \dfrac{EA}{BM}=\dfrac{AM}{BF}$.

即：$\dfrac{4-3}{x-2}=\dfrac{2-1}{x^2-4x+7}$.

解得：$x_1=2$（舍去），$x_2=3$.

将 $x=3$ 带入 $y=x^2-4x+7$ 得：$y=4$.

所以 $F(3,4)$，由图象 EF 平行与 x 轴，从而 $N(2,4)$.

（3）直线 EF 与对称轴直线 l 相交于一个定点，交点坐标为（2，4），理由如下：

解析：如图 12–39，设直线 EF 的解析式为：$y=kx+b$，则：

$$\begin{cases} y=kx+b; \\ y=x^2-4x+7. \end{cases} \quad \therefore \quad x^2-4x+7=kx+b.$$

化简得：$x^2-(4+k)x+7-b=0$，根据一元二次方程根与系数关系定理可得：

$$\begin{cases} x_1+x_2=4+k; \\ x_1x_2=7-b. \end{cases} \quad \therefore \quad \begin{cases} k=x_1+x_2-4; \\ b=7-x_1x_2. \end{cases}$$

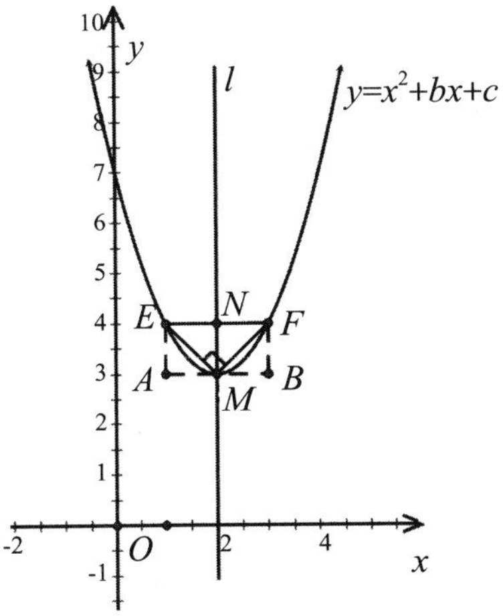

图 12–38

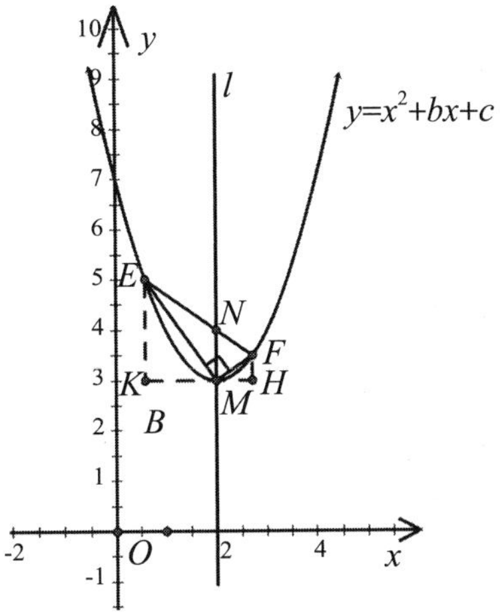

图 12–39

设 E 点的坐标为：$(x_1, x_1^2-4x_1+7)$，设 F 点的坐标为：$(x_2, x_2^2-4x_2+7)$，

如图 12–39，分别过点 E，F 向 x 轴作垂线并与直线 $y=3$ 相交于点 K，H，则：

$\because$ $\triangle EKM \backsim \triangle MHF$，

$\therefore$ $\dfrac{EK}{HM}=\dfrac{KM}{HF}$.

即：$\dfrac{x_1^2-4x_1+7-3}{|x_2-2|}=\dfrac{|2-x_1|}{x_2^2-4x_2+7-3}$.

当点 E 在对称轴直线 $x=2$ 的左侧时：$\dfrac{x_1^2-4x_1+7-3}{x_2-2}=\dfrac{2-x_1}{x_2^2-4x_2+7-3}$.

当点 E 在对称轴直线 $x=2$ 的右侧时：$\dfrac{x_1^2-4x_1+7-3}{2-x_2}=\dfrac{x_1-2}{x_2^2-4x_2+7-3}$.

化简得：$x_2=\dfrac{1}{2-x_1}+2$.

将 $x_2=\dfrac{1}{2-x_1}+2$ 代入 $\begin{cases}k=x_1+x_2-4;\\b=7-x_1x_2.\end{cases}$ 得到：$\begin{cases}k=x_1+\dfrac{1}{2-x_1}-2;\\b=7-x_1(\dfrac{1}{2-x_1}+2).\end{cases}$

$\therefore$ 直线 EF 的表达式为：$y=(x_1+\dfrac{1}{2-x_1}-2)x+\left[7-x_1(\dfrac{1}{2-x_1}+2)\right]$.

当 $x=2$ 时，$y=2x_1+\dfrac{2}{2-x_1}-4+\left[7-(\dfrac{x_1}{2-x_1}+2x_1)\right]$. 即 $y=4$.

直线 EF 与对称轴直线 l 相交于一个定点，交点坐标为 $(2,4)$.

命题意图：本题综合考查的知识点有：一次函数、二次函数解析式的确定，相似三角形，直角坐标系中点的坐标和线段的转化等；同时也考查学生应用新知识的能力和探索数学问题的能力；另外，利用根与系数关系考查学生对数形结合思想的领悟能力。

（五）通过数学实验探究知识的综合应用来命题

在学习了圆的相关知识后，在单元测试题中想检测一下学生对圆的弧长、扇形面积、弓形面积、三角函数等知识的综合应用，在几何画板中做了如下实验，如图 12–40，AB 为 ⊙ O 的一条直径，点 C 为

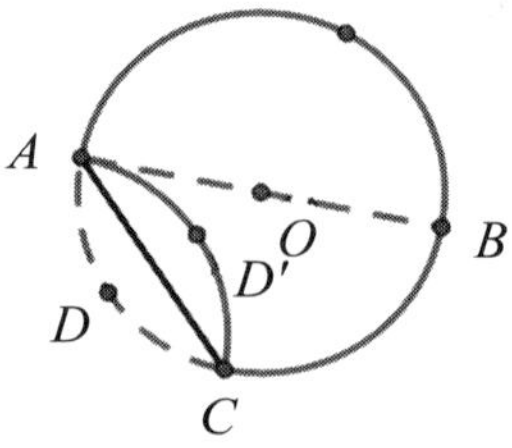

图 12–40

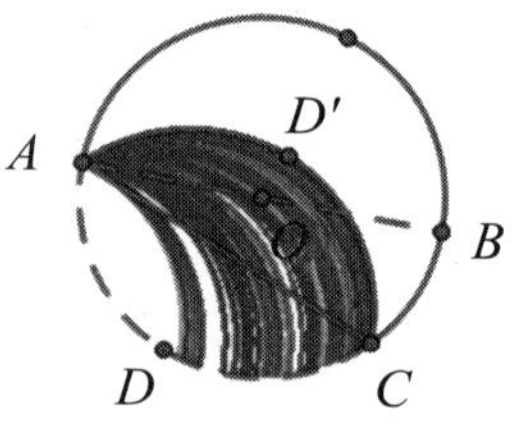

图 12–41

⊙ O 上一动点，点 D 为弧 AC 的中点，将弧 ADC 沿直线 AC 折叠得到弧 $AD'C$，当点 C 从点 A 出发沿弧 ACB 向点 B 运动，此时追踪弧 $AD'C$ 扫过的图形发现这个图形不是一个规则的图形（如图 12–41），但是求这个图形面积的可以转化为扇形、弓形、三角形的面积来求。由此设计了如下的命题：

试题 8. 如图 12–42，AB 为⊙ O 的一条直径，AB=12cm，点 C 为⊙ O 上一动点，点 D 为弧 AC 的中点，将弧 ADC 沿直线 AC 折叠得到弧 $AD'C$，当点 C 从点 A 出发沿弧 ACB 以每秒 2 厘米的速度向点 B 运动时，那么当弧 $AD'C$ 运动了 π 秒到 2π 秒之间时（π 为圆周率），弧 $AD'C$ 扫过的面积为多少？

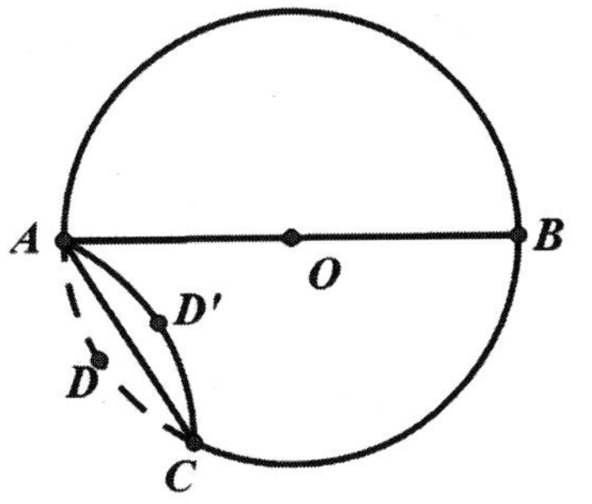

图 12–42

答案：12π 平方厘米。

解析：∵ AB=12 厘米，

∴ ⊙ O 的周长 =12π 厘米 .

如图 12–43：π 秒时：$\angle AOC = 360^{\circ} \times \frac{2\pi}{12\pi} = 60^{\circ}$，

作 OH 垂直于 AC，垂足为 H，在直角 ΔOAH 中，OA=6 厘米，∠ OAH=30°，

因此，AH=3 厘米，OH= $3\sqrt{3}$ 厘米，AC=6 厘米 .

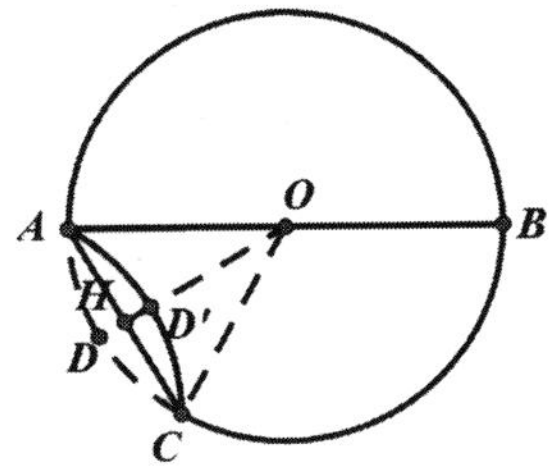

图 12–43

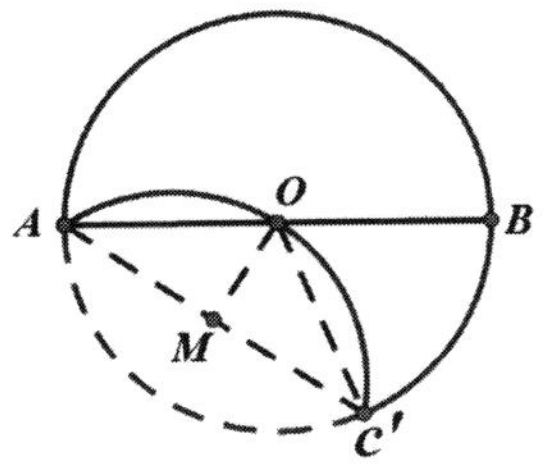

图 12–44

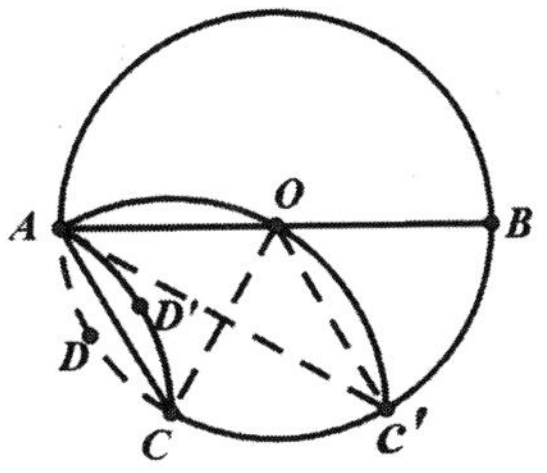

图 12–45

$$\therefore\ S_{\text{弓形 ADC'}} = S_{\text{扇形 OAC}} - S_{\Delta OAC} = \frac{60 \times \pi \times 6^2}{360} - \frac{1}{2} \times 6 \times 3\sqrt{3} = (6\pi\text{-}9\sqrt{3})\ .$$

如图 12–44：2π 秒时：$\angle AOC' = 360^{\circ} \times \frac{2\pi \times 2}{12\pi} = 120^{\circ}$，

作 OM 垂直于 AC'，垂足为 M，在直角△ OAM 中，OA=6cm，∠ AOM=60°，

因此 OM=3 厘米，AM= $3\sqrt{3}$ 厘米，AC'= $6\sqrt{3}$ 厘米 .

$$\therefore\ S_{\text{弓形}AOC'} = S_{\text{扇形}OAC'} - S_{\triangle AOC'} = \frac{120 \times \pi \times 6^2}{360} - \frac{1}{2} \times 6\sqrt{3} \times 3 = (12\pi - 9\sqrt{3})$$

如图 12–45：

$$S = 2S_{弓形AOC''} = S_{扇形\triangle OAC'} = 2(12\pi - 9\sqrt{3}) = 12\pi$$

命题意图：本题主要考查轴对称、圆的弧长、扇形面积、弓形面积、三角函数等综合知识的理解与应用。

再比如：学生在学习了一次函数、反比例函数、三角函数以及特殊的四边形后，在九年级期中考试时，希望检测一下学生对这些知识的综合应用，于是用几何画板探究这几个知识点的关系，如图 12–46 所示，构造两条互相垂直的直线，

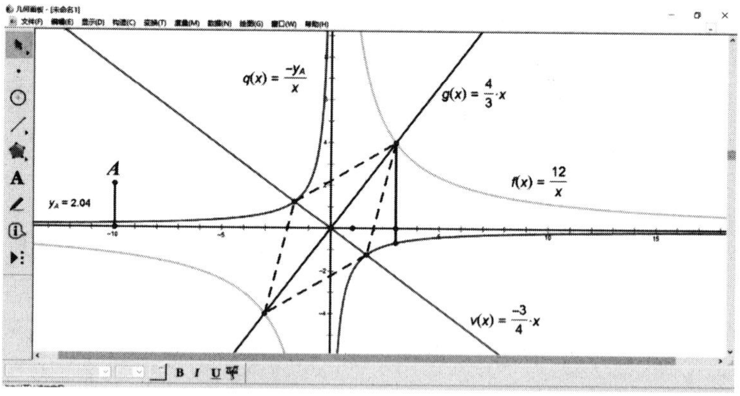

图 12–46

再构造两个反比例函数，其中一个反比例函数的系数固定，另外一个反比例函数的系数设为参数，参数的值等于图中点 A 的纵坐标的大小，当拖动点 A 时，这个反比例函数的系数随之发生变化，图象也发生变化，再利用这两个反比例函数和两个一次函数的图象的四个交点，构造一个四边形，在拖动点 A 时，发现这个四边形总是一个菱形，由此想到，这个菱形也可以变为正方形。从而设计了如下试题。

试题 9. 如图 12–47，在平面直角坐标系中，正比例函数 $y=k_1x$（$k>0$）和反比例函数 $y=\frac{m}{x}$（$m>0$）的图象分别交于点 A 和点 B，过点 A 作平行于 y 轴的直线与 x 轴交于 C 点，与另外一个正比例函数 $y=k_2x$（$k<0$）的图象交于点 D，且 $\angle DOC=\angle OAC$，$\sin\angle AOC=\frac{4}{5}$，点 B 的横坐标为 −3.

（1）求点 A 的坐标；

（2）求 $\cos\angle ODC$ 和线段 OD 的值；

（3）如图 12–48，正比例函数 $y=k_2x$ 的图象与反比例函数图象 $y=\frac{n}{x}(n<0)$ 交于点 M 和 N 点，那么四边形 $MANB$ 有可能是正方形吗？如果是，请你求出点 M 的坐标和 n 的值；如果不是请说明理由 .

参考答案：

（1）A（3,4）；

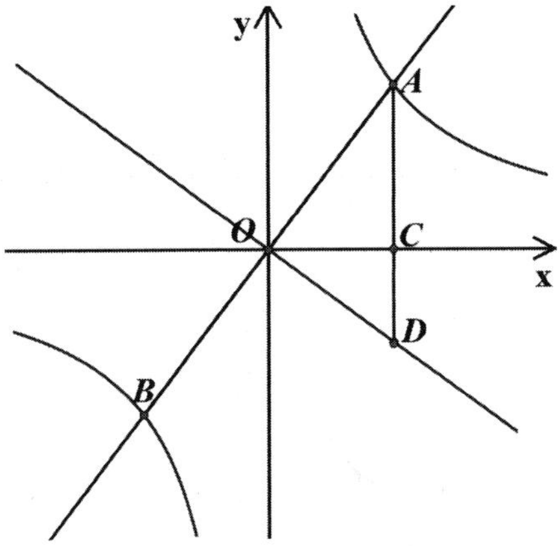

图 12-47

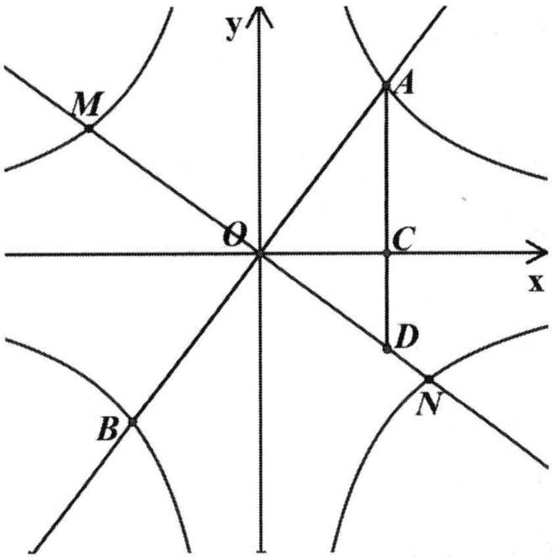

图 12-48

（2）$\cos\angle ODC=\frac{3}{5}$，$OD=\frac{15}{4}$；

（3）四边形 $MANB$ 有可能是正方形，$M(-4,3)$，$n=-12$。

解析：

（1）正比例函数 $y=k_1x$（$k_1>0$）和反比例函数 $y=\frac{m}{x}$（$m>0$）的图象分别交于点 A 和点 B，点 B 的横坐标为 -3，所以点 A 的横坐标为 3，

$\because$ $\sin\angle AOC=\frac{4}{5}$，

$\therefore$ $\tan\angle AOC=\frac{3}{4}$．

$\therefore$ $AC=4$.

$\therefore$ 点 A 的横坐标为（3，4）.

（2）$\because$ $\angle DOC=\angle AOC$，

又 $\because$ $\angle COD+\angle ODC=90^\circ$，$\angle AOC+\angle OAC=90^\circ$．

$\therefore$ $\angle ODC=\angle AOC$，

$\therefore$ $\sin\angle ODC=\frac{4}{5}$．

又 $\because$ $OC=3$，

$\therefore$ $OD=\frac{15}{4}$．

（3）四边形 $MBNA$ 有可能是正方形，理由如下：

∵ $OA=OB$，$OM=ON$，

∴ 四边形 MBNA 是平行四边形.

∵ $\angle DOC=\angle AOC$，$\angle AOC+\angle OAC=90^\circ$，

∴ $\angle AOC+\angle DOC=90^\circ$.

∴ $\angle AOD=90^\circ$.

∴ 平行四边形 $MBNA$ 是菱形.

只要当 $OM=OA=5$ 时，

菱形 $MBNA$ 就是正方形.

如图 12-49，作 MQ 垂直于 x 轴，垂足为 Q，则

∵ $\angle MOQ+\angle AOC=90^\circ$，$\angle AOC+\angle OAC=90^\circ$，

∴ $\angle MOQ=\angle OAC$.

又∵ $\angle MQO=\angle ACO$，

当 $OM=OA$ 时，

$\triangle MOQ\cong\triangle OCA$

∴ $OQ=AC$，$MQ=AC$.

∴ $M(-4,3)$，n 的值为 12.

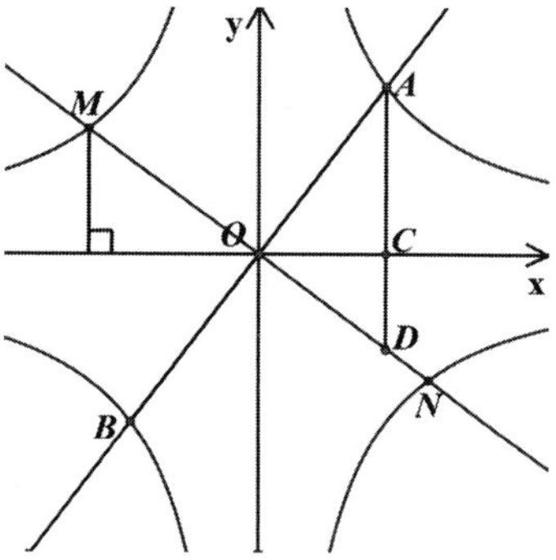

图 12-49

命题意图：本题主要考查一次函数、反比例函数、三角函数以及特殊的四边形等知识的综合应用。

可以通过数学实验探究已有的数学知识来命题，可以通过数学实验对实际生活中的数学数据分析来命题，也可以通过数学实验探究数学实质来命题，也可以通过数学实验探究已有的数学模型来命题，还可以通过数学实验探究知识的综合应用命题等。数学原创命题的产生往往源于对数学问题的深入思考和探索。数学家、教师或研究人员在解决数学问题的过程中，可能会发现新的数学现象、规律或方法，从而提出原创命题。在数学教学中，原创命题具有重要的作用。它可以激发学生的学习兴趣和创造力，培养学生的数学思维和解决问题的能力，同时也有利于促进教师的专业化成长。数学原创命题以独特的视角和创新的思维推动着数学学科的发展，在今后的教学中，需要我们不断地探究。